财经新闻报道与写作

庞云黠　潘佳宝

中国经济出版社
CHINA ECONOMIC PUBLISHING HOUSE
北　京

图书在版编目（CIP）数据

财经新闻报道与写作 / 庞云黠，潘佳宝著．--北京：中国经济出版社，2022.6（2022.10 重印）

ISBN 978-7-5136-6948-1

Ⅰ．①财… Ⅱ．①庞… ②潘… Ⅲ．①经济-新闻报道 ②经济-新闻写作 Ⅳ．①F

中国版本图书馆 CIP 数据核字（2022）第 094547 号

责任编辑　丁　楠
责任印制　马小宾
封面设计　久品轩

出版发行　中国经济出版社
印 刷 者　北京富泰印刷有限责任公司
经 销 者　各地新华书店
开　　本　710mm×1000mm　1/16
印　　张　18
字　　数　300 千字
版　　次　2022 年 6 月第 1 版
印　　次　2022 年 10 月第 2 次
定　　价　78.00 元
广告经营许可证　京西工商广字第 8179 号

中国经济出版社　**网址** www.economyph.com　**社址** 北京市东城区安定门外大街 58 号　**邮编** 100011

Preface 前言

了解财经新闻报道的人都明白，从新闻写作的角度看，财经报道与一般性新闻报道的要求与特点是没有本质差异的：比如在信源使用上，争议事件需要有多信源的交叉验证，报道中的分析应该是基于数据等客观信息的有限分析，不应该大量出现记者自己的主观观点，应严格区分新闻报道与评论的差异，等等。但是财经报道与一般性新闻报道最大的区别在于，需要记者对财经知识、财经内容本身有所了解与掌握。因此，本书选择以介绍财经领域的核心概念、指标为主要逻辑的方式，方便读者相对系统地掌握财经新闻报道中的基础性内容。对于财经知识与概念的介绍并不追求完备，而是按照其在新闻报道中的使用频率即“是否常出现于新闻报道中”进行筛选，而且对知识的讲解与介绍要比经济学领域的讲授更为简单和基础，并不追求经济理论以及数理逻辑上的透彻，只要能够理解相应的报道即可。

在介绍了概念、指标的基本定义后，本书会辅以相关的新闻报道来进行举例说明。报道案例并不是以整篇新闻的形态出现，而是将案例中与指标概念最相关的部分单独提炼出来，经过分析以及拆解，方便读者理解新闻报道通常都会在怎样的背景与场景中应用这些指标概念，以及具体如何使用和关注它们。比如金融领域的贷款市场报价利率（Loan Prime Rate，LPR）这个概念，之所以选择它是因为其在金融报道中较常出现，本书不仅会介绍 LPR 本身的含义，也会结合实际的新闻案例分析已有的报道从哪些角度报道了该指标。实际报道案例能让读者直观地看到某个概念是如何应用到新闻报道中的，以及新闻报道会从哪些视角关注这些概念。

本书也在特定章节相对完整地介绍了整篇报道，比如在公司报道部分使用了《德威新材 13.8 亿应收票据调查》的上、下两篇报道做案例，讲解了记者是如何分析作为上市公司的德威新材可能存在的问题，记者的调查思路、调查内容等等，并不仅仅关注调查结果即新闻报道本身的呈现，更重要的是分析记者是如何从公开的数据中发现问题、分析问题的。

因此，本书希望能够通过概念指标与报道案例的结合，实现财经知识与新闻报道的有机结合，从而帮助学习者基于新闻事实进行消息、解释性报道、分析性报道的写作。当然，这种新闻事实与分析的结合需要记者长期地磨炼才能够实现，而对于财经新闻报道的初学者来说，既有的新闻报道就是新闻性与财经性结合的最佳示例。

希望读者在阅读本书的过程中，不只学习其中的知识性内容，也学习新闻报道是如何关注以及报道这些内容的。本书大多使用的是非常新近的新闻报道，因此这些报道的内容本身可以作为未来报道的基础，也有助于大家了解该领域的知识。想要做好财经新闻报道，就需要掌握这些基础信息，不断积累，才能在未来的报道中形成自己的分析、判断，成为一名更加成熟的财经新闻记者。

一、财经报道的信源使用

信源是新闻采写的核心内容，既有的新闻报道使用了何种信源非常值得学习。在此对本书第三章到第七章中的信源分析进行了汇总，统一介绍我国财经报道中的信源使用情况。

在分析之前，首先需要明确本书中所述的“机构媒体”的定义。本书所认为的“机构媒体”本质上接近于“传统媒体”。此前比较常见的对媒体的分类是传统媒体与新媒体，两者主要是按照媒体形态的不同来进行区分的。但随着新媒体形态的广泛发展，传统媒体开始大量使用新媒体形态的传播方式，融媒体概念逐渐普及。在这种背景下，根据媒体形态对媒体进行分类已经变得不够合理。比如作为传统媒体的《21 世纪经济报道》，在新媒体环境下已经开始使用各种融媒体形态进行内容生产与传播，因此更适合被称为“机构媒体”。机构媒体这一称呼既能够适应传统媒体对新媒体形态的采纳，不被“传统”这样的称谓限制内容的呈现，又能够突出传统媒体的机构性、专业性、持有新闻采编权等特点。

因此，本书采用“机构媒体”与“自媒体”这一对新的概念来取代以前常见的“传统媒体”与“新媒体”的划分。

笔者一共选择了381篇财经新闻报道，其中287篇来自机构媒体的报道：42篇来自官方媒体，如《人民日报》、《经济日报》、新华社等；245篇来自市场化媒体，如财联社、财新、第一财经等。另外，还有94篇来自自媒体，如债券圈、前瞻经济学人、泽平宏观、吴晓波频道等。

机构媒体报道中信源的使用情况既包括官方媒体，也包括市场化媒体。具体而言包括四个方面：①公开信源，数据、公告以及资料。266篇报道都使用了至少一个公开的数据、公告或者资料，占机构媒体报道的九成以上，平均每篇报道使用了2.97个公开的数据或者消息。最常使用的公开信源来自公司的公告，其次是政府部门发布的公告和数据；行业协会发布的数据或者公告使用较少，也较少引用来自其他媒体的报道。②一手采访。有139篇报道进行了一手采访，占机构媒体报道的一半左右，平均每篇有1.28条一手信源的采访。由此可以看出，在财经报道中，单从数量上看，机构媒体依赖公开信源多过一手采访获得的信息。我国财经媒体报道时最依赖的一手信源是公司以及金融机构，其次是专家学者。公众与消费者在财经报道中一手采访时比较少见。③匿名信源。有104篇都使用了至少1条匿名信源，占机构媒体报道的三成以上（36.2%），平均每篇报道使用了0.74条匿名信源，其中最常使用的匿名信源为公司以及分析师，官员很少以匿名信源的形式出现在报道中。④国际信源。有47篇都使用了至少一个国际信源，占全部样本的16.4%。一共有143条国际信源，平均每篇报道使用了0.50条国际信源。

整体来看，市场化媒体的信源使用要比官方媒体更多，平均每篇市场化媒体的财经报道中出现了5.17条信源，平均每篇官方媒体报道中出现了3.98条信源。

市场化媒体比较多地使用了公开信源：官方媒体的财经报道中，共有88.1%的报道使用了公开信源，平均每篇报道使用了1.67条公开信源；市场化媒体的财经报道中有93.5%的报道使用了公开信源，平均每篇报道使用了3.20条公开信源，几乎是官方媒体的两倍。从具体类别上看，官方媒体比较依赖政府公告这类公开信源，占到了全部公开信源引用的约一半，此外，也比较多地使用了人物的此前采访与公开讲话；而市场化媒体对于公司公告的引用比例是最高的，表明市场化媒体对于公司的动向比较关注。从公开信源的使用上，能够非常鲜明地看出官方媒体与市场化媒体之间的差异。

在财经报道中，官方媒体和市场化媒体对于公开信源的依赖程度都要高于自采信源。相比之下，官方媒体比较多地使用了自采的一手信源：官方媒体的财经报道中，共有61.9%的报道使用了一手信源，平均每篇报道使用了1.84条；市场化媒体的财经报道中有46.1%的报道使用了一手信源，平均每篇报道使用了1.14条。从具体类别上看，无论是官方媒体还是市场化媒体，最重要的采访对象都是公司以及金融机构，包括银行、券商中的分析师。相比之下，官方媒体报道中政府官员类的采访对象占比更高一些，比例约为市场化媒体的两倍；此外，官方媒体对于公众与消费者也相对重视一些。市场化媒体相对来说更依赖公司与金融机构作为采访对象。

在匿名信源的使用上，官方媒体比市场化媒体更谨慎：有约1/4的官方媒体的报道使用了至少一个匿名信源，平均每篇报道使用了0.45条匿名信源；市场化媒体中，有约40%的报道使用了至少一个匿名信源，平均每篇报道使用了0.79条。无论是官方媒体还是市场化媒体，匿名信源的绝大部分都是公司和金融机构。在国际信源的使用上，市场化媒体表现出了更为鲜明的国际视野：只有4.7%的官方媒体报道使用了国际信源，有18.4%的市场化媒体报道使用了国际信源，而且在使用了国际信源的市场化媒体报道中，平均每篇报道使用了3.10条国际信源。

相比机构媒体，自媒体更为依赖公开的数据、公告以及资料等，平均每篇文章使用了5.83条公开信源，远远多于机构媒体对一手信源的使用数量，其中50%以上为公司公告，另外20%来自第三方数据，也有一些来自于政府公告。自媒体由于采访权的限制，在一手采访信源上相对较少，94篇自媒体文章中，只有9篇涉及了一手的信息，其中大部分是来自“业内人士”的消息，也有少数是对专家或者对公众与消费者的评论。这些自媒体文章中包括一手采访的情况，是因为一部分自媒体有官方背景，比如“证券日报希红市公众号”，因此会放一部分媒体自采的报道，也有一部分自媒体会以类似采访的形式从业界或专家处获取消息，或者向公司求证。

一个值得关注的问题是，自媒体在国际信源的引用上要高于机构媒体：有24.5%的自媒体文章提及了国际信源，而机构媒体有16.4%的报道中涉及了国际信源。即使是在机构媒体中相对更具有国际视野的市场化媒体，对国际信源的使用程度也弱于自媒体文章：有18.4%的市场化媒体报道提及了国际信源，平均每篇自媒体文章有0.84条国际信源，而市场化媒体报道有0.58条。

二、财经报道的相关问题讨论

在具体介绍财经报道之前，有几个相关话题希望与读者分享和共同思考：

第一，财经新闻记者正在走向专业化，需要充分重视专业财经记者的培养。

现阶段由于财经信息以及传播渠道的极大丰富，财经新闻中的信息类内容的稀缺性已经开始消散：官方以及企业都可以借助官方网站以及各种社交媒体平台“越过”媒体直接发布信息，过去机构媒体采访的专家类信源也可以通过开通个人自媒体直接发声。除了个别媒体能够在消息报道中形成较强的竞争力外，大部分财经媒体开始逐渐重视内容的专业、深度以及分析。特别是考虑到大量财经类的自媒体参与竞争，这些自媒体由于牌照约束不具备新闻信息的采编、转载权，因此它们在内容生产中主要依靠分析性、观点性的内容，财经自媒体尤其如此。不少财经自媒体人本身是从业人员或者专家，有着较高的专业性；有的自媒体虽然专业性稍弱，但由于其内容受到管理的强度较低，所以在选题的广度以及评论的犀利程度上都会超越管理较为严格的机构媒体。从受众的角度来说，他们也更希望能够接收到经过分析、综合的内容。所以机构媒体想要与财经类自媒体竞争，更为专业的、深度的内容生产就必不可少。想要实现这个目标，就需要媒体记者走向专业化。

第二，切实保障媒体的独立性。

随着网络平台的影响力增大，过去作为机构媒体被采访对象的专家已经能够不通过媒体作为中介来发表观点，而是可以借由各种网络平台来进行独立发声。在这种情况下，媒体的专业性似乎很难超越作为受访对象的专家。事实上，媒体与个别专家相比，最大的优势在于其独立性与中立性，这种独立性有媒体的制度作为保障。专家个体的独立性相对难以保障，特别是在面对特定公司或者有利益冲突的时候。此外，媒体还可以通过多元化的视角来弥补单个专家一家之言的不足。

第三，关注自己媒体的定位与主要受众群体。

媒体的定位与受众群体其实是新闻写作的基础问题，不同的定位对于报道的选题、思路的要求可能都是不同的。本书的例子主要源于现在影响力比较大的机构媒体，如《经济日报》、《财经》、财新、《21 世纪经济报道》、第一财经、财联社，也包括综合类媒体中的《人民日报》、澎湃新闻等。这些媒体中大部分的受众定位是偏向精英群体的。这就意味着这些媒体会比较关注一些普通大众相对较少有兴趣的话题，比如金融报道中的债券、利率等，可能只有少数投资者或者机构会比较关注。从整体的财经媒体市场来看，这部分面向精英的媒体虽然有一定的影响力以及良好的声誉，但覆盖面可能相对有限。普通公众可能会关注一些财经类自媒体，比如着重财经视频的“巫师财经”等。所以这也是本书的局限所在，即本书更侧重于按照受众为精英群体的机构媒体记者的要求来讲解相关内容。

最后，向为本书的写作做出贡献的同人表示感谢。除了两位作者搭建整体的逻辑框架与前言写作外，几位中央财经大学的同学也对本书内容有重要贡献：第一章国内部分，赵心怡，李沛怡；第二章国际部分，林宜炜；第三章宏观报道，罗江；第四章金融报道，史轩阳；第五章产业报道，杨皓静；第六章公司报道，符欣欣；第七章基金报道，张文懿；第八章财新，张琳宜。在此感谢大家的辛苦付出。

在国内的财经新闻报道与写作已经有相对丰富的图书出版的前提下，本书希望通过引用更为丰富的实际报道案例来增强实操性，对有志于学习和从事财经新闻报道与写作的读者有一点帮助，就是本书最大的价值所在。

Contents 目 录

第一章

中国财经媒体发展历史与现状

改革开放以来，我国的经济发展取得了举世瞩目的成就，人民收入的增加和生活水平的提高使得专业的财经信息和服务被越来越多的人需要。作为财经资讯以及财经服务的载体和重要提供方，财经媒体在经济生活中扮演着非常重要的角色。经过 40 余年的发展，我国的财经媒体已经发展到现在具有一定的市场规模、面临着技术变革和转型升级的状态。本章将对我国财经媒体的发展历程进行简要梳理，介绍当下我国财经媒体的基本格局和代表性媒体，并从报道内容创新和商业运营创新两个角度关注我国财经媒体在转型升级过程中所做的探索。

第一节　中国财经媒体发展阶段简述

参考《第一财经日报》创办人秦朔对我国财经媒体发展历史的总结，① 根据我国历史发展的重大背景和财经媒体的发展状况，将我国的财经媒体发展进程划分为以下四个阶段。

一、第一阶段（1978—1991）：改革开放带来经济新闻的起步

随着改革开放政策的推行，市场经济的逐渐发展，人们对于经济信息、经济知识的需求增加，促进了我国财经类媒体的诞生。党的十一届三中全会将经济建设作为发展中心，相应的经济改革也开始推行，大批财经媒体开始涌现。这一阶段的媒体以《市场报》（1979 年创刊）、《经济日报》（1983 年创刊）、《金融时报》（1987 年创刊）等经济类报纸为代表。

① 秦朔．新时期中国财经媒体回顾与启示［N］. 第一财经日报，2015-08-27.

（一）《市场报》的诞生和发展

1979 年，随着各种曾经被搁置的经济元素开始重新启动，广告也开始重新回归到媒体的经营中。中共中央在这一年的新闻工作座谈会中，特别强调媒体应该和党的工作重心保持一致，将工作重点转移到经济建设上来，关注我国经济和政治生态的大变化。

在中共中央的号召下，《市场报》作为我国最早一批以商情信息为主要内容的经济类报纸之一应运而生。《市场报》以“维护市场秩序，提供商情商机”为办报宗旨，强调市场和商品对于报道的重要性，是第一个为消费者说话、为生产者服务的报纸，同时也是第一个以人民生活和社会主义商品经济为报道中心的报纸。

《市场报》摒弃了过去报纸“灌输”“说教”的目的，明确规定消息和通讯类的文章不能超过 500 字，必须用事实说话，从群众中获取问题，面对群众的需求进行分析报道。正是因为这样简洁短小、不强调指导性和评论性的办报风格，使得《市场报》非常受欢迎，一上市全国各地的读者就争相购买，北京、上海等地甚至还需要排队购买。① 1992 年，《市场报》刊登的《树立社会主义市场经济新观念》和《换脑筋真抓实干》等文章中提出了有关破除旧观念、更好发展社会主义经济的一些分析，为当时的经济社会发展提供了建设性的贡献。

2009 年，陪伴中国经济社会发展 30 年的《市场报》通过一篇名为《风雨兼程三十载　市场报今日向读者告别》的文章，退出了历史舞台。②

（二）《财贸战线》（《经济日报》）的诞生和发展

与《市场报》同批诞生的还有《财贸战线》，即现在《经济日报》的前身。1977 年中央召开全国财贸大会，会上决定由前《大公报》主编常芝青负责筹办《财贸战线》。1981 年，由于报纸规模不断扩大，以前的办公地点不能支撑人员数量，所以办公地迁移至中南海，后更名为《中国财贸报》。该报在这一时期的解放思想、动员财贸职工肩负起搞好商品流通和货币流通的重任等方面发挥了重要的作用。③

---

① 宋守山．传媒三十年［M］．广州：南方日报出版社，2009.

② 禹建强．市场报兴衰探析［J］．青年记者，2009（13）：46-48.

③ 张颂甲．从《大公报》到《经济日报》［J］．百年潮，2015（2）：40-42.

1983 年 1 月，在《中国财贸报》的基础上组建了《经济日报》，安岗任总编辑，原《中国财贸报》全体员工转入《经济日报》继续工作。

1987 年，《经济日报》刊登《关广梅现象》，激发了关于某些经济现象姓“资”还是姓“社”问题的激烈讨论，并由此引发了一系列报道。这些报道破除了人们保守的经济观念，帮助普通民众明确了经济改革的性质，一定程度上促进了我国的经济体制改革。当时，财政部批准将企业的“利改税”政策引入《经济日报》等媒体单位，税后利润由报社自行支配，《经济日报》开媒体利润自由支配的先河。① 现在《经济日报》是由中央直属领导的党报。

（三）《金融时报》的诞生和发展

《金融时报》创刊于 1987 年 5 月 1 日，由中国人民银行联合当时国内七大主要金融机构——中国工商银行、中国农业银行、中国银行、中国建设银行、中国人民保险公司、交通银行和中信实业银行共同创办，中国人民银行主管，是改革开放后第一份严格意义上以股份制形式创办的新闻报纸。

《金融时报》以“立足金融，面向经济；通过金融，反映经济”为办报方针，以“准确、迅捷、权威、专业、创新”为编辑方针，致力于传播我国在金融领域发布的相关政策，报道金融业在改革发展中出现的问题。其内容涉及证券、外汇、期货等多个金融领域，同时依托央行和专家的资源优势，成为我国金融领域重要的舆论阵地以及党和国家传播金融政策的重要发声渠道。②

（四）小结

这一阶段媒体的报道重心为市场突出的经济问题，尤其关注农村的经济问题和关乎农民衣食住行的内容。除此之外，该时期的经济报道还关注到普通民众的生活问题，选材更加贴近社会的发展。在传达经济政策和报道经济成就方面，开始逐渐脱离改革开放之前套用“万能”写作模板的经济报道模式，强调报道的个性化，③ 但是总体来说，对于市场经济中的经济现象和经济行为的报道主要是从宣传、推广经济政策的角度去阐释。其次，讨论式报道兴盛。比如上面提到的有关姓“资”还是姓“社”的问题讨论。最后，随着

---

① 范以锦，刘芳儒．传媒生态，媒体业态，媒介形态：中国传媒业改革四十年［J］．新闻记者，2008（10）：13-18.

② 金融时报社．关于我们［EB/OL］．［2022-2-15］．https：//www.financialnews.com.cn/images/about/about.htm.

③ 赵智敏．财经新闻报道实务教程［M］．北京：中国传媒大学出版社，2018.

经济现象愈加复杂，记者们需要从更加理性的角度去进行分析，深度型经济报道开始兴起。①

二、第二阶段（1992—2000）：社会主义市场经济拓宽财经报道内容

随着我国社会主义市场经济体系的正式确立，我国财经媒体的发展有了更为坚实的经济基础。同时，受众越来越多地关注经济领域问题，这也要求财经报道对经济现象和问题的分析更有深度，以更好地帮助受众了解经济动态；1992 年“南方谈话”使得中国的资本市场经济席卷而来，随之而来的是股票、证券、保险和期货等金融产品在中国市场的发展，促使财经媒体的报道内容拓宽，融入了汇率、进出口等经济内容。在这一时期，财经新闻报道越发专业化。

在经营方面，资本力量的注入使得盈利能力成为衡量财经媒体是否成功的重要标准之一，财经媒体开始作为独立的公司出现。从 20 世纪 90 年代开始，随着市场化的推进，财经媒体也开始了独立经营、自负盈亏的探索。典型代表如《中华工商时报》《中国经营报》以及三大证券报等财经类报纸期刊。

（一）《中华工商时报》的诞生和发展

在改革开放的背景下，政府政策放宽，民众经商热情高涨，大批新兴产业相继涌现，个体户数量增加。财经媒体的信息目标也开始转移到普通民众的经济生活中。1989 年，丁望创办《中华工商时报》，开启了财经媒体自主经营的道路。

与《中国经营报》类似，虽然其创立时间在本书所述的第一阶段，但是从报纸的内容侧重、自负盈亏的性质以及报纸本身主要的发展时期来看，它们都更接近于第二阶段，因此放入本部分进行论述。

《中华工商时报》以全国工商联作为主办机构，构建了一个民间工商和政府之间的桥梁。其主要关注的是民营经济、个体户以及民营企业家。不依靠官方发放的补贴，在文风、修辞等方面开启了财经媒体的新道路。在丁望“不做机关报，要办综合性经济大报”“坚持鼓吹改革、市场经济和维护民营

---

① 白贵，李博宇．经济新闻报道嬗变之三十年——以中国报刊经济新闻报道发展为例［J］．新闻记者，2009（02）：12-13.

经济”“尽可能说真话，而且绝不说假话”“商味、民味、海味”的办报方针[①]指导下，《中华工商时报》销量猛增，1994年已达到20万份，[②]成为20世纪90年代中国最大的经济类报纸。但在1995年鼎盛之后，随着丁望的退休，不少人才流失，发展速度变缓。

（二）《中国经营报》的诞生和发展

《中国经营报》的前身是1985年诞生的《专业户经营报》。20世纪90年代后期李佩钰担任总编辑之后，报纸的市场化更为彻底，在收入上也逐渐超越《中华工商时报》。[③]它诞生于“有计划的商品经济”理念被提出之际，其成长符合中国经济体制改革步伐，但最初由于将读者群体笼统地定位于“经营者”，报纸的经营并不理想；后来经过调查研究发现了问题，将目标读者定位于经济发达地区、受过高等教育、在经济组织中担任中层以上管理职务的30~50岁左右的公民。[④]除此之外，《中国经营报》的编辑方针明确其报道方式为“经济新闻社会化，即以独到的透视眼光看待新闻事件，以相对微观的新闻视角为切入点，以深度报道为主要报道手段，以尽可能专业的水准做分析，以尽可能通俗的语言面对读者，在易懂的前提下做到精深”。[⑤]除了新闻事件的报道以外，《中国经营报》也注意到了对新观念、新知识的报道，以满足读者学习以及工作的需要。报纸开辟了一些用新闻表现手法解读新观念、新知识的栏目，比如“热点三人行”“与老板对话”等，很受欢迎。

（三）三大证券报的诞生与发展

1990年，上海证券交易所和深圳证券交易所相继成立，同年中共中央下发文件表明支持加强资本融通，鼓励债券股票的发行，并且要在成立证券交易市场的基础上完善相关制度。随着民众对于证券信息的强烈需求，三大证券报诞生，并成为当时的保监会、证监会指定披露上市公司信息的报纸。

1989年，“证券交易所研究设计联合办公室”（简称“联办”）成立，于1992年参与设计了监管证券市场的政府职能机构——中国证监会，为后续“三大证券报”的诞生奠定了基础。1991年，《上海证券报》诞生，由上海证

---

① 胡舒立．逝者丁望［N］．财经，2003-09-20.

②③ 张垒．中国经济报纸：三十年脉络与流变［J］．中国记者，2008（3）：54-56.

④⑤ 李佩钰．关于新时期经济类报纸发展的思考——从《中国经营报》的发展谈起［J］．中国报业，2001（05）：15-18.

券交易所创办，后归为新华社下属报刊，是中国第一个以证券专业信息为主要报道内容的全国性财经类报纸，① 后续又开通了中国证券网。1992 年，《中国证券报》创刊。这是由新华社主办的全国证券专业日报，除了金融、证券和上市公司信息外，还包括对国内外证券市场、经济政策的报道，并开发了中证网以及中国证券报 APP 等新媒体渠道。② 1993 年，《证券时报》创立，由《人民日报》主办，报道内容和前面所提到的两家证券报并无太大差别，但该报主要优势是地理位置毗邻港澳，面向海外公开发行。③

（四）小结

这一时期的中国财经媒体开始进入市场化经营阶段。随着社会主义市场经济的发展，国内外交流更加便捷紧密，西方经济学知识越来越多地进入中国，财经报道的专业性得到了显著的提高。模仿《华尔街日报》进行社会化、故事化的叙事也成为这一时期财经报道的一大特点。④

这一阶段仍然存在一些问题：一方面，信息种类较少，以证券资讯为主。以三大证券报为例，一直到 2003 年，三大报都没有除了非证券类之外的“财经新闻”的专门版面。⑤ 另一方面，也有学者认为，我国证券指定报刊信息披露制度严格控制了披露信息的媒体数量，使得更多的媒体没有采访报道、发布信息的机会。⑥

三、第三阶段（2001—2010）：中国经济的高速发展

21 世纪初，中国加入 WTO，全球化浪潮席卷，中国成为世界经济的一部分。伴随着中国经济的高速发展，更多的财经媒体如雨后春笋般出现，并且通过各自不同的特点占领了一定的市场份额。2008 年爆发的金融危机，更让大众意识到了财经资讯的重要性。

---

① 上海证券报．中国证券网简介［EB/OL］．［2022-2-15］．https：//www.cnstock.com/help/jianjie.htm.

② 中证网．关于报社［EB/OL］．［2022-2-15］．http：//www.cs.com.cn/aboutsite2020/gybs/.

③ 东方财富网．证券时报［EB/OL］．［2022-2-15］．https：//media.eastmoney.com/p/zhengquanshibao.

④ 曹璇．财经新闻的故事化报道研究［D］．广州：暨南大学，2013：29.

⑤ 杨宇东．新竞争环境下在证券报的财经新闻报道刍议［J］．新闻记者，2005（08）：47-49.

⑥ 石研．中国财经媒体传播失灵研究［M］．北京：中国社会科学出版社，2014：133-140.

（一）《财经》杂志的诞生和发展

前文所提到的联办，除了直接参与设计上海证券交易所、深圳证券交易所外，还涉足媒体，旗下拥有包括《证券市场周刊》《成功营销》《新地产》《证券市场红周刊》等15本刊物。《财经》最初就是《证券市场周刊》的月末版。[①]《财经》杂志的报道对象主要针对中高决策层、政府管理者和从业人员。2000年，《财经》以封面文章的形式推出《基金黑幕》，对我国22家基金违规的股票交易进行揭露，一经发布就引起了巨大的轰动，舆论哗然。2001年，凌华薇和王烁写的《银广夏陷阱》揭露了我国证券市场的乱象，成为财经报道中调查性报道的范例。2003年"非典"之时，《财经》又通过多篇系列报道，发挥了媒体监督的功能，声望和影响力都得到了大幅度的提升。《财经》从创办之初就是市场化运作，广告是其主要的收入来源。

（二）《21世纪经济报道》的诞生和发展

《21世纪经济报道》隶属于南方报业集团，正式创刊于2001年。在当时政策背景并不宽松的情况下，南方报业的决策层并没有死守51%的绝对控股权，而是允许事业编制的管理层持股，这对于当时媒体的市场化发展是突破性的一步，由于创立了利益共同体，《21世纪经济报道》在创刊第一年便实现了盈利。《21世纪经济报道》是南方报业传媒集团第一家在经营环节引进外部资本的报纸，也是第一家尝试建立相对规范的公司治理结构的[②]报纸。

自创立以来，该报就着重强调"理性""公平公正公开"和"民富国强"等办报价值观。同时与加入WTO的中国共同成长，将国际信息传递至国内市场，并通过网络的多媒体形态构建了强大的传播渠道，快速增加了影响力。在"新闻创造价值"的经营理念下，《21世纪经济报道》涵盖了IT、经济、投资等领域，通过邀请经济学家撰文、转载其文章等方式积累了大批高收入、高知识层面的受众。

（三）"第一财经"的诞生和发展

"跨媒体、跨区域、跨行业"是21世纪初新闻学界一个流行的新理念，[③] 真正将该理念投入实践实现媒体融合的代表性传媒公司是上海第一财经传

---

① 孙燕君等．期刊中国［M］．北京：中国社会科学出版社，2003：121-131.

② 法治周末．范以锦解密21世纪经济报道机制和经营模式［EB/OL］.（2011-11-02）/［2022-3-25］.http://news. sina. com. cn/m/sd/2011-11-02/110823402407. shtml.

③ 林晖．"双重转型"态势下中国传媒业发展战略［J］．新闻记者，2009（09）：22-26.

媒有限公司，简称“第一财经”。第一财经是最先脱离行政、地域色彩，实现跨媒体、跨地区的财经传媒公司。除了财经报道外，第一财经的业务还包括策划公关活动、论坛活动以及商务活动，拥有多种媒体产品。除了《第一财经日报》外，还有电视频道 CBN、第一财经广播等。其中最有名的就是《第一财经日报》，创立之初就表明未来要成为能够媲美《华尔街日报》的中国财经报纸。电视频道 CBN 的定位是财经频道，所以不进行娱乐节目的播放，只播放财经专业性节目，后成为具有国际影响力的财经频道。第一财经广播与港珠澳地区电台合作，制作《三江联播》节目，成为国内最受欢迎的财经广播之一。①

（四）门户类财经媒体的兴起：和讯网与网易财经

和讯网于 1996 年创立，是我国最早的专业互联网内容供应商之一。此后，和讯网发展成在国内影响力和规模巨大的财经垂直门户网站。2008 年，汤森路透集团注资和讯网，彭博社等国际知名财经媒体也与和讯网展开合作；2009 年，和讯网同上海证券交易所签订战略合作协议。和讯网的用户定位是“中产阶级”，其实是看中了新兴中产阶级对于财富管理的需求，“和讯投资”“和讯论坛”等栏目应运而生。②

网易财经与和讯网同年诞生，但是在 2014 年才推出了自己的媒体平台。由于其 24 小时的资讯服务，2016 年网易的平台用户量就达到了 4 亿人。③ 网易依靠自身的算法和大数据，将用户所需要的信息精准推送，这也成为其当时战胜新浪和凤凰的重要原因。除此之外，网易还通过点赞、分享、收藏等“反馈模式”来提高信息投放的精准度，并且和电商平台联合投放广告，一度提高了受众的使用感受，增加了用户数量。

（五）小结

这一时期产生的财经媒体，从内容上看已经完全将宣传指令性报道变成了通俗大众化报道，故事化叙事、深度报道、时事评论等形式使得财经媒体的受众规模进一步扩大。与此同时，舆论监督成为财经媒体的另一个重要职能，大量揭黑报道的出现，更是让社会直面市场问题，很好地发挥了媒体

---

① 赵国华．从“第一财经”看新时期财经媒体之变［J］．青年记者，2018（21）：33-35.

② 和讯网．关于我们［EB/OL］．［2022-2-15］．http：//corp. hexun. com/default/index. html.

③ 网易传媒．网易新闻上线 5 周年：五载砥砺，态度前行［N/OL］．（2016-3-23）／［2022-2-15］．http：//media. 163. com/16/0323/16/BIRTO47200763NKJ. html.

“第四权力”的作用，推动我国经济的健康运行。这一阶段的财经报道也更为全球化，更多地看到专业人士对经济金融行业的一些评论，民众对高端财经信息的需求变得越发旺盛。

但是，同样有很明显的缺陷，例如几家典型财经媒体的受众定位区分度并不大，很大程度上僵化在了重点城市的中产及以上阶层，导致媒体流失了一部分受众。市场化也为财经媒体带来了不少问题，比如记者除了写稿之外还背负起了经营的指标，在新闻客观性和生存危机之间徘徊，有广告收益的“软文”也是在这样的背景下产生的。[①] 后来的发展中，媒体经营用采编和经营分离的方法，一定程度上保证了资本进入财经媒体时仍然能让新闻保持独立，也有一定的空间让媒体进行商业化经营。

四、第四阶段（2011 年至今）：信息技术带来变革

2011 年，我国经济进入了高速发展的阶段，中共中央也制定了“十二五”规划，开启了我国经济科学发展的时代。2018 年，经济全球化的程度不断深化，我国的经济结构也面临升级问题，民众的消费结构中发展资料消费的比重增加。

信息技术的发展冲击了传统的财经媒体行业，社交网站的兴起和视频平台的发展促进了多种媒体形式的蓬勃生长。多家媒体开始进行资源整合，成立媒体集团，以“上海第一财经传媒有限公司”和“南方财经全媒体集团”为代表。新媒体借助大数据和移动互联的优势，话语影响力不断扩大，不少财经类个人账号在社交平台兴起，例如“吴晓波频道”“秦朔朋友圈”等；同时期，不少市场化财经媒体形成自己的风格，占据较为稳定的市场份额，并且探索开拓了多种媒体盈利模式，例如“金融界”“财新网”等。传统媒体也在积极转型升级，创新传播方式，丰富财经报道的呈现效果，并且利用人工智能和大数据进一步将海量财经信息整合、加工产出。

2015 年，随着腾讯、新浪等互联网平台逐渐成熟，财经媒体也开始了网络化布局，传播形式也开始融合文字、图画、视频影像、语音等。《2018 年中国财经新媒体行业洞察报告》指出，2017 年，财经新媒体的市场规模达到了 59.9 亿，当时预测 2020 年可达到百亿规模。

---

① 林晖．编营分离——媒介资本运营的前提［J］．新闻大学，2002（01）：13-16.

（一）财经媒体集团化发展：南方财经全媒体集团

财经媒体集团化在发展初期被认为是中国媒介走向世界的必然性道路。各大有实力的媒体想要通过整合资源、多平台综合发展，提高自身影响力，最终“做大做强”。前文中提到“上海第一财经传媒有限公司”通过报纸、杂志、广播、电视等多传播端口，实现了媒介大融合，并在 2012 年开通微信公众号，能够将文字、视频、图表、动画等多种传播载体融合进财经报道中，同时也在微信朋友圈内进行“二次传播”，达到传播效果的再次刷新。

“南方财经全媒体集团”在 2016 年由中共中央批准成立，是在当时广东省宣传部部长慎海雄的领导下，将广东电视台和南方报业进行了资源整合，明确全媒体集团的核心业务是：数据、媒体和交易。① 目前来看，该集团已经形成了传统报刊、广播电视和网络新媒体的全媒体矩阵，内容涉及期货、信托和投资等各大热门经济领域。在人员结构方面，该媒体集团主要由两部分组成，一是传统媒体人，同样也是媒体主力军；二是专业机构或专家们，主要是用来增加影响力和公信力。在运作方面，主编赵随意曾经谈到，主要通过资本市场进行投资、引资和并购，促进众筹众包、联盟结盟的经济模式，这样一来，激励了下属企业进行上市。通过以上办法，该集团再次将财经媒体的市场化发展提到了一个新的高度。

南方财经全媒体集团还推出了三款数据产品，分别是“理财通”“城市通”和“资讯通”，有针对性地为金融机构、理财投资者、政府部门以及股市投资者提供服务。具体见表 1-1。

表 1-1　南方财经全媒体集团数据产品

产品名称	主要功能
理财通	为投资者提供理财的产品查询、定价分析、收益跟踪等银行理财全生命周期的数据与资讯服务，为金融机构提供理财产品定价设计、产品运作数据追踪、市场行情监测等服务
城市通	各级政府部门提供经济运行监测、大数据精准招商、营商环境优化的实用平台和智库服务，助力数字政府和智慧城市建设
资讯通	南财快讯升级版，为投资者提供实时财经资讯，内容覆盖股票、债券、理财等

2020 年，集团的“媒体、智库、数据、交易”四大核心业务均迈上高质量发展新台阶。其中，移动传播领域主力平台——“21 财经”APP 下载量突

① 赵随意．强势打造财经媒体融合发展新标杆［J］．新闻战线，2016（23）：9-12.

破 8000 万，总用户数突破 970 万。[①]

（二）经营模式的新探索：新闻付费与增值服务

财新网是传统媒体颠覆经营模式的一个探索，即开启了“付费内容”的时代。2010 年，胡舒立从《财经》杂志独立出来，带领一批专业媒体人创立了“财新传媒”，旗下的媒体产品有：财新网、《新世纪周刊》和《比较》等。“全媒体”和“公信力”是财新的两个主题，它不再是一个单一的杂志或者网站，而是拥有多种媒体产品，能够出版报纸杂志、举办业界会议、售卖付费内容等。财新网是财新传媒的主要产品，涵盖了多个内容资讯板块，由于高质量的内容输出，财新网率先获得开启付费内容的资格。“财新通”“数据通”“周刊通”和“英文通”是财新网的主要付费产品，除此之外，财新网还通过“分级”将付费模式进行更细致的分化。正是付费的存在，使得受众对于财新网的内容质量有了更高的期待，反过来也促进其生产更优质的新闻内容。

界面 · 财联社由界面新闻和蓝鲸 · 财联社合并而成，是上海报业集团主管主办的财经新闻集团和财经通讯社。除了财经媒体这个身份之外，界面 · 财联社已经完成了另一个业务的布局，就是成为新型金融信息服务商，最终实现“媒体+资讯+数据+服务+交易”五位一体的战略布局。获取财经资讯只是用户最基本的需求，在数据背后界面 · 财联社还致力于挖掘用户的深度需求，为用户提供增值服务。截至 2020 年 8 月，该公司已经完成了五轮融资，累计撬动社会资本超过 11 亿元，成为国内估值增长最快的创业公司之一。界面将受众定位于中产阶层，围绕中产阶级的各项需求制作了不同的媒体产品，运用分众化的定位策略，一定程度上解决了传播过程中信息泛滥的问题，提高了受众筛选信息的效率。具体见表 1-2。

表 1-2　界面 · 财联社旗下产品

产品名称	受众端需求
新闻	新闻资讯需求：了解全球热点
尤物	个性化购物需求：中国最大的原创设计师品牌
箭厂	文化精神需求：国际水准原创特稿式短视频记录平台

① 中国新闻出版广电网 . 南方财经全媒体集团推出三款数据产品［N/OL］.（2021-2-2）/［2022-2-15］. https：//www. chinaxwcb. com/info/569207.

续表

产品名称	受众端需求
摩尔金融	投资理财需求：最强专业投资咨询平台
前辈	知识分享需求：一对一付费问答

（三）小结

这一时期兴起的财经媒体凭借着互联网的迅速发展和专业性的提高，成长速度和规模已经远超过传统财经媒体。除了简单的分割市场之外，传统的财经媒体也在努力进行转型，加快和财经自媒体的融合，共同打造“财经生态圈”。依托新的媒介技术，以前的报道方式已经没有办法满足受众的需求了，所以财经媒体的转型是必然的发展道路。

目前来说，仍然有值得改进的地方，财经媒体常规的运作模式还是以广告收入为主，但这一时期资本已经成为媒体难以抵抗的力量，商业利益与公众利益的冲突变得更加明显。除此之外，由于前期发展阶段受众已经适应免费的阅读，所以付费内容的发展仍然比较困难。而且，由于阅读门槛较低，同质化内容充斥市场，财经媒体的报道质量相较前几年明显下滑。这些都是目前我国财经媒体市场还需要不断改进的地方。

五、中国财经媒体的基本分类

我国财经媒体发展至今，根据业务类型，基本可以分为以下五个类型：

一是综合性媒体的财经经济报道部门。这类媒体通常以发布综合性内容为主，报道涉及领域广，内容涵盖政治、经济、文化、民生、娱乐等多个方面。财经商业类新闻只是其中一个分支，但财经内容比重较大且报道质量较高，也具有较强的影响力。例如新华社的“新华财经”、中国日报网的财经频道、“CGTN”（全称 China Global Television Network）的《全球财经》栏目等等。

二是专业财经媒体。相较于综合性媒体，这类媒体机构更专注于财经领域，核心的报道内容围绕财经话题展开。在提供日常的商业讯息之余，还注重为读者提供有深度的解释性、调查性经济报道。深度经济报道的目的并不在于满足读者的基本信息需求，即告诉读者发生了什么事，而在于为读者提供更详细的分析并帮助他们进行判断，即告诉读者事情是如何发生的，又会产生哪些影响等。所以这类媒体的报道内容通常专业性更强，商业价值更高，并且在财经领域具有很强的影响力。例如，《21 世纪经济报道》和《财经》杂志等。

三是财经信息服务集团，相对于前两者，财经信息服务集团更像是财经信息提供商，为企业和产业提供专业的财经、国际市场资讯和智库服务等，同时为金融从业人士提供决策依据和行业最新动态等。这类媒体的服务业务更为广泛，不仅仅局限于基本的新闻报道，还包括研究报告、数据库和交易服务等。典型代表有上海第一财经传媒有限公司等。

四是垂直细分的财经信息服务商。这类财经资讯发布商通常深耕于一个领域，内容更为聚焦且深入。比如提供银行保险资讯的《中国银行保险报》等。

五是个人财经自媒体。财经自媒体通常以成立个人品牌为主要方式，通过社交平台或视频平台发布内容，例如微信公众号、Bilibili（视频弹幕网站）、抖音等。比较有代表性的财经自媒体有："秦朔朋友圈""三折人生"和"泽平宏观"等。

第二节 中国财经媒体的内容生产

一、数据新闻生产

（一）我国数据新闻发展概况

数据新闻是基于数据抓取、挖掘、统计、分析和可视化呈现的一种较为新型的报道方式，又被称作"数据驱动新闻"。数据新闻最早起源于英美的新闻传播实践，而后逐渐提炼出相关概念。2009 年 3 月英国《卫报》成立数据新闻部，开通"数据博客"栏目并在网站上设立数据新闻板块。"数据新闻"这一术语在中国引发较大的关注是在 2013 年，有关数据新闻研究的集大成之作《数据新闻手册》的中文版在网上面向读者开放，推动了"数据新闻"这一概念在中国的普及。在实践层面，中国网络媒体走在数据新闻实践的前沿，搜狐在 2011 年 5 月推出中国最早的数据新闻栏目《数字之道》，其他网络媒体开始集体试水数据新闻始于 2012 年，例如网易的《数读》、新浪的《图解天下》、腾讯的《数据控》等。之后，传统媒体也开始探索这一新兴的新闻报道方式，数据新闻不断升温，成为中国学界、业界的热点。①

目前针对开放数据的挖掘利用是国内数据新闻数据采集的主要模式。开放数据指政府或其他组织机构向社会公布的、任何人都能获得并能用于任何商业或者个人目的的数据，具有公开性、可得性、完整性、即时性的特点，主要提供者包括政府部门、高校等科研机构以及非政府组织机构。② 根据英国开放知识基金会的评选结果，2015 年在参评的 122 个国家和地区中，中国开放数据指数排名 93 位，数据开放环境并不乐观，这对数据新闻的发展形成了一定障碍。另外，现阶段国内大多数据新闻的可视化还停留在静态平面设计阶段，时而还混淆了“数据新闻”与“图解新闻”的区别。随着技术发展，一些新媒体在数据新闻可视化过程中正由静变动，走向交互化。未来期待着数据新闻与虚拟技术结合，提供给受众更加新鲜的、沉浸式的新闻感受。

对于财经新闻而言，其专业性强、以财经数据为核心等特点导致其受众门槛较高不易传播，需要探索更加直观、接地气的报道方式，这种诉求刚好与数据新闻可视化、清晰明了的特点一拍即合。同时，财经新闻有着天然的数据“基因”，财经数据分析作为财经新闻的基础，为报道提供强有力的支撑，结合可视化的优势将提升传播效率与报道质量。随着新媒体时代传媒环境的巨变，受众越发倾向于接收浅层碎片化的内容，探索更加生动的报道形式迫在眉睫。

（二）DT 财经的数据新闻实践

DT 财经是第一财经联合阿里巴巴成立的数据财经新媒体与社群平台，2015 年末，第一财经商业数据中心（CBN Data）宣布成立，随之 DT 财经起步，推出 APP、网站等多种形式的媒介产品，集数据内容聚合、数据社群、数据活动、数据可视化于一体。起初设有“数据侠计划”“数据洞察”“数据报告”和“数据可视化”四个频道，利用大数据解读社会中人们的消费行为、

① 人民网研究院．中国数据新闻的发展历程［EB/OL］.（2016-3-1）/［2022-2-15］. http://media.people.com.cn/n1/2016/0301/c402777-28162127.html.

② 毕秋灵．数据新闻中的开放数据应用［J］. 湖北社会科学，2016（7）：190-194.

城市发展、科技发展和商业图景，连接数据、机构和人群，旨在打造大数据时代的内容生态入口。随着新媒体移动端的崛起，DT 财经针对目标用户的阅读习惯改变平台侧重，目前内容全部在微信公众号平台进行更新发布，每篇浏览量平均在 2 万左右。

在数据资源的开发上，DT 财经广泛利用各种资源，致力打造一个包罗万象的数据分析矩阵。总的来说，其获取数据的手段主要有三种：一是提取公司和机构的数据，特别是在阿里巴巴的支持下，DT 财经可以接触到行业第一手数据，描绘商业时代数据和消费云图；二是自行挖掘数据，作为第一财经商业数据中心的重要组成部分，DT 财经自建数据库，利用多种金融工具与计算机技术进行数据分析；三是鼓励“数据侠”提供数据，DT 财经网站、微信公众号及 APP 内均设有“数据侠专栏”，其中收录了各行各业“数据记者”的原创文章。另外，DT 财经还会通过公众号投放问卷对用户进行时下热点话题的调研，集数据采集、发布于一体，小范围统计舆论态度。

值得一提的是“数据侠计划”是由 DT 财经发起的数据社群，旨在以数据为纽带、媒体为平台，聚集大数据的精英，共同挖掘数据价值，是打造新媒介环境下数据新闻内容 UGC 模式的一次尝试。2016 年夏季，DT 财经承办上海开放数据创新应用大赛（SODA），此举从开放数据角度切入，利用媒体的社会功能，推动数据开放事业的发展。

关于数据新闻发展挖掘人才，一直是数据新闻取得进步和可持续的关键。随着大数据时代的全面到来，数字化、结构化是技术层面不可分割的关键，而数据新闻报道也越来越成为跨学科的一项能力。财新数据可视化实验室主编黄晨表示，在招人的时候希望有理工科转而学新闻的孩子，因为理工科学生长期以来形成的逻辑思维，能把稿子敲碎打成结构化的东西。

二、自动化采编

（一）财经领域的自动化采编概况

大数据技术的发展不仅催化了数据新闻的发展，还支撑了 AI 等技术在新闻采编方面的应用。其中应用最广泛、效果最好的当属 AI 机器人新闻写作。国外媒体对于机器人写作的探索与实践起步较早，包括美联社、《华盛顿邮报》、《洛杉矶时报》等在内的很多国外媒体都进行过各种尝试。财经领域的自动化写作先河应当追溯到2006年，美国汤姆森公司开始用机器人记者撰写经济和金融方面的新闻，当时的机器人记者可以在公司发布信息后的0.3秒内提取有效数据，并分析整合成为一篇报道，[①] 引发舆论哗然。而后越来越多的媒体与互联网公司都更加深入地研究自动化新闻采编并积极实践，探索出预测传播趋势、新闻线索搜集、新闻交互等多种功能形式，还可以应用于体育新闻、数据新闻、突发新闻等多种场景，其中在财经领域的应用最为普遍。

我国新闻自动化采编起步较晚，2015年才迎来腾讯财经和新华社的自动化新闻写作机器人的实践，到现在不少媒体都有自己的新闻写作机器人。具体见表1-3。

表1-3　2015—2017年国内媒体的AI自动化采编实践

所属机构	机器人名称	时间	应用方向
腾讯	DreamWriter	2015.9	财经、体育新闻
新华社	快笔小新	2015.11	财经、体育新闻
光明网	光明机器人	2016.5	体育新闻
阿里巴巴 & 第一财经	DT稿王	2016.5	财经新闻
今日头条	Xiaomingbot	2016.8	体育新闻
百度	Writing-bots	2016.12	
南方都市报社	小南	2017.1	社会新闻
封面新闻	小封	2017.11	生活咨询等

（二）腾讯DreamWriter的AI报道实践

DreamWriter是由腾讯财经开发的自动化采编机器人，它结合大数据资源和交叉算法技术，能快速完成信息分析和稿件生成工作，单篇成文速度可达1.5秒。DreamWriter建立了对赛事、市场行情等全方位的监控及全时段自动播报，并形成了一套高效互联的内容生产、分发传导链条，抢占先机实现报道零时差。2015年9月11日DreamWriter发布第一篇作品《8月CPI同比上涨2.0%创12个月新高》。稿件分为数据本身及对数据的分析解读两部分，这也是国内自动化新闻写作的第一篇报道。目前DreamWriter主要播报市场动态、梳理股市行情。

① 徐曼．国外机器人新闻写手的发展与思考［J］．中国报业，2015（23）：32-34.

DreamWriter 实现 AI 自动化新闻写作主要有数据库的建立、机器学习、写作、内容审核、分发几个步骤。[①]首先，数据库是新闻写作的基石，对于财经新闻领域而言，市场行情、专家观点在数据库中越完备，自动化写作的数据抓取就越细致。其次，与普通电脑软件不同，机器人的写作能力不是一蹴而就的，而是有一个类人的学习过程。计算机需要通过计算分析和写作模板导入，从而实现写作能力，这个过程中要进行匹配和调试，就像学生模仿学习写作一样。最后，与其说自动化新闻是“写作”的过程，不如说是机器人对于数据库中的内容按照写作模板逻辑“梳理、编辑、成文”的过程。总体来看机器人并不生产内容，而是将数据库内的事实形成文字。同时为了应对财经和体育两个领域报道的写作，DreamWriter 拥有两个不同的系统。财经新闻需要逻辑性表达和计算模型，体育新闻强调细致化的赛事报道，两个领域的报道逻辑相差较大。因此针对两个平台开发了不同的系统，在表达清楚新闻内容的同时，针对用户的不同喜好，还推出精简版、民生版和研判版等不同风格的稿件来满足用户需求。

除了发布国内 AI 自动化新闻写作首篇稿件，DreamWriter 所属的深圳市腾讯计算机系统有限公司还拿到了第一个机器人写作稿件的著作权。2019 年 12 月，深圳市南山区人民法院认定了全国首例人工智能生成的文章构成作品的判例。法院认定 2018 年 8 月 20 日由 DreamWriter 软件技术生成的财经报道《午评：沪指小幅上涨 0.11%报 2671.93 点，通信运营、石油开采等板块领涨》，其创作过程满足著作权法对文字作品的保护条件，被告未经许可，在其经营的网站上向公众提供被诉侵权文章内容属于侵权行为。这标志着 AI 新闻写作拥有了著作权。该案例明确了人工智能生成物的独创性判断步骤，使得人工智能新闻写作进入了法律保护的范围。

关于我们距离真正的人工智能在新闻传播领域的运用还有多远，DreamWriter 项目负责人、腾讯财经主编刘康表示，“弱人工智能”的概念可能更加符合自动化新闻写作机器人。[②]自动化写作背后的技术核心更加倾向于算法和大数据，但 DreamWriter 等新闻写作机器人迈出的是人工智能在新闻传播领域运用的第一步。写作机器人热潮过去几年之后，人工智能领域在新闻传播方

---

①② 陈钟昊，崔灿，王睿路，张研．腾讯 Dreamwriter：自动化新闻发展之路［EB/OL］．(2017-2-16) / [2022-2-15]．https：//mp. weixin. qq. com/s/fF9v9YRkJsPzgA2HtlnSfQ.

面还在持续进步，AI 主播、AI 演播室在慢慢进入各个屏幕。未来，AI 发展仍有相当程度的可变性。随着相关技术的进步与新闻业内部的结构性调整，自动化新闻将更多扮演初级采编的角色，为新闻记者分担大量诸如信息核实、数据搜集、线索追踪等耗时费力的重复性的初级工作，从而将新闻记者从烦琐的基础性工作中解放出来。这也进一步促使新闻记者工作内容内在结构的变化。人工智能舆情监测、人工智能新闻伦理等问题仍有待探索和解决。

三、财经自媒体的内容生产

（一）概况

随着互联网技术的进步，传播方式正在被重新塑造，“两微一端”与短视频平台正在大笔瓜分受众的注意力，而这种新媒体迅猛发展的势头在财经领域也不例外。经过数年的发展，中国的自媒体行业已然百花齐放，自媒体的细分化、垂直化发展的趋势越发明显。其中“财经”这个细分领域也在发展中不断完善自身，内容生态逐渐成熟，深耕主体多元化。2020 年胡润中国最具影响力财经自媒体排行榜见表 1-4。

表 1-4　2020 胡润中国最具影响力财经自媒体排行榜

序号	财经自媒体	序号	财经自媒体	序号	财经自媒体	序号	财经自媒体	序号	财经自媒体
1	财经要参	11	冯站长之家	21	光远看经济	31	AI 财经社	41	ipo 观察
2	财经早餐	12	金融五道口	22	黄生看金融	32	财经马红漫	42	大猫财经
3	饭统戴老板	13	进击波财经	23	简七读财	33	冯仑风马牛	43	广昌看世界
4	功夫财经	14	林奇	24	金融八卦女频道	34	经济学家圈	44	郎 club
5	九边	15	刘润	25	金融街老裘	35	李迅雷金融与投资	45	刘晓博说楼市
6	牛弹琴	16	起点财经	26	刘晓博说财经	36	米宅	46	齐俊杰看财经
7	兽楼处	17	越女事务所	27	跑赢大盘的王者	37	沙黾农	47	市界
8	吴晓波频道	18	招财大牛猫	28	秦朔朋友圈	38	首席商业评论	48	水皮 More
9	叶檀财经	19	正和岛	29	水库论坛	39	新财迷	49	一本财经
10	智谷趋势	20	正商参阅	30	泽平宏观	40	一点财经	50	子弹财经

随着多年发展与积累，不少自媒体已经做大做强，其中还有不少是曾经的财经媒体人转向新媒体领域的深耕，比如“秦朔朋友圈”是《第一财经日报》前主编秦朔于2015年创办的，通过微信公众平台进行信息传播，后又发展至微博和视频平台。其主要信息内容包括国内外商业动态、企业家精神解读、商业文明探索等。[①] 上线的第一篇文章阅读量就达到了10万+，平均每篇文章阅读量在2万左右，成功创立了个人财经媒体品牌。还有知名财经评论家和财经专栏作家叶檀创立的个人品牌“叶檀财经”。叶檀财经公众号创立于2014年，截至2021年9月，已发表3099篇原创内容，头条阅读量基本都在10万+左右，粉丝数量达812万。

在新媒体传播的快速、高效、标签化环境下，这些传统媒体人依靠个人品牌价值、财经领域人脉、自媒体组织结构灵活性等多重优势在行业中取得了一定的影响力。胡润百富董事长兼首席调研官胡润表示，在这个信息多元化的时代，信息渠道的权威性变得特别重要，官方媒体仍然是财经媒体中的重要组成部分。优质的原创内容是决定财经媒体竞争力的重要因素。

随着自媒体行业持续爆发式增长，部分商业网站平台及其“自媒体”账号屡屡发生违规发布财经新闻、歪曲解读经济政策、充当“黑嘴”博人眼球、造谣传谣等违法违规行为，相应的管控措施刻不容缓。2021年7月，因黄生本人涉嫌非法吸收公众存款被刑拘，“黄生看金融”账号被封禁。

自2021年8月起，国家网信办开展“清朗·商业网站平台和自媒体违规采编发布财经类信息”专项整治，重点聚焦财经类自媒体账号、主要公众账号平台、主要商业网站平台财经版块、主要财经资讯平台等四类网上传播主体，重点打击包括：胡评妄议、歪曲解读我财经方针政策、宏观经济数据，恶意唱空我金融市场、唱衰中国经济等；散布“小道消息”，以所谓“揭秘”“重磅”“独家爆料”“知情人士称”为名进行渲染炒作；转载合规稿源财经新闻信息时，恶意篡改、断章取义、片面曲解等行为。

（二）视频平台财经自媒体

由于视频业发展迅猛，财富人群和年轻人的视频使用频率、使用时长以

① 蒋露露．传统媒体人转型自媒体创业的策略研究——以“秦朔朋友圈”为例［J］．新闻研究导刊，2016，7（21）：91.

及创作欲望都有了极大的提升。财经媒体也在部署视频这方面的道路，同时，也有部分个人财经类账号的崛起，丰富了财经媒体的新媒体道路，尤其值得关注的是 B 站和抖音两大代表性视频平台。

B 站作为目前最具发展潜力的视频平台，在 2020 年已经实现了 23.2 亿元的营收。财经类 UP 主在 B 站归类为知识区，是目前最受欢迎的分区之一，2019 年投稿量约为 150 万，增长潜力巨大。抖音此前发布了《2020 抖音财经内容生态报告》，截至 2020 年 11 月，抖音财经类创作者超过 2900 万人，百万粉丝创作者已经超过了 320 人。

与机构媒体不同的是，B 站财经内容更偏向于泛财经，即以广泛的经济内容为主，趣味性和热点度更高，而针对股票、基金等细分领域的内容产出相对较少。由于 B 站并非专业的知识平台，所以即使是财经类视频内容，仍然需要结合时事、独特的讲解风格、趣味性的言语才能最大限度地吸引受众，如果只是单纯的知识科普，视频播放量会很低。以知识区头部 UP 主"所长林超"（粉丝数量 301 万）和"硬核的半佛仙人"（粉丝数量 601 万）的内容为例。"硬核的半佛仙人"的视频平均播放量在 100 万左右，时长在 10~20 分钟不等，符合 B 站的视频属性，以中长视频为主。如华尔街散户逆袭事件发生时，"硬核的半佛仙人"制作视频《西方韭菜暴打华尔街》，讲解其实该事件背后是有专业机构伪装成散户然后赚钱，真正赚钱的并非散户，该视频一经发出便获得 275 万播放量，9000 多条实时弹幕。"所长林超"的风格更为严肃正经，话题以宏观经济、新兴政策为主，并不以热点话题为主。如"实业立国""数字政务"和"碳达峰"等都是"所长林超"视频的专题，除了视频之外，他还开辟了课堂区的内容，生产跨学科内容的课程供用户选择，用户可通过 B 站充值购买观看。根据乐道科技的数据显示，目前机构类财经 UP 主只有 22 位，并且知名机构还没有入驻 B 站，内容方面的运营还不够成熟。机构财经媒体如果想要入驻 B 站需要考虑内容形式、呈现方式、制作风格以及稳定的更新频率等，这些因素缺一不可。

抖音与 B 站稍有不同的是，央视财经、中国经济网等主流媒体已经入驻抖音，同时还有蚂蚁星球旗下的@斑马财经、@墨有才等账号分析财经时政、企业决策的逻辑等。随着专业财经媒体和机构的入驻，吸引了越来越多的用户开始关注理财、财商教育和财富积累的信息，并且更多投资者也在研究短期获利和长期投资的价值，财经创作者们也在通过产品广告、咨询服务、知识付费方式进行变现。除了简单的内容视频，抖音还借助自己的直播优势，进行了多场经济论坛活动的传播。例如黑石集团的董事长苏世民与红杉资本全球执行合伙人沈南鹏跨国对谈，探讨了经济逆全球化，吸引了 171 万人观看。诺贝尔经济学奖得主约瑟夫·斯蒂格里茨也和我国经济学家林毅夫通过抖音直播进行了一次云连线。抖音财经内容的创作变现率同比增长了 133%，收入的增加使得更多的创作者将兴趣变为了职业，许多头部创作者已经相继组建公司，培养新人，保证短视频内容的工业化生产、运营稳定从而保证变现效率。

（三）财经自媒体举例："吴晓波频道"

吴晓波曾供职新华社从事财经领域报道，为《杭州日报》《南风窗》等纸媒写过经济专栏。30 岁起开始写书，以每年一部的高产速度成为著名财经作家。而后又拓展他在财经领域的实践范围，接手蓝狮子出版公司，出席讲座等商业活动。

"吴晓波频道"成立于 2014 年，首篇公众号文章题为《骑在新世界的背上》，之后微信公众号同名节目同步登陆爱奇艺，微信公众平台成立一年粉丝数量就达到上百万，截至 2017 年，吴晓波频道的视频点击量达到两亿次。随着影响力的扩大，爱奇艺还联合冯仑、秦朔等人，共创《大头频道》打造"泛财经"融媒体矩阵，让这些相似的自媒体进行联结，利用名人效应进一步扩大各个频道的知名度。① 作为财经自媒体领域影响力较大的代表，吴晓波频道还入驻了微博、抖音、喜马拉雅等平台，也尝试了流行的直播形式，可见，吴晓波对于互联网媒介的探索一直保有热情。

频道的成果有赖于高频率的更新，而这样高强度的运营仅凭吴晓波一人之力是无法完成的。吴晓波频道微信公众平台上的文章有近 6000 篇原创，多以"巴九灵"署名，代表整个采编团队。要保证文章的阅读量，同时还要运营多个平台，高效的团队功不可没。

---

① 黄鹤林．财经自媒体《吴晓波频道》运营策略研究［D］．武汉：华中师范大学，2017.

第三节 中国财经媒体的经营

一、付费订阅

（一）概述

对于财经媒体来说，从免费到付费的跨越并不是简单通过“收取费用”这一步就能够实现的。需要从内容供给、经营模式等多个方面进行综合考量。虽然新闻付费在我国的发展历程还不算久远，但是国外已产生了一套完整可行的内容付费模式。免费的内容更多停留在浅表层面，更像是一种消息或资讯，是受众最普通的追求；而付费内容更多像一种“产品服务”，受众除了接收信息外，还期待高质量信息能够带来一种质变，所以会更多针对看重时间成本和有个性化需求的用户。付费内容能否持续下去和受众对该服务的满意度息息相关，直接影响了产品的续订量和媒体收入。

纵观国内的财经媒体，财新传媒的付费改革策略能够作为典型案例来进行阐述解读。财经媒体决定推出付费内容，目的已然不是扩展用户广泛度，而是加深和用户的联系。用户是媒体能够发展的重要因素，比广告主更能影响媒体的未来。所以国内财经媒体现在强调用付费内容和用户建立长远的联系、深入了解用户的需求，某种程度上是选择了比广告主更为坚实的发展基础，更为长远的发展保证。

（二）财新传媒的付费模式

2010 年，财新传媒通过周刊的形式开启了付费阅读，这让其完成了最初的用户积累。2017 年 11 月，财新传媒宣布全面收费，即所有由其出版的媒介信息产品，都必须付费才能够观看。通常会让用户免费阅读前两段，如果想要继续阅读，必须购买“财新通”服务。单篇内容不能够单独购买，如果要进行阅读，最少选择一个月的使用时长。除此之外，很少进行打折、定期免费等活动，打消了受众的投机心理，使受众明白“永远不会便宜”的道理，所以受众在有需求的时候就会立刻下单。根据国际期刊联盟（FIPP）《2021

全球数字订阅报告》数据显示，截至2021年上半年，其付费订阅用户突破70万，名列全球第10位。

继“财新通”之后，财新传媒又推出了“数据通”“周刊通”和“英文通”，向不同的用户提供内容服务，并且收费金额也各不相同。除此之外，财新传媒还上线了独立的知识付费产品，名为“财新私房课”，主要推出板块化的内容，例如《王烁学习报告》和《财新小说界》等，其用户粘性和复购率都远超同类产品。①

（三）华尔街见闻的付费模式

与财新传媒的全面收费制度不同，自媒体“华尔街见闻”的付费内容只占全部内容的30%，并且付费内容采取“自营+合作”的方式供应。华尔街见闻采取会员制向个人用户收费，会员可以选择连续包月和年付费两种方式，会员服务主要包括“VIP早报”“宏观追踪”和“赛道解析”三种。华尔街见闻特别注明会员制的适用人群是“投资者”和“金融从业者”。除了VIP会员外，华尔街见闻还开通了大师课板块，年价格是个人会员年费的4倍左右，用户也可以购买单篇内容。主要宣传点是能够为用户提供完整的投研体系，包括大类资产、宏观大势、投资策略、投资复盘、投资工具和行业赛道等。

二、财经媒体智库的探索

2015年初，中共中央办公厅、国务院办公厅印发《关于加强中国特色新型智库建设的意见》，提出了支持重点新闻媒体建设特色鲜明、创新发展的专业化高端智库。近年来，我国多家财经媒体已经在智库建设方面有所举措。

（一）第一财经研究院

第一财经研究院是第一财经旗下的非营利独立智库研究机构，上海市（首批）重点智库，宗旨为“致力于改善经济政策（Committed to Improving Economic Policy）”。主要的产品包括：年度旗舰报告、课题研究、决策咨询、论坛研讨会，以及指数和排名等。

---

① 张继伟．付费阅读：财新网的思考与实践［J］．新闻战线，2018（5）：27-29.

2007 年 8 月，第一财经研究院成立，当时的定位主要是向市场提供第一时间经过专业整合和分析的各类财经资讯，并定期提供涉及宏观经济、金融市场、产业领域的研究报告和数据库，以及各类指数和金融产品分析评价系统。针对政府、企业、机构投资者和个人专业投资者，细分市场，设计适销对路的产品，产品有清晰定价。

早期的运作模式是经营业务的延伸，直到 2014 年才转向了非营利智库的定位。研究院对于第一财经的作用主要是提升第一财经平台整体形象、建立及维护核心资源、知识输出以及相关项目参与等。[①]

（二）每经智库

“每经智库”也是每日经济新闻未来发展的四大战略之一。对内承担着探索“媒体+智库”新型可持续发展之路的职责，是每日经济新闻社会效益和经济效益新的增长极；对外担负着为各级政府、企业、社会建言献策的责任，以期通过更多元的方式，助力中国高质量发展，促进国内外进行广泛的交流合作。

每日经济新闻和财经领域多个企业与机构、高校、政府广泛合作，形成了由高质量发展研究院、美好商业研究中心、中国智慧物流研究院、中国轨道交通大数据研究基地、天府智库、环球数娱经济研究院、汽车研究院等多个分支机构组成的智库阵列。

三、会议活动

（一）概述

除了上述两种经营模式外，财经媒体举办会议也是一种普遍的收入来源。财经媒体机构往往会制定一套规范的办会流程，通过邀请业界有影响力的人物或品牌方作为参会嘉宾增强业界之间的交流联络，同时向大众售卖门票来增加与公众的联结。国内比较著名的财经媒体会议有“财新峰会”“21 世纪亚洲金融年会”“中国财富论坛”等。

（二）21 世纪亚洲金融年会

21 世纪亚洲金融年会创办于 2006 年，南方报业集团主办。会议包括“21

① 李玫．第一财经研究院的智库转型与发展［J］．青年记者，2019（10）：15-16.

世纪保险论坛”“21 世纪银行主论坛”等多个论坛，同期还会发布《亚洲银行竞争力排名研究报告》《亚洲保险竞争力排名报告》以及多份行业研报。参会人员包括监管层领导、权威专家、知名金融机构掌门人、著名企业家等，现已成为中国内地与亚洲及世界金融领域交流对话的重要平台。[①]《21 世纪经济报道》市场总监姜岚表示：“媒体的会议等品牌活动，除了是一项商业活动外，更是一种价值观的传递。这些活动的发展是一个需要长期自我平衡的过程，需要盈利但是又不能过度商业化。”[②] 这也表现出媒体除通过会议来盈利外，还需要通过办会来扩大自身的影响力和权威性。

（三）财新会

财新会是财新传媒以峰会、讨论、圆桌、对话等多种形式组成的系列会议活动品牌。每年会根据不同的热点主题制定会议内容，例如 2021 年第十二届主题是“为了命运共同体”。财新会采取会员邀请制，邀请会员机构参加财新峰会年会、国际峰会、国际圆桌、主题餐会以及其他国内区域论坛等交流活动。此外，会员机构还有财新传媒提供的信息服务和课题研究。

在我国经济发展的不同阶段，财经媒体对于宣传方针政策、促进市场经济的发展以及引导社会经济生活等都起到了巨大的推动作用。改革开放前 20 年，是我国经济恢复和体制改革的初期，也是我国财经媒体的萌芽、探索时期，这个阶段通过改变报道方式、扩展报道领域和深化报道内容为新财经媒体的发展奠定了坚实的基础。改革开放的后 20 年，是我国经济快速发展阶段，这一时期我国财经媒体起到了媒体监督的作用，促进了我国资本市场的发展。进入新媒体时代，媒介技术的变革和网络技术的应用，为财经媒体的多元化发展、融合转型提供了技术条件，也使得媒体业态得到了更大的发展。发展是永恒的，我国的财经媒体变化也紧跟我国经济发展的步伐，将中国的声音更好地传向世界各地。

---

① 第十六届 21 世纪亚洲金融论坛［EB/OL］.［2022-2-15］. http：//www.21jingji.com/zhuanti/topic/2021_yzjrnh/.

② 万智炯．做好整合其他交给更专业的人——《21 世纪经济报道》市场总监谈品牌活动［J］．中国记者，2010（2）：60-61.

第二章

国际财经媒体现状

2010年，世界上最大的新闻媒体还是鲁伯特·默多克的新闻集团。十年后，媒体行业却已发生了翻天覆地的变化，硅谷巨头抢占了媒体话语权。根据Press Gazette的调查统计，Alphabet（Google母公司）、Facebook和Apple已成为目前最大的新闻信息代理商，而默多克新闻集团的排名则滑落至第17位。① Google和Facebook几乎垄断了信息分发渠道，成为广告市场的绝对统治者，传统媒体的市场格局被彻底颠覆，财经媒体也面临着同样的难题。

尽管数字技术在剥离财经媒体的部分传统业务，但也为媒体生存发展增加了无限的可能性。自早期的商业新闻在欧洲诞生以来，财经新闻随着世界经济的发展蓬勃兴盛，其细分内容越来越丰富，记录着时代的脉搏。进入21世纪互联网时代，数据急速膨胀，财经新闻报道的专业性和复杂性提高，技术发展推动媒介环境快速变迁，为此，财经新闻媒体进行了一系列新闻生产、报道方式和经营模式上的变革，以应对数字时代的种种挑战。

第一节　国际财经媒体发展阶段

纵观西方财经新闻的发展史，财经新闻应商业需求而生，又随着市场商业环境的变化而不断调适主题和内涵，技术变革越来越成为财经媒体发展的关键因素。

① Press Gazette. The News 50：Tech giants dwarf Rupert Murdoch to become the biggest news media companies in the English-speaking world［EB/OL］.（2020-12-3）/［2021-10-9］. https：//www. press-gazette. co. uk/biggest-media-companies-world/.

一、17—19 世纪：早期的商业报道

17 世纪早期，商业新闻首先在欧洲的一些主要城市蓬勃兴起，使得市价表、账单条目、汇票和海运船次安排表等经济资讯开始出现和传播。①

18 世纪和 19 世纪早期，伦敦、纽约的咖啡馆和私人俱乐部开始为名流商绅提供商业信息交换场所，在这些场所的交流对话催生了后来的新闻小册子（printed news pamphlet）和最终的报纸（newspaper）。②托马斯·潘恩（Thomas Paine，1737—1809）是当时最具代表性的新闻册作者之一，代表作有《常识》（*Common Sense*）。他活动在纽约，关注当时美殖民地的税收问题，鼓舞当地居民反抗英国国王，让新闻纸具有了社会意义。

随着商业贸易的迅速增长，咖啡馆难以满足人们商品交易和信息交换的需求，英格兰银行（1694）、伦敦证券交易所（1801）、纽约证券交易所（1817）、伦敦谷物交易市场（19 世纪）等大型的专业金融机构应运而生，商品和大宗货物的贸易变得更加规范，交易从咖啡馆转移到了这些机构，价格和买家的新闻消息也随之转移③。

19 世纪中期，有组织的商业新闻机构诞生，代表人物有路透通讯社的创始人保罗·朱利叶斯·路透（Paul Julius Reuter，1816—1899）。路透出生于德国，在德国亚琛（Aachen）经营一家新闻和股票价格信息服务公司，凭借电报电缆和一支数量超过 200 只的信鸽队，路透社在速度、准确性、完整性和公正方面树立了声誉，他在 1851 年将路透社办事处拓展到英国伦敦金融中心，靠近主要的电报局，通过新建的多佛—加来（Dover-Calais）海底电报电缆在伦敦和巴黎之间传送股票行情和新闻。④

19 世纪后期，经济繁荣发展，为中产阶级提供了良好的贸易条件，人们对交易程序和贸易价格等专业信息的需求也不断增大，出现了与之相关的信息服务。⑤1882 年财经讯息公司道琼斯（Dow Jones）创立。1888 年《金融时

---

① 杭敏，李成章．国际财经媒体评述与未来发展趋势［J］．传媒，2016（23）：57-61.

②③ Hayes Keith. Business Journalism：How to Report on Business and Economics［M］. Apress，2013：xviii.

④ Thomson Reuters. Company history［EB/OL］.［2021-11-7］. https：//www. thomsonreuters. com/en/about-us/company-history. html.

⑤ 杭敏，李成章．国际财经媒体评述与未来发展趋势［J］．传媒，2016（23）：57-61.

报》创刊，1891 年报纸销量比上年猛增 73%。① 1889 年《华尔街日报》诞生，其前身是道琼斯公司在 19 世纪 80 年代初向华尔街纽约证券交易所推出的一项名为“薄纸”（flimsies）的新闻业务，这项业务将印有金融新闻和道琼斯工业平均指数（The Dow Jones Industrial Average）的碳描图纸亲手递给交易员，1889 年“薄纸”被编辑为一份两页的每日摘要，这便是第一版《华尔街日报》。② 从创刊到经济大萧条初期，《华尔街日报》都很少涉足商业和经济新闻以外的领域，向其他主题拓展的趋势在“二战”后才逐渐显露。③

二、20 世纪：走向中心的财经新闻

（一）20 世纪初：资本垄断与揭黑运动

随着西方市场经济主体不断合并、更迭，生产和资本进一步集中，垄断性的市场主体出现且壮大，美国新闻界在 19 世纪末 20 世纪初掀起了一场“扒粪运动”，旨在揭露社会黑幕，财经新闻领域也出现了与之相关的批评报道。

揭黑记者们在《麦克卢尔》（*McClure's Magazine*）等杂志上分期出版他们的证据书籍。④ 其中，《华尔街日报》记者艾达·塔贝尔（Ida Tarbell）撰写的《标准石油公司的历史》（*The History of Standard Oil Company*）在 1904 年出版，书中对石油垄断巨头约翰·洛克菲勒（John D. Rockefeller）进行了严厉的批评，开创了调查记者迪恩·斯塔克曼（Dean Starkman）所说的“问责新闻”（accountability journalism），也为此后成千上万的商业记者报道公司提供了模板。⑤ 但彼时财经新闻的主要功能仍是作为企业家和金融家的信息服务

---

① Reuters Staff. History of the Financial Times [EB/OL].（2015 - 7 - 24）/［2021 - 11 - 7］. https：//www. reuters. com/article/us-pearson-m-a-financialtimes-history-idUSKCN0PX2G120150723.

② Gary Hughes. A History of The Wall Street Journal [EB/OL].（2021-7-30）/［2021-11-7］. https：//www. historic-newspapers. com/blog/wall-street-journal-history/.

③ Britannica. The Wall Street Journal. [EB/OL].（2020-10-8）/［2021-11-7］. https：//www. britannica. com/topic/The-Wall-Street-Journal.

④ Jeff Madrick. Credulity in business journalism：A history of the business press since the 1970s [EB/OL].（2009-3-27）/［2021-10-9］. https：//www. amacad. org/sites/default/files/academy/pdfs/credulity. pdf.

⑤ Hamza Shaban. What Has Become of Business Journalism? [EB/OL].（2014-2-5）/［2021-10-9］. https：//www. newyorker. com/business/currency/what-has-become-of-business-journalism.

商，直到经济大萧条时期经济新闻的地位才真正开始转变。

（二）20世纪20—30年代：经济大萧条

20世纪20年代，美国经济进入衰退期。当时的媒体敦促政府对此采取行动，并迫使胡佛政府通过了1930年的《斯穆特—霍利关税法》（The Smoot-Hawley Tariff Act），大幅提高了进口商品的关税，并由此引发了一场波及世界的经济大萧条（1929—1933）。① 1929年开始的经济大萧条使美国人真正感受到了经济的威力，也激起了人们对经济新闻尤其是财经新闻的极大兴趣，美国的经济新闻进入了一个快速发展期。②

这一时期，金融领域的揭黑新闻司空见惯，新的政府计划不断受到关注，人们热烈地讨论各种公共工程。同时，生产和分配变得越来越复杂，企业工厂规模不断扩大，公司管理层不断扩张，需求催生了相应的财经媒体。1917年，《福布斯》（*Forbes*）创刊，致力于为企业家提供前瞻性报道。之后，《财富》（*Fortune*，1929）、《商业周刊》（*Business Week*，1930）等杂志先后创刊，开始以新兴的大型企业及其领导人为主体发表文章。从1931年开始，《华尔街日报》在总编辑伯纳德·基尔格（Bernard Kilgore）的带领下，逐渐从一家风格不强的报纸发展成为以“故事和深度”闻名的全国性主流财经报纸。不过，对经济新闻的重视只局限于少数媒体，对大部分媒体来说，经济新闻依旧只是一个次要部分。③

（三）20世纪40—80年代：消费时代

“二战”期间（1939—1945年），财经新闻主要关注国家经济而较少涉及商业和金融。④战后欧美等国经济迅速复苏，随着凯恩斯主义盛行，美国实施了宽松的财政货币政策和社会福利政策等，美国经济进入上升期。信息技术、新材料、生物工程等领域的技术创新使一系列高新技术产品问世，工业化和城市化建设促进白领阶层扩张，信贷增加以及战后婴儿潮、女性力量崛起使新消费群体拉动了繁荣，美国的生产力和生活水平达到新高峰。

但人民生活水平的提高和股市的爆发增长掩盖了市场垄断、政府过度干

---

① Hayes Keith. Business Journalism: How to Report on Business and Economics [M]. Apress, 2013: xviii.

②③ 宋祖华．论中美经济新闻流变与发展［J］．西南民族大学学报（人文社会科学版），2011，32（7）：153-156.

④ 杭敏，李成章．国际财经媒体评述与未来发展趋势［J］．传媒，2016（23）：57-61.

预等现实问题，尽管出现了经济学家约翰·加尔布雷斯（John Kenneth Galbraith）、米尔顿·弗里德曼（Milton Friedman），记者万斯·帕卡德（Vance Packard）等人反对的呼声，关于这些议题的讨论还只是限制在学术界，很少出现在大众报刊上。[①]

进入20世纪70年代，美国等西方国家出现经济滞胀，平稳运行的经济被高通胀、高利率打破。经济滞胀和能源危机改变了消费者预期，面对日益窘迫的银行存款、成本迅速上升的养老和医疗，人们开始研究各种新兴的投资工具。随着产品种类不断丰富，随之而来的商品质量问题、服务问题、价格问题、消费者权益保护问题和环保问题等开始成为美国的报纸和电视台的报道对象。随着蕴含着公司与公众利益明显冲突的激烈矛盾出现，商业新闻成为头版新闻。[②] 财经媒体努力报道受众想了解的内容，并不断提升报道质量以留住读者和广告商。

《华尔街日报》在基尔格担任总编辑期间，发行量从1941年的3.3万份增加到1966年的110万份，[③] 并开始向国际扩张。《时代》杂志成立了“经济学家委员会”（Board of Economists），专门报道20世纪60年代末的重大事件，接受过严格经济学培训的记者也被聘用。1972年，时代公司（Time Inc.）创办的《金钱》杂志（*Money Magazine*）开始发行，主打个人理财，内容从信用卡、抵押贷款、保险、银行和投资，到支付大学学费、信贷、职业和家庭装修等家庭财务问题。1978年，《纽约时报》首次开设了独立的商业版，并为它开辟了单独的报道部门，其业务人数迅速增加了30%~40%，各种新闻周刊开始扩大商业版，报道新科技和新产品。[④]

与此同时，电视新闻报道也繁荣起来，在印刷报刊之后为财经新闻增添了新的维度。20世纪70年代末，“金融新闻网”（Financial News Network）诞生。之后它并入了1989年开播的美国消费者新闻与商业频道（Consumer News and Business Channel，简称CNBC），CNBC隶属于美国的全国广播公司

---

①④ Jeff Madrick. Credulity in business journalism: A history of the business press since the 1970s [EB/OL]. (2009-3-27) / [2021-10-9]. https://www.amacad.org/sites/default/files/academy/pdfs/credulity.pdf.

② 宋祖华. 论中美经济新闻流变与发展 [J]. 西南民族大学学报（人文社会科学版），2011，32(7)：153-156.

③ Cynthia Crossen. It All Began in the Basement of a Candy Store [EB/OL]. (2007-8-1) / [2021-11-7]. https://www.wsj.com/articles/SB118591182345183718.

（NBC）。

（四）20 世纪 90 年代：股市繁荣与暗流

20 世纪 90 年代，美国股市持续繁荣，道琼斯工业平均指数从 1990 年初的 2600 点左右拉升至 1999 年末的约 11000 点，几乎翻了 4 倍。股市繁荣刺激了人们的投资欲望，人们把钱从银行取出放入股市，养老基金信任媒体的正面报道，将投资者的钱注入媒体热捧的安然公司（Enron）。此时，经济大萧条的经验果实《格拉斯-斯蒂格尔法案》（Glass-Steagall Act）被逐渐打破，许多大型商业银行和保险公司合并，承担风险的投资银行与接受储蓄的商业银行之间的藩篱被打破，股市泡沫在财经媒体的鼓吹下膨胀，直到牛市终结揭露了安然的真相。

斯塔克曼在《不吠的看门狗》（*The Watchdog That Didn't Bark*）一书中提到财经媒体没有预警经济危机的原因：多年宽松的金融监管环境使得记者们赖以进行调查的法律文件（起诉书、证词、和解书等）变得难以获取；中产阶级蜂拥进入股市，读者对商业内幕情报和投资者新闻的阅读需求猛增；CNBC 等商业有线电视崛起，搜索引擎和电子商务的爆炸式增长撼动了新闻业传统的商业模式，调查项目的预算减少，媒体必须更加谨慎报道，以免惹恼广告商；调查新闻昂贵的成本和对企业品牌的负面影响也不利于调查性报道的大范围铺开。①

财经新闻界过于信任、盲目迎合来自华尔街的信源，制造了类似安然公司的虚假神话，没有承担起足够的社会责任，金融危机发生后才开始声讨华尔街为时已晚，媒体声誉受到打击。

历经百年发展，财经新闻已经从报道边缘走向中心。到 20 世纪末，经济新闻已经成为新闻报道的一个重要组成部分，除了专门的经济新闻媒体，各大综合媒体也都有相当丰富的经济新闻内容。②

---

① Hamza Shaban. What Has Become of Business Journalism?［EB/OL］.（2014-2-5）/［2021-10-9］. https：//www. newyorker. com/business/currency/what-has-become-of-business-journalism.

② 宋祖华 . 论中美经济新闻流变与发展［J］. 西南民族大学学报（人文社会科学版），2011，32（7）：153-156.

三、21 世纪：数字时代的财经报道

进入 21 世纪以来，随着新技术、新理念的产生，涌现许多新的内容生产方式和报道方法，数字时代正在广泛而深刻地塑造着整个新闻行业。一方面，财经新闻的覆盖主题随经济发展而更加丰富广泛，从宏观经济到中观产业、微观组织，涉及的报道内容包含了政治经济报道、产业经济报道、企业经济报道和金融市场报道等不同层面，科技公司和新兴技术备受媒体关注。另一方面，数字技术变革也意味着传统媒体面临来自新媒体、网络新闻和假新闻的挑战，社交媒体和搜索引擎吸纳了更多的广告商，传统的机构媒体须直面有史以来最严峻的生存危机。庆幸的是，既有媒体虽然没有完全摆脱“危机”，但并没有被边缘化，而是在危机中不断调适，成为数字时代新闻创新的主力军，① 部分欧美的主流财经媒体甚至率先完成了从出版时代到数字时代的转型，为众多同行者提供借鉴。

具体来看，以美国为代表的西方财经媒体在 21 世纪表现出以下特征：

一是报道主题不断细化、重点突出且具有全球共振的特点。经济全球化意味着世界领域的产业扩散、分工和赛道细分，明星产业和公司在各国拔地而起，世界共享成果、共担风险，重点突出的专业报道有助于财经媒体守住新闻领地。

二是财经新闻生产方面涌现了多种新兴的采编方式与报道形式，比如以结构化数据和自然语言处理技术为基础的自动化新闻，跨地区、跨国的协作式新闻和众包新闻，它们正在改变整个新闻行业的从业人员结构；数据驱动新闻、多媒体融合报道等更具可读性、互动性、趣味性的报道形式不仅为读者带来了更丰富的阅读体验，也打开了财经新闻的创作空间，甚至在逆向改造财经媒体的组织架构和终端布局。

三是经营管理上，意料之外的竞争对手——互联网巨头的侧面突进让财经媒体不得不应对严峻的生存危机，探索发行、广告之外的第三途径，付费订阅成为新的突破口，搭建媒体智库、开展会议活动也被证实为可行之举。

---

① 王辰瑶，刘天宇 . 2020 年全球新闻创新报告［J］. 新闻记者，2021（1）：38-56.

第二节　国际财经媒体格局

一、国际财经媒体分类

财经媒体按照不同的标准可以划分为不同类型，以财经媒体的业务范围进行分类，可以将其大致划分成四大类：①

一是综合性媒体的财经经济报道部门。这类媒体往往规模庞大，报道门类齐全多样，涵盖社会、经济、政治、体育、文娱等多个方面，其中部分媒体在发展的过程中对财经商业类新闻的报道比重不断上升，且财经新闻报道的质量较高，在一众综合类媒体中凸显出较强的影响力。典型代表如美国的《纽约时报》、有线电视新闻网 CNN、福克斯商业新闻网，英国的《卫报》、英国广播公司（BBC）等等。

二是专业财经媒体。相较于综合性媒体，这类媒体机构在提供日常的商业讯息之余，更注重为读者创作更具专业性的深度报道，并以解释性、调查性报道见长。它们的报道目标不再是简单呈现“昨天发生了什么”，而是向读者解释“这些新闻意味着什么”，为读者提供分析的视角并帮助他们进行判断和选择，因此这类财经报道往往更具商业价值，这类专业媒体也更具权威性和影响力。业界标杆有《华尔街日报》《金融时报》《日本经济新闻》《经济学人》等。

三是财经信息服务集团。比起前两者，财经信息服务集团更像是财经信息提供商，为企业和产业提供专业的财经、金融和国际市场资讯，同时为金融从业人士提供决策依据。它们的财经信息来源更加广泛，对财经数据的解读同样具有专业性。财经信息服务集团的信息终端既可以面向专业的新闻媒体，也可以出售原始和加工数据给企业和个人投资者。典型代表有汤森路透集团、彭博新闻社和道琼斯公司。

四是细分行业的财经媒体。这类媒体相较于以上提到的新闻机构关注的

---

① 杭敏．国际财经媒体发展研究［M］．北京：中国财政经济出版社，2016：26-55.

领域更加精深窄小，比如服务于投资者的《福布斯》和《财富》杂志，专注于个人理财服务的《吉普林格》（*Kiplinger*），提供能源和金属资讯的《普氏能源资讯》（*Platts*），聚焦债券交易的《债券买家》（*The Bond Buyer*），讨论苹果公司相关讯息的《苹果内部消息》（*Apple Insider*）等。

此外，随着互联网和移动互联的诞生，部分主打财经的博客论坛、原生数字媒体也崭露头角，如商业内幕（Business Insider）、雅虎财经（Yahoo! Finance）、石英网（Quartz）等。

二、代表媒体介绍

（一）综合性媒体

1.《纽约时报》

《纽约时报》创办于 1851 年，是全球严肃报刊的代表，因其语言风格古典严肃，被戏称为“灰色女士”（The Gray Lady）。其记者大多具有精英教育背景，凭借客观、及时、深入的报道和深刻的评论成为世界上最具影响力的大报之一，获得了上百项普利策奖。《纽约时报》的报道门类丰富，其网页端共设有政治、商业、观点等 19 个垂直频道，其中商业频道（Business）实时滚动标准普尔 500 指数（S&P 500）、道琼斯工业平均指数（Dow Jones Industrial Average）和纳斯达克综合指数（Nasdaq Composite），下设科技、经济、媒体、货币、交易手册（DealBook）5 个二级分区。根据官方财报显示，截至 2021 年底，其付费用户总计 760 万，订阅的产品达到 880 万项，其中印刷报纸工作日平均日发行量为 34.3 万，周日平均日发行量为 82 万。报社主要盈利仍然依靠订阅与广告。2021 年，《纽约时报》整体订阅收入同比增长 13.9%，达 13.6 亿美元，广告收入增长 26.8%，达 4.98 亿美元，整体盈利增长了 52.1%，达 2.68 亿美元。①

具体情况如下：核心受众：普通群众与商业人士。报道原则：其一，“所有适合刊载的新闻”（All the News That's Fit to Print）印刷在报纸头版的左上角，其意是“要不偏不倚，无私无畏地提供新闻，无论涉及什么政党、派别

---

① 纽约时报 2021 年年报［EB/OL］.（2022-3-11）/［2022-3-25］. https：//nytco-assets. nytimes. com/2022/03/The-New-York-Times-Company-2021-Annual-Report. pdf.

或利益”，坚持中立、客观、无偏见，但现实中《纽约时报》是美国亲自由派的第一大报，与《华尔街日报》的保守派旗舰报纸地位相对应。其二，坚持“受众至上”。其三，“做与众不同的新闻”（Journalism That Stands Apart），致力于数字化转型和报道创新。编辑方针：目前，《纽约时报》正试图摘掉老古董式的平庸、中间派、不接地气的标签，向个性化主流媒体迈进。同时加快数字化转型，让编辑和记者用视觉元素来讲述故事。覆盖范围：面向全世界发行。收费方式：数字端首年每周 1 美元，第二年开始每周 4.25 美元（2021 年底数据）。

2. CNN Business

CNN Business 原名 CNN Money，建立于 2001 年，是由 CNN 运营的一家财经新闻网站，致力于向全世界提供最新的财经信息和资讯。CNN 全球分社的专门团队每周 7 天 24 小时工作，向受众提供来自全球各地近 4000 名记者的新闻。CNN Business 最初是由 CNN. com 的金融频道（CNNfn）和时代华纳旗下的《财富与金钱》（*Fortune and Money*）杂志合资成立的。2014 年时代华纳的出版业务分离成立了时代公司（Time Inc.），随后时代公司又在 2017 年被出售给梅雷迪斯公司（Meredith Corporation），至此该网站就成了 CNN 的附属网站。2018 年 10 月，CNN 重新推出垂直业务 CNN Business，聚焦于“商业的数字化转型，以及它对全球经济的影响”。

具体情况如下：核心受众：普通大众与专业财经人士。媒体宗旨：传递信息，为世界赋能（To Inform，Engage and Empower the World）。覆盖范围：全球多个国家和地区。收费方式：数字端免费。

3. 福克斯商业网站

福克斯商业网站（FOX Business Network，FBN）是福克斯广播公司（也称“福克斯电视网”）下的商业频道网站，于 2007 年开始运营，总部位于 21 世纪福克斯在曼哈顿的工作室，同时在芝加哥、洛杉矶、旧金山（硅谷）、华盛顿特区和伦敦等主要市场设立了分社。该电视网于 2007 年 10 月 15 日开播，其特色是交易日报道和晚间一系列以观点为基础的谈话节目。FBN 的报道涉及商业、科技等多个领域，其每篇新闻几乎都附有高清视频，它将自己定义为“唯一一家高清的商业网站”（The Only Business Network In True High Definition），截至 2015 年 2 月，FBN 已覆盖美国约 7422.4 万户付费电视家庭，占拥有电视家庭的 63.8%。

具体情况如下：核心受众：美国普通民众，平均受教育水平稍低。覆盖范围：全球多个国家和地区。收费方式：数字端免费。

（二）专业财经媒体

1.《华尔街日报》

《华尔街日报》（*The Wall Street Journal*）创办于 1889 年，总部位于美国，目前隶属于默多克新闻集团（News Corp）旗下的道琼斯公司（Dow Jones & Company)。《华尔街日报》是美国最具影响力的专业财经媒体之一，其报道内容涉及的行业较宽泛，如汽车、电信、金融等，同时倾向于报道具有市场影响力的、市值大的企业或者未来的行业领导者，其开创的华尔街日报体也深深影响了新闻写作。根据官方财报显示，截至 2021 年第二季度，《华尔街日报》的月均纯数字订阅超过 270 万，占其总订阅量的 79%。其读者平均年龄在 50 岁左右，年收入 20 万美元，个人净资产 200 万美元，拥有一定财富。

具体情况如下：核心受众：来自商界、政界的专业人士以及个人投资者。办报宗旨：为读者提供高品质的商业新闻。编辑方针：独立、公正、准确。覆盖范围：发行覆盖全美。除了美国国内版本外，国际发行以英文撰写的版本有欧洲、亚洲、印度，以及中国中文版、日本日文版。收费方式：数字端首月及次月收费 1 美元，之后每月 28. 99 美元（2021 年底数据）。

2.《金融时报》

《金融时报》（*Financial Times*）于 1888 年创刊，总部位于英国伦敦，以权威、真实、准确的财经商业报道著称，是具有全球影响力的专业财经媒体。该报专注于为读者提供全球性的经济商业信息、经济分析和评论，其建立的伦敦股票市场的金融指数是判断英国金融经济情况的晴雨表。21 世纪以来，《金融时报》凭借数据驱动战略在新闻生产和媒体经营上取得了巨大成功。2015 年被日本经济新闻社（Nikkei. Inc）收购，使得《金融时报》在原有欧美市场的优势外进一步拓宽了亚洲受众。根据国际报刊联盟（FIPP）2021 年 12 月发布的《2021 全球数字订阅报告》（*Global Digital Subscription Snapshot*），截至 2021 年第一季度，其付费订阅用户突破 130 万人。①

---

① 全媒派．拆解 2021 全球新闻付费订阅榜：财新进前十，其他九家都有谁？［EB/OL］．（2021-12-19）／［2022-3-25］．https：//mp. weixin. qq. com/s/v3jXbvmGnEv4PQNI_1NWdQ.

具体情况如下：核心受众：全球商业精英人士。办刊宗旨："诚实的金融家和可敬的经纪人"之友。编辑方针：权威、真实、准确。覆盖范围：印有英国、欧洲、美国及亚洲共4个版本，在伦敦、法兰克福、纽约、巴黎、洛杉矶、马德里、中国香港等地同时出版，其中70%发行于英国之外的140多个国家，并在2005年推出了面向中国读者的FT中文网。付费方式：数字端每月40美元（2021年底数据）。

3.《经济学人》

《经济学人》（*The Economist*）创办于1843年，是一份涉及全球政治、经济、文化、科技等多方面事务的综合性新闻评论刊物，专注于对重要议题提供深入的分析和评论。其社论版块持有古典自由主义与经济自由主义的立场，倾向于支持自由贸易和全球化。在创办之初，《经济学人》以报纸版式发行，时至今日，尽管它已经采用小开本、亚光纸的杂志版式出版，但它依然沿用旧时的习惯，将自己称为"报纸"。2014年，《经济学人》推出的"蒸馏咖啡"（Espresso）早间新闻很好地迎合了通勤年轻人快餐化、碎片化的阅读习惯。

具体情况如下：核心读者：受教育程度较高的人群，读者中包括诸多具有影响力的高管和决策者。办报宗旨："在推动前行的智慧与阻碍进步的胆怯无知进行激烈斗争时，参与其中"。编辑方针：文章往往不署名，立场鲜明，不偏不倚。覆盖范围：作为一份周报，分八个版本面向全球发行，其编辑部位于伦敦。2021年上半年数字订阅量达到了52.46万。收费方式：数字端每月17.9英镑（2021年底数据）。

4. CNBC

消费者新闻与商业频道（Consumer News and Business Channel，CNBC），又称全国广播公司商业频道，是一家通过有线电视、卫星电视和互联网覆盖美加地区的财经新闻频道，1989年在美国开播。CNBC隶属于NBC环球集团的NBC环球新闻集团，同时也是康卡斯特集团（Comcast Corporation）的子公司。CNBC拥有丰富的视频资源，覆盖亚洲、美洲的主要交易市场，向受众提供24小时的全球商务简报、实时市场分析和金融分析工具。CNBC在交易日主要播出美国及国际市场的交易资讯及财经新闻，而在交易日交易结束后或非交易日时段，主要播出以财经和商业为主题的纪录片或真人秀。CNBC电视频道在各类平台每月可覆盖 3.55 亿受众，拥有手机、平板等多个移动终端。

具体情况如下：核心受众：商业精英阶层，市场落点高端且专业。媒体宗旨：我们的使命是帮助有影响力和有抱负的人做出明智的决定，以获得成功。覆盖范围：在欧洲、亚洲和美国拥有三个区域性财经报道网络。收费方式：网页端免付费，PRO 升级服务全部收费。

（三）财经信息服务集团

1. 路透通讯社

路透通讯社（Reuters）成立于 1851 年，是位列世界前三的多媒体新闻通讯社。路透社向报刊、电视台和公司企业提供各类新闻和金融数据，其报道覆盖 16 种语言，在 128 个国家和地区运行，触达全球超过 10 亿人口，并以迅速、准确享誉国际。路透社主要收入来源是信息与软件服务的售卖，新闻生产带来的收入占比并不高，而新闻内容则主要集中在经济、金融等方面。此外，路透社还提供工具和平台，例如股价和外币汇率，让交易员可以分析金融数据和管理交易风险。

具体情况如下。主要客户：金融机构和专业投资者。成立宗旨：实时报道真实世界。致力于提供可靠情报，助力人类和机器做出明智的决策。报道原则：独立，公正，不偏倚。覆盖范围：使用 16 种语言，报道遍及全球 128 个国家和地区。收费方式：2021 年 4 月，路透社宣布其网站 Reuters. com 将推出付费墙，每月 34.99 美元，每月可免费阅读五篇文章，后因为与其主要客户路孚特（Refinitiv）的新闻供应协议而终止计划。[①]

2. 彭博新闻社

彭博新闻社（Bloomberg News），由前纽约市市长迈克尔·彭博（Michael Rubens Bloomberg）创建于 1981 年，1997 年由彭博财经新闻社（Bloomberg Business News）正式更名为彭博新闻社，是目前全球最大的财经资讯公司之一。除了为彭博终端提供新闻服务外，彭博社还拥有电视台、广播电台、财经杂志和财经网站（Bloomberg. com）。向全球各地 2 亿多受众提供财经新闻服务，同时为全球范围内的公司和商业精英人士提供重要财务数据信息。虽

---

① 汤森路透．路透社推迟新闻网站收费计划［EB/OL］.（2021-5-28）/［2021-10-9］. http：//www. ftchinese. com/story/001092668？full=y&archive.

然受众众多，但其收入主要来源于其超过 31 万的专业客户。据媒体调查显示，彭博财经频道的受众人均年收入约 20 万美元。[①] 2020 年彭博社启动了一个名为 Quicktake 的 24/7 流媒体频道，为用户提供来自全球 120 个国家和地区的新闻资讯。目前彭博社拥有 25 万个新闻网站订阅者，根据财报，该公司在 2018 年的收入达到 100 亿美元。

具体情况如下：核心受众：受众广泛，以在投资银行、基金公司、商业银行等金融机构工作的专业投资人士为主，主打高端市场。办报宗旨：给分布在全球 100 多个国家和地区的读者提供清晰明白、写作精良的新闻报道。编辑方针：提供简洁、清晰、准确的报道。写作上，强调平实易懂，把错综复杂的财经新闻转化为易于读者理解的新闻故事，强调叙述事实，少用形容词，评论另设专栏。报道对象以上市公司、具有市场影响力的大市值公司为主，高度关注公司、资本市场、行业、经济和政府。追求“狗咬人”式的令人惊喜的新闻。覆盖范围：全球 100 多个国家和地区。收费方式：基础版为每月 34.99 美元，包括彭博社网站、APP 以及彭博电视和广播与播客内容等。每月 39.99 美元的版本附加了《彭博商业周刊》和彭博举办的线下活动（2022 年初数据）。

（四）细分行业的财经媒体

1.《福布斯》

《福布斯》（*Forbes*）是美国一本企业家杂志，创办于 1917 年，由福布斯公司（Forbes Inc.）发行，每两周发行一次，以金融、工业、投资和营销等主题的原创文章著称。福布斯还报道技术、通信、科学和法律等领域的内容，媒体立场属于共和党保守派。其在美国的主要竞争对手有《财富》（*Fortune*）和《彭博商业周刊》（*Bloomberg Businessweek*，原名商业周刊）。该杂志因其提供的福布斯富豪榜而为人熟知。其举办的“福布斯全球总裁会议”（也称“福布斯全球 CEO 论坛”）与达沃斯世界经济论坛、财富全球论坛并称世界级三大经济论坛。

具体情况如下：核心受众：商业精英人士。办刊宗旨：“创业精神、创富工具”。覆盖范围：出版 10 多种不同语言的杂志，覆盖全球。收费方式：会

① 覃倩．浅析全球化语境下财经新闻传播话语权［J］．中国广播电视学刊，2014（3）：52-54.

员订阅为每月 6.99 美元（2022 年初数据）。

2.《财富》

《财富》（*Fortune*）是一本聚焦投资者的美国商业杂志，由亨利·卢斯（Henry Robinson Luce）创办于 1929 年，每三周发行一次，以经典的案例分析见长。旗下包括跨国月刊、日报网站和会议系列，公司在北京、波士顿、芝加哥、香港、伦敦、洛杉矶、纽约、旧金山和上海设有办事处。1954 年《财富》推出“世界 500 强排行榜”（Fortune 500），影响显著。1995 年起，《财富》开始举办“财富全球论坛”（Fortune Global Forum），邀请世界 500 强企业的领导者与会，之后形成了一系列有代表性和影响力的财经论坛活动。

具体情况如下：核心受众：商业精英人士。办刊宗旨：为“富有和有影响力的人”准备的“理想的超级阶级杂志”（“the Ideal Super-Class Magazine” for “wealthy and influential people”）。编辑方针：准确、公平、透明和合法。覆盖范围：全球。收费方式：数字端普通套餐每年 72 美元，升级套餐每年 108 美元（2022 年初数据）。

（五）原生数字财经媒体

1. 雅虎财经

雅虎财经（Yahoo！Finance）成立于 2005 年，是雅虎网站下的财经垂直频道。自 2017 年以来，该公司归 Verizon Media 所有。它向受众提供股票报价、财务报告、国际市场交易数据、抵押贷款利率、最近的财经新闻和个人投资理财工具，受众可以在网站上进行评论互动。除了发布来自其他网站的合作内容外，还发布其工作记者团队的原创故事。

具体情况如下：核心受众：受众分布广泛，有普通受众，也有专业的个人投资者。覆盖范围：全球。收费方式：数字端免费。

2. 商业内幕

商业内幕（Business Insider）是一家在 2009 年建立的美国商业和娱乐新闻网站，总部设在纽约，创始人是凯文·瑞恩。该网站侧重于商业资讯的分析，并实时更新热门新闻。商业内幕网站下设科技、财经、市场、零售、健康等垂直频道。2012 年 6 月，它成为每月独立访客数达到 540 万的网站，曾被《时代》杂志评为“25 个最佳金融网站之一”。

具体情况如下：覆盖范围：拥有 11 种不同的编辑版本，以迎合不同国家和地区读者的需求。收费方式：基础内容免费，独家的 premium 内容首月 1 美元，续费每月 12.95 美元（2022 年初数据）。

第三节　当代国际财经媒体的报道现状

2018 年，哈佛尼曼新闻实验室（Nieman Lab）预测，未来人工智能将给新闻业带来巨大的变化。一旦大样本数据抓取成为可能，记者将会在财经新闻、政治议题和社会公共议题上取得更多突破。数字时代，计算机技术正在全方位渗透新闻业，人工智能、大数据算法等工具正在改变财经新闻生产流程和新闻呈现方式。自动化写作、数据驱动新闻、多媒体融合报道等新兴的财经新闻报道方式不断涌现，推动当代财经报道朝着智能化、数字化、多媒体的方向发展。

一、自动化新闻

（一）AI 为财经报道创造价值

1981 年，美国学者 Shoshana Zuboff 预言：一切能被自动化的事物终将自动化。如今 40 年过去，我们的世界正朝着这个方向稳步前进。据路透新闻研究院调查，超过 2/3（69%）的媒体受访者认为，未来 5 年，AI 技术将对新闻业产生最大的影响，领先于 5G（18%），但许多人认为，AI 将使大型新闻媒体获得更多的好处。目前，AI 在各地的编辑室里的职能正在不断变化，从数据收集、整理和分析、交叉查证核实，到写稿、创作、编辑，再到重新定义新闻传媒业，AI 的发展速度令人目眩，也为财经新闻报道带来更多可能。

学界对于 AI 参与新闻报道的现象有比较宽泛的定义。以算法为核心的人工智能包括“智能体、机器学习与数据挖掘、语义网络、认知信息技术等非常丰富的内容”。[1] 人工智能软件平台和自然语言生成技术的结合，允许将原始数据转换成可理解的语言，而由此生成的新闻也被称为“自动化新闻（Au-

① 陈昌凤，石泽．价值嵌入与算法思维：智能时代如何做新闻［J］．新闻与写作，2021（1）：54-59.

tomated Journalism）”“机器人新闻（Robot Journalism）”“计算新闻（Computational Journalism）”或“算法新闻（Algorithmic Journalism）”。①

自动化新闻对于财经报道的价值已在媒体实践层面得到证实。《福布斯》是最早开始尝试自动化新闻写作的财经媒体之一。2012 年，《福布斯》宣布与 Narrative Science 公司合作，通过该公司研发的 Quill 平台自动生成企业的利润预测报告，以高效的机器代替人工进行重复性劳动，节省的时间则用于记者为用户生产更优质的深度报道。据福布斯官方声明，这次合作为福布斯带来了用户数、网页访问量和广告利润的同时增长。2014 年，美联社利用 Wordsmith 采集已有的研究数据，自动生成了苹果公司第一季度的利润报道。2015 年，Wordsmith 平台为用户提供数据上传、预写文章模板、自动提取数据创作内容等服务，官网数据显示，Wordsmith 已自动生成了 5000 多篇季报新闻，为财经记者节省了 20%的时间。2018 年，《福布斯》推出智能驱动的内容管理系统 Bertie，从新闻选题、内容创作和作品分发等方面助力新闻生产。Bertie 上线后，福布斯整体的月活用户增加了一倍。之后，《纽约时报》、《华盛顿邮报》、彭博社、路透社等新闻媒体也都陆续推出了自己的智能系统，赋能新闻生产。

财经与 AI 的成功结合很大程度上归功于财经新闻的内容特征。由于自动化新闻对数据的结构性要求很高，截至目前，能够使用自动化生成的新闻题材较 AI 写作诞生伊始并无太大差别，气象、财经和体育报道是自动化新闻最早的应用领域。② 原因在于，算法新闻适用于有既定框架和模板的常规报道，这类新闻的数据往往比较清晰、规整和准确，且主题适合重复报道，比如上市公司的财报新闻、房地产价格分析、体育赛事报道、气象报道和地震灾难报道等。自动化写作为财经报道创造的最大价值在于显著提升了新闻生产效率，节约的时间使财经记者有更多精力探索深度报道领域。相较于人工新闻，自动化写作在生产效率、速度、规模、准确性、客观性等方面都具有明显优势，而且自动化新闻兼具了“大样本研究”和“个性化定制”两个看似不相容的优点。例如，财经新闻可以根据用户信息需求进行定制数据新闻生产。

---

① 张梦，陈昌凤．智媒研究综述：人工智能在新闻业中的应用及其伦理反思［J］．全球传媒学刊，2021，8（1）：63-92.

② Graefe A. Guide to automated journalism［EB/OL］．（2016-1）［2021-12-16］．file：///Users/yunxia/Downloads/GuideToAJ. pdf.

除了自动化写作之外，在财经新闻的深度报道领域，AI 也参与了挖掘真相的过程。美联社认为，自动化写作并未替代任何一名记者，相反，这种技术有利于帮助记者减轻数据搜集和分析负担，使其将更多的精力投入到深度报道中。通过分析大数据，AI 可以在不易察觉的事件之间建立联系，这一点即使是从业多年的资深记者也很难做到。[①] 2016 年，国际调查报道记者联盟（International Consortium of Investigative Journalists）在 72 个国家和地区，联合 116 个媒体组织进行了一系列巴拿马文件（Panama Papers）调查报道，揭露了世界各国权贵偷漏税和洗钱的黑幕，这起金融泄密导致乌克兰、冰岛两届政府下台。调查过程中，记者利用 AI 开源数据挖掘技术和图形数据库，组织、索引、过滤信息，解读了数十种格式的 1150 万份泄露文档，[②] 该系列报道获 2017 年普利策新闻奖解释性报道奖。由此可见，AI 在扮演数据分析师和助理记者的角色，它使财经记者可以更加快速、准确地发现需要基于大量数据样本分析才能得出的结论。

读者对于新闻多元化的期待、政府数据公开、用户数据爆发式增长下社会数据网络的不断完善、新闻机构降低生产成本的需要，都将成为自动化新闻融入财经报道的驱动力。

（二）路透社的财经新闻 AI

路透社研发的 AI 系统在财经报道领域具有一定代表性。2018 年 3 月，路透社发言人在数据新闻年会（National Institute for Computer Assisted Reporting）上，首次介绍了智能系统 Lynx Insights。路透社表示，Lynx Insights 可以最大限度地将人工智能理性、迅速、低成本的优势和人类在判断、联系、援引、洞察等方面的专长相结合，彼此协调，共同合作，打造“可控化的新闻编辑室”（Cybernetic Newsroom）。Lynx Insights 主要的应用范围是并购、大宗商品买卖等市场报道，预计未来会开发公司财务报道、体育新闻、政治类报道等容易取得进展的领域。通过接入不同的数据库，包括路透社自有的金融资讯数据库等，

---

① NiemanLab. Reuters' new automation tool wants to help reporters spot the hidden stories in their data (but won't take their jobs) [EB/OL]. (2018-3-12) / [2021-10-9]. https://www.niemanlab.org/2018/03/reuters-new-automation-tool-wants-to-help-reporters-spot-the-hidden-stories-in-their-data-but-wont-take-their-jobs/.

② Marina Walker Guevara. How Artificial Intelligence Can Help Us Crack More Panama Papers Stories [EB/OL]. (2019-03-25) / [2021-11-06]. https://www.icij.org/inside-icij/2019/03/how-artificial-intelligence-can-help-us-crack-more-panama-papers-stories/.

Lynx 可以帮助记者从事数据收集分析、构思报道、撰写常规句和数据可视化等工作。相较于 Wordsmith 有成熟的自然语言生成技术（NLG）为新闻生成提供支撑，路透社的 Lynx Insights 更侧重新闻生产前端的数据获取和新闻发掘。

Lynx Insights 可以基于公开性信息覆盖 2/3 的财经新闻内容。它允许记者设置自己跟进的新闻线的关键词，以进行定向筛选和实时监测，帮助记者发现新闻选题并为报道提供数据。在识别到异常数据波动时，Lynx Insights 会通过电子邮件等方式向记者发出警报，记者在收到提示后，可以依据自己的经验决定是否继续跟进，如果跟进，系统可以直接向记者发送更丰富的信息，为下一步的新闻写作提供数据支持。例如，在检测到沃尔玛股价连续多日大幅下跌后，Lynx Insights 会将这一消息迅速传达给记者，并结合沃尔玛的实际情况，向记者建议应该从哪里入手进行写作，同时，还会为记者提供沃尔玛的竞争公司在近日的经营状况以及商业分析师对沃尔玛的评价等信息。

Lynx Insights 不仅可以用于路透社的新闻生产，还可以向其他新闻媒体提供服务，具有满足其他新闻生产方需求、开拓投资者市场的可能。① 具体来说，相较于《华尔街日报》充满人情味的深度写作，路透社“流水线”生产出的常规金融报道更加单调枯燥，难以获得个人投资者的青睐，但可以售卖给彭博社这类金融信息聚合终端。

此外，除了 Lynx Insights，路透社还开发了 News Tracer 专门用来追踪社交媒体上的突发性新闻。据官方统计，从 2017 年至 2018 年末，路透社在对 50 个重大新闻事件的报道速度上击败了全球其他的新闻媒体，路透社记者可以在报道上平均领先其他媒体记者 8~60 分钟。②

二、数据驱动新闻

（一）用数据讲述财经故事

随着互联网深度接入日常生活，信息技术在潜移默化中改变了大众对知

① Ben Ashwell. How automated financial news is changing quarterly earnings coverage [EB/OL]. (2018-6-6) / [2021-10-9]. https://www.irmagazine.com/reporting/how-automated-financial-news-changing-quarterly-earnings-coverage.

② Catalina Albeanu. New automated tool at Reuters helps its ‘cybernetic newsrooms’ find stories in data [EB/OL]. (2018-3-12) / [2021-10-9]. http://mediamanagersclub.org/lynx-insight-new-automated-tool-reuters-helps-its-cybernetic-newsrooms-find-stories-data.

识生产和共享的传统认识，信息公开变得愈加普遍。“开放源代码软件使数据可视化变得更加容易，正是技术和理念的双重支持促使新闻也做出相应的变革。”①

记者兼学者米尔科·劳伦兹（Mirko Lorenz）将数据新闻界定为一种工作流程，即“通过反复抓取、筛选和重组来深度挖掘数据，聚焦专门信息以过滤数据，可视化地呈现数据并合成新闻故事”。② 其他业界人士则从不同角度对数据新闻给出了解释。英国卫报数据博客（Data Blog）创始人西蒙·罗杰斯（Simon Rogers）认为数据新闻不一定采用数据可视化的形式，但必须以“数据”和“统计”为基础。斯塔里·乔纳森（Stray Jonathan）对数据新闻的定义是“出于公共利益获取整理和发布数据的报道”。③ BBC 记者保罗·布拉德肖（Paul Bradshaw）认为，数据新闻与其他新闻的不同之处在于，当把传统的“新闻嗅觉”和讲故事的能力结合起来，加上如今可获得的大规模数据，新的可能性就会打开。④

无论数据新闻最终界定如何，其落点仍离不开“新闻”，数据可以是启发新闻的灵感，也可以是处理呈现新闻的工具，但终究数据服务于新闻，是为了更好地讲述新闻故事，实现新闻价值。具体到财经报道领域，数据之于讲述财经故事意义重大。

从数据与财经新闻的关系来看，传统财经新闻高度依赖数据，财经新闻的数据属性使其与数据新闻的部分生产流程连贯沟通，对数据的有效处理能够实现财经新闻和数据新闻的对接。⑤ 数据新闻的演变史上曾出现过“计算机辅助报道”（Computer Assisted Reporting，CAR）和“精确新闻”（Precision Journalism），但影响力有限。跨入 21 世纪，西方的数据新闻随着数据开源运动渐入佳境。2009 年，时任美国总统奥巴马签署了《开放政府条例》，建立了政府数据门户网站（data. gov），这一举措让美国数据新闻业随着数据开放

---

① 方洁，颜冬．全球视野下的“数据新闻”：理念与实践［J］. 国际新闻界，2013，35（6）：73-83.

② 林春辉．财经类媒体微信公众号运营策略研究［D］. 广州：暨南大学，2018.

③ Stray Jonathan. A Computational Journalism Reading List［EB/OL］.（2011-1-31）/［2021-10-9］. http：//jonathanstray. com/a-computational-journalism-reading-list.

④ Paul Bradshaw. What Is Data Journalism?［EB/OL］.（2020-8-5）/［2021-10-9］. https：//datajournalism. com/read/handbook/one/introduction/what-is-data-journalism.

⑤ 张雪婷．国内外财经类数据新闻平台对比研究——以财新“数字说”和彭博“graphics”栏目为例［J］. 文化与传播，2019，8（5）：97-105.

和政策助力得到了快速发展。[①] 英国《卫报》率先上线数据博客栏目，监测议员开销的互动式新闻让数据新闻在新世纪伊始就与财经结缘。[②] 2010 年起，具备完整形态的数据新闻开始在《纽约时报》、英国广播电台（BBC）、《金融时报》等国际主流媒体上出现。[③]2012 年，新闻领域的国际奖项“全球数据新闻奖”（Data Journalism Awards）设立，后更名为“西格玛数据新闻奖”（Sigma Data Journalism Awards）。据统计，在 2015—2021 年的获奖作品中，财经题材占比 7%，位列第六。[④]

互联网时代，数据新闻对于提升财经报道的真实性具有重要价值。网络时代，谣言的传播辐射力空前扩张，数据新闻区别于复制粘贴式的新闻，不只停留于“他说”塑造的世界里，而是努力从原始数据中提出问题、寻找答案。数据新闻的真实性同样在数据处理的过程中得到反复验证。数据新闻的信源多样，既可以是公共数据如政府、国际组织公开的统计数据，也可以来自媒体资源数据库，还可以是受众的个性化数据，但无一例外，数据新闻对信源是否可靠的把控力会更强，能更好地保障财经新闻的真实性，进而帮助财经新闻受众进行决策。

除了真实性，随着数据可视化维度不断提升，数据新闻正在为财经报道功能注入新动能。数据可视化赋予财经新闻更高的可读性、互动性和预测性。数据新闻让财经记者得以借助美观生动的信息图表讲述复杂的现实故事，帮助读者更直观、更深刻地了解世界。同时，数据新闻可以让财经故事与每个个体产生联结。例如 BBC 关于个人预算的数据新闻，读者在填写个人收支信息后，新闻内置程序可以直接计算出读者未来的预算会受到政策怎样的影响。通过读者亲身参与，数据新闻培养了读者的财经素养和公民意识。最后，数据新闻能最大限度发挥财经报道预测性的独特优势。时序性和多维性是财经数据尤其是金融、财税数据的两个重要特征。[⑤]。2015 年，纽约时报曾发表过一篇名为“预测经济的三维视图：收益率曲线”的财经报道，通过分析

---

① 王琼．美国数据新闻研究报告［R］．武汉：武汉大学，2020.

② 数据新闻手册［EB/OL］．［2022-3-24］．https：//datajournalismhandbook.org/chinese/getting_data_5.html.

③⑤ 强月新，陈志鹏．财经新闻数据可视化研究［J］．中国出版，2017（21）：31-34.

④ 李时娴．数据新闻背后的数据［EB/OL］．（2021-8-19）/［2021-11-14］．https：//mp.weixin.qq.com/s/ivDDNSThQ5gz1vD3aQcUCQ？.

1990—2015年不同到期年限的国债收益率，预测通货膨胀率和经济增势等未来经济走势。①

（二）财经领域的数据新闻实践

从整个数据新闻业来看，财经新闻是数据新闻的重要组成部分。根据谷歌进行的一项数据新闻调查，受访者认为与数据新闻结合最为紧密的是政治新闻、经济新闻和调查性报道，②数据新闻业的实践情况能在某种程度上反映其在财经领域的应用情况。

有研究表示：从全球数据来看，目前在领英（LinkedIn）上公开表明从事数据新闻工作的记者编辑约463人。其中181名受访者中，接近半数有1~4年的工作经验，11%的人有20年以上的工作经历；受教育程度普遍较高，九成以上获得本科及以上学历。③

根据项目大小，一篇数据新闻制作周期从一周到几个月不等，有的甚至长达一年，时间跨度大，成本高，但收益不确定，"有专业数据人才的新闻编辑室其投资回报率更清晰，而规模较小、未能储备数据专家的新闻组织盈利更模糊，数据新闻的收益将会直接影响数据新闻未来的产出，从目前来看，数据新闻整体的盈利模式并不清晰"。④在内容呈现上，以《纽约时报》和《华尔街日报》等为代表的美国数据新闻业，更注重读者阅读和后端更新的平衡，同时非常重视对信源的验证。数据主要采用表格、图形、交互式的图表或视频等多种呈现形式；在使用数据之前会采取多种方式对数据的可信度进行确认，这一过程类似深度报道的调查过程，记者会与相关专家交流沟通来确认数据的准确性，某些新闻事件的报道记者会到现场进行查验，技术人员可以通过编写程序的方式进行测试，多方信源反复核查也是确认数据可信度

---

① Gregor Aisch，Amanda Cox. A 3-D View of a Chart That Predicts The Economic Future：The Yield Curve［N/OL］.（2015-3-18）/［2022-3-24］. https：//www. nytimes. com/interactive/2015/03/19/upshot/3d-yield-curve-economic-growth. html? searchResultPosition=1.

②④ Google News Lab. Data Journalism in 2017：The current state and challenges facing the field today［EB/OL］.（2018-10-29）/［2021-10-9］. https：//issuu. com/saladeprensa/docs/data_ journalism_ in_ 2017_ 45e68ba08293b9.

③ Berhareh R. Heravl. Data Journalism in 2017：A Summary of Results of Global Data Journalism Survey［J］. Transforming Digital Worlds，2018：107-113.

的方法之一。①

具体到财经报道领域，数据是财经新闻的特色和代表，全球知名度较高的财经媒体都采取了相应的数据策略。比如英国《金融时报》的数据驱动战略，② 彭博新闻社的数据可视化专栏和《华尔街日报》的系列举措。以彭博社“图形”（graphics）栏目为例，据统计，在2019年2月1日至2019年4月12日期间，彭博社在71天内共发布33篇数据新闻，单位时间生产量为0.46篇/天，财经选题占比60.6%，呈现方式包括静态、动态信息图和交互式图表与动画；平均每篇新闻团队成员数量为3.91人，3人及以上的协同作业占48.48%；信源多样，其中政府和非政府（企业、专业调研机构和非政府组织）信源占比接近80%，自采一手信源占比16.7%，1个信源的数据新闻篇幅最多（36.4%），5个以上信源的占比高达21.2%。③《华尔街日报》在数据新闻的制作上也持续挖掘探索。2015年，美国新闻集团（News Corp）对旗下包括道琼斯通讯社、《华尔街日报》在内的新闻机构进行了近百人规模的裁员，增加了数十个数字新闻的职位，包括社交媒体服务、读者数据分析等，将资源转移至数字媒体及核心报道领域，道琼斯公司希望让新闻编辑室“彻底转型”，成为世界第一大数字新闻组织。④ 具体到新闻报道，每个主要新闻版面上都会配一条数据新闻的可视化图表，《华尔街日报》的移动设备端上配备“市场数据中心”（Market Data Center）系统，这款同属道琼斯公司的产品支撑起了移动客户端上用户的数据需求，使得各类数据实时更新，功能强大。数据可视化方面，不论是报纸版面还是网页、客户端，我们都能看到数据新闻的存在，其版面篇幅虽然不大，但是数据表达清晰明了，发挥了数据新闻的核心优势。

此外，搭建数据库也成为众多财经媒体进行数据新闻生产的一大助力。例如，《华尔街日报》和《经济学人》通过建立财经数据库在新闻生产中形成了长效机制。当财经新闻事件发生后，媒体除了第一时间了解事件动态，还会安排数据分析师从数据库中查询与该新闻事件相关的信息，汇总相关经

---

① 王琼，金晶．中国数据新闻发展报告（2018~2019）［R］．北京：社会科学文献出版社，2020.

② 苑丽娟．《金融时报》如何以数据驱动提升媒体竞争力［J］．传媒，2020（19）：59-61.

③ 张雪婷．国内外财经类数据新闻平台对比研究——以财新“数字说”和彭博“graphics”栏目为例［J］．文化与传播，2019，8（5）：97-105.

④ 刘晓．大数据时代新闻业谋变学者：不少媒体陷“误区”［EB/OL］．（2015-06-25）/［2021-11-06］．http：//politics.people.com.cn/n/2015/0625/c1001-27204259.html.

济数据，对经济现象及背后隐含的意义进行深度解读或分析其发展趋势。[①]

三、多媒体融合报道

（一）财经媒体的融合报道策略

随着网络技术的不断发展，传统媒体与新媒体之间不可逾越的鸿沟已逐步被媒介融合的趋势所取代，新闻生产的广泛性和媒介集团的扩张使融合新闻应运而生。[②] 融合新闻（Convergence Journalism）于 2004 年由美国学者提出。2006 年，这一理念已经在美国的媒介融合实践层面上得以验证。业界人士普遍认为"融合新闻"是在"媒介融合"（Convergence Media）的基础上形成的。[③] 2003 年，美国西北大学教授戈登（Rich Gordon）归纳了美国存在的五种"媒介融合"类型，具体包括：所有权融合、策略性融合、结构性融合、信息采集融合和新闻表达融合，[④] 前三者侧重新闻组织层面，后两者是从采写操作角度来说的。

从报道的呈现形式来看，融合新闻是一种聚合了文字、图片、音频、视频、超链接、GPS 位置信息等多种媒体形式的"终端新闻产品"，[⑤] 能够综合不同媒介的优点，更高效地讲述新闻故事。融合让新闻不再只是单一的文本图片，而是融合了音频、视频、交互式图表，甚至是采用 VR、MR、AR 技术的沉浸式、交互式体验，能最大限度激发读者多重感官，也为读者提供了更多的阅览选择，最大限度满足用户在不同场景下的新闻需求。

融合新闻区别于其他新闻的主要特质在于：个体层面对记者提出了更高的专业素质要求，掌握多种媒体技能的全能型"超级记者"会在数字新闻时代更加抢手。但更强的能力也往往意味着更大的责任，"超级记者"也可能面临工作负荷过大，生产效率降低的问题。这类记者更适合报道规模不大的新闻事件，或者满足资源有限的小型媒体需求，而有一定规模的媒体组织完全可以通过平台间合作搭建"超级团队"来生产融合新闻，这与协作式新闻又

---

① 张永玉．大数据环境下财经新闻传播创新与思考［J］．中国报业，2021（3）：82-83.

② 邹欣媛．融合新闻研究的现状与趋势［J］．新闻世界，2010（4）：30-31.

③ 袁睿．融合新闻研究综述［J］．新闻世界，2012（1）：118-119.

④ 龚瀛琦，张志安．融合报道的特征及生产机制［J］．新闻界，2011（3）：11-14.

⑤ 王君超．融合新闻的定义、实践与改进途径［J］．中国报业，2014（9）：75.

产生了一定交叉。① 事实上，近些年媒体间合作进行深度报道的成功案例不在少数。例如，由组织犯罪和腐败报告项目（OCCRP）、英国《卫报》（*The Guardian*）和立陶宛新闻网站 15min. it 等全球 23 个媒体共同协作完成的一篇名为《自助洗衣店》（*The Troika Laundromat*）的调查新闻揭露了发生在欧洲的洗钱黑幕，该报道获得了 2020 年国际数据新闻奖。

目前，财经媒体在融合新闻方面的举措大致分为两种：一是布局多个媒介终端，打造传播矩阵，比如《华尔街日报》“无处不在”的媒介融合战略；二是在报道内容上注重融合文本、视频等多种表达形式。以彭博社为例，其网页端除了常规的金融工具分区外，还设有专门的“Watchlist”视频栏目，其中的新闻报道通常以融合文本、图片图表、视频和音频等多媒体的形式呈现。虽然虚拟现实（VR）等最新的数字技术主要应用于战争、安全等报道领域，在财经新闻中运用较少，但优秀的财经新闻编辑擅长利用页面设计营造沉浸式氛围，代表性作品有《美国经济复苏潮中落后的少数族裔》。②

随着媒介界限越发模糊，财经媒体要守住专业藩篱必须重视融合新闻发展。全球编辑协会（Global Editors Network）首席执行官贝特朗·佩克里（Bertrand Pecquerie）预测，人工智能时代，文本、音频和视频之间的转化将更加通畅和频繁，在内容相关的前提下，文本和视频、音频可以实现双向转化，不同形式的内容将进一步聚合，媒体融合趋势会进一步加强。

（二）《华尔街日报》的新媒体融合报道

《华尔街日报》创刊于 1889 年，它也是最早进行数字化转型的财经类媒体之一。以往，《华尔街日报》为人所熟知多数是由于“华尔街日报体”和高质量的财经新闻深度报道，近年来随着媒介融合快速推进，《华尔街日报》的数字化转型以及形式丰富的融合报道也吸引了读者的广泛关注和订阅。

从 2011 年开始，《华尔街日报》开始推行旨在以受众需求为导向的“无

---

① 蔡雯. 从“超级记者”到“超级团队”——西方媒体“融合新闻”的实践和理论［J］. 中国记者，2007（1）：80-82.

② Andre Tartar，Olivia Rockeman，Christopher Cannon & Catarina Saraiva. The Booming U. S. Recovery Is Leaving Some Communities Completely Behind. ［2022-3-25］. https：//www. bloomberg. com/graphics/2021-covid-race-and-recovery/.

处不在”媒体融合战略，在组织架构、新闻生产方式、媒体终端、媒体运营和品牌管理等方面凸显变革。坚持一直以来的“内容为王”理念，同时强调服务为王、终端为王、品牌为王，这是《华尔街日报》成功转型的关键。①根据《华尔街日报》母公司新闻集团（News Corp）发布的2021年第二季度财报，本季度3个月月均总订阅量接近350万，与去年同期相比，《华尔街日报》的总订阅量增长了15%。其中《华尔街日报》的纯数字订阅月均总订阅量超过270万，占其总订阅量的79%。

《华尔街日报》“无处不在”（WSJ Everywhere）的融合战略围绕用户订阅，大致经历了“从印刷第一到数字第一，再到移动第一”的过程。早在2008年《华尔街日报》编辑部重组，其采编的流程模式逐步展露“数字第一”的雏形。总编辑罗伯特·汤姆森（Robert Thomson）带头执行整合计划，充分利用日报和道琼斯公司的报道资源，整合在线版和纸质版两个团队，尤其强调在线版的作用和地位。在汤姆森推出的编辑部新闻中枢里，来自纸质版、在线版、道琼斯通讯社和市场观察（MarketWatch）的高级编辑们坐在一起协调当天的报道。日报在线执行编辑阿伦·默里（Aaron Murray）曾谈到，晨间新闻会议“完全被颠覆了”：如今晨会首先是在线团队的报告，然后是道琼斯通讯社的报告，然后是市场观察的报告，只有在讨论实时新闻报道以后，他们才看当天报纸的报道。②“数字第一”为华尔街日报争取到广泛的订阅用户。根据FIPP公布的数据，截至2021年第三季度，《华尔街日报》在全球数字订阅排名中位列第三。③

“移动第一”的战略方向主要在于三种产品：日报的平板电脑应用、智能手机应用和移动视频新闻。④在2008年，《华尔街日报》就针对黑莓手机开发了APP，使受众可以在一定时期内免费阅读新闻信息；随后，又针对iPhone、iPad的用户发布了客户端程序，可以免费下载和浏览资讯；发布Android系统的客户端后更符合各种用户的需求，功能上也更具便捷性；此外还开发了

---

①④ 张利平．用户思维、平台整合与媒介跨界融合——《华尔街日报》媒介融合实践及启示［J］．东岳论丛，2017，38（8）：80-86.

② 吕尚彬，迟强．2010—2012年美国数字报纸付费墙研究述评［J］．国际新闻界，2013，35（6）：163-171.

③ 全媒派．拆解2021全球新闻付费订阅榜：财新进前十，其他九家都有谁？［EB/OL］．（2021-12-19）／［2022-3-25］．https：//mp. weixin. qq. com/s/v3jXbvmGnEv4PQNI_1NWdQ.

Kindle 电子阅读器移动终端。① 这些在新兴电子产品以及终端的适配、新平台探索上所付出的努力，使得 WSJ 整体在数字融合方面奠定了良好的基础，能够有更大的可能性实现“一次性采集，多渠道发布，全方位传播”，给予用户更加便捷全面的体验。

以上种种数字化融合报道的方式，其目的都不是让数字新闻取代纸质报纸，而是想办法达成网站、移动终端同报纸之间不同媒介传播方式优劣势的互补，由此提升产品价值，更高效、高质量地进行财经新闻报道，也让财经报道传播到更多人手中，在当前传媒行业飞速发展变化、财经跨度增强的时代浪潮中强化竞争优势。

（三）小结

纵观西方媒体的报道创新，虽然新闻生产呈现智能化趋势，但并未完全摆脱对人的依赖。新闻表现形式趋于复杂多样，但新闻报道的本质没有变，深度报道的崇高地位没有变，全球协作下的调查性报道和数据新闻、融合报道正在呈现深度交融的趋势。正如福布斯 CIO Dive 所说，“以‘数量’和‘广度’取胜的时代已经过去，现在和未来是属于‘质量’和‘深度’的”。人和机器的联姻是数字时代实现新闻“质量与深度”的必经之路。

对于财经新闻而言，其结构化的数据土壤天然适合自动化新闻、数据新闻的生长，融合报道有利于进一步丰富新闻内容，提升新闻的趣味性和可读性。调查新闻记者也需要学会如何抓取、清洗、核查结构化数据。财经记者与其恐惧技术替代的围城，不如巩固提高自身特有的优势，在新闻采访、深度报道和调查性新闻等方面寻找突破口。

第四节 国际财经媒体的经营

传统媒体时代，报纸基于信息渠道垄断建立起“二次售卖”的商业模式，它造就了纸媒数百年的荣光。然而随着互联网和移动互联时代的到来，Google、Facebook 等平台型公司的崛起，注意力争夺战中传统媒体被边缘化。据数据分析公司 WARC 的统计显示，2020 年新冠肺炎大流行期间，传统媒体广告几乎扛

① 贾硕．融合文化背景下《华尔街日报》的转型研究［J］．新闻研究导刊，2017，8（3）：258.

下了全球广告市场的下跌份额，网络广告首次停止增长，社交媒体广告则出现了逆势增长，增幅达 9.3%，共计 983 亿美元。[①] 科技公司和社交媒体凭借更低廉的费用、更大的触达面、更精准的投放，成为广告主新的追捧对象。

为了应对网络给新闻业带来的巨变，重新夺回内容和发行主导权，传统媒体加速了数字化转型，然而免费的网络新闻浏览方式增加的用户点击量远不能抵消纸媒广告流失导致的利润下滑。根据皮尤中心 2013 年的调查，印刷版广告每减少 7 美元，数字广告仅增加 1 美元，[②] 数字端与实体发行间形成了内耗的竞争关系，商业模式亟待转变。

一、付费订阅

（一）付费墙的诞生

付费墙（paywall）是指传统印刷媒体为其网上数字内容建立的支付模式。[③] 也有学者认为，付费墙不是媒体内容从免费到收费的转变，而是媒体顺应数字化潮流，与网络信息技术融合，实现生产经营模式的整体转变。[④]

20 世纪 90 年代，国际领先的专业财经媒体和大型综合类媒体开始探索付费墙模式。《华尔街日报》《纽约时报》率先推行新闻付费，经过多年探索，2011 年付费墙模式开始大规模普及。[⑤] 如今，付费墙模式虽然依旧面临许多挑战，但取代广告成为新闻业新增长点的形势越发明朗。根据尼曼新闻实验室（Nieman Lab）的调查数据，截至 2019 年，全球新闻媒体中，有 69%的报纸采用了付费墙模式，而原生数字新闻媒体绝大多数保持免费，内容付费成为报纸自救的主要途径。[⑥]

---

① WARC. Global Ad Trends: The State of the Industry 2020/21 [EB/OL]. (2021) / [2021-10-9]. https://lp.warc.com/global-ad-trends-state-of-the-industry-2020-2021.

② Pew Research Center. Newspapers Turning Ideas into Dollars [EB/OL]. (2013-2-11) / [2021-10-9]. https://www.pewresearch.org/journalism/2013/02/11/newspapers-turning-ideas-dollars/.

③ 胡泳，崔晨枫，吴佳健．中外报业付费墙实践对比及省思 [J]．当代传播，2018 (5)：26-30+35.

④⑤ 王敏．"付费墙"二十年：全球经验与中国省思 [J]．现代传播（中国传媒大学学报），2017，39 (4)：7-11.

⑥ Nieman Lab. Across seven countries, the average price for paywalled news is about $15.75/month [EB/OL]. (2019-5-8) / [2021-10-9]. https://www.niemanlab.org/2019/05/across-seven-countries-the-average-price-for-paywalled-news-is-about-15-75-month/.

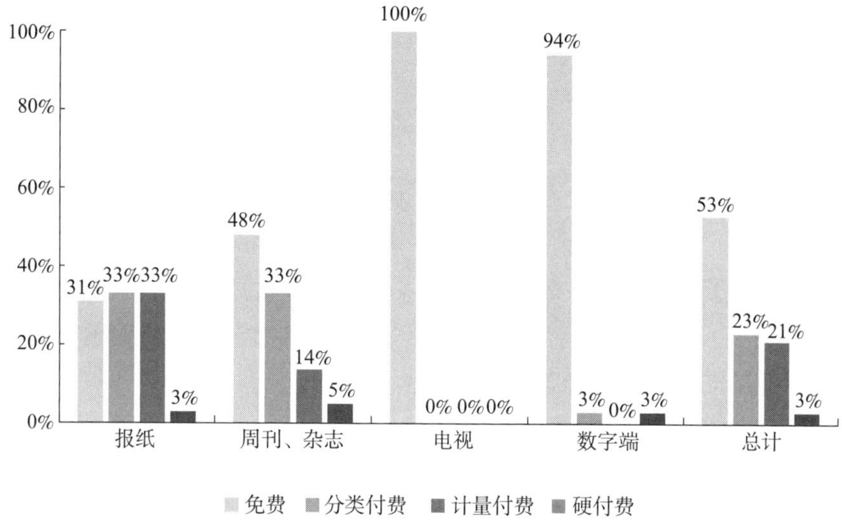

图 2-1　全球 212 家新闻媒体的付费模式情况（数据来源：Nieman Lab）

付费墙主要包括“硬墙”（Hard Paywall）和“软墙”（Soft Paywall）。“硬墙”是指媒体生产的所有新闻都需要读者付费阅览，因为将内容全部放置在付费墙后，“硬墙”又被称为“水泥墙”，《经济学人》在过去十年间都采用了这种模式。硬付费模式对于习惯了享受免费新闻午餐的读者来说相当不适，网络访问量下降，广告收入随之下滑。据统计，实行硬付费模式可能会损失 90%的现有用户。① 事实上，许多推行硬付费的媒体，最后都放弃了付费墙或向读者做出一定让步，比如《纽约时报》在 2005 年面对网络流量迅速下滑时曾一度关闭付费墙，《华尔街日报》被默多克的新闻集团收购后从硬付费转向软付费。

“软墙”则只针对部分内容收费，为读者留有免费触达新闻的漏洞空间，因此也被称为“藩篱墙”，主要包括计量付费（Metered Paywall）、分类付费（Freemium Paywall）、分离式付费墙、微支付、捆绑发行等多种计费模式，从欧美主流媒体的付费墙实践来看，分类付费模式是目前付费墙的主流。计量付费，顾名思义按照读者阅读的篇数收费，读者在限定时间内会有一定篇数的免费阅读资格，超过该篇数即计费；分类付费是指媒体将部分内容免费开放给受众，而大部分高质量的新闻需要读者付费阅览，代表媒体有《华尔街

① Alina Blackwood. Paywalls：Are They Effective？［EB/OL］.（2021-4-5）/［2021-10-9］. https：//blog. iotechnologies. com/monetization-paywalls/.

日报》，以 WSJ. com 网站为例，体育、文艺版块的文章，日常消息和紧急新闻均不收费，但独家深度报道则需付费才能阅览。

比较特殊的媒体是英国的《卫报》，它是坚持不收费给最广泛受众提供新闻报道的，因此它在官网设置了“捐赠”和“订阅”两个窗口，意思是如果读者愿意支持这样的理念，读者可以选择按照标准付费订阅，也可以选择任意数量的捐赠，捐赠的情况很灵活，可以多捐，也可以只捐一美元。但是如果读者既不捐赠也不订阅，读者仍然可以免费看到《卫报》的所有内容。

可见，付费墙不是绝对的、密不透风的，在许多公共报道面前媒体选择开放付费墙，例如天气报道、暴恐事件。

值得注意的是在 FIPP 发布的《全球数字订阅年度报告》中，截至 2021 年第四季度，财经媒体设置付费墙的优势明显：《华尔街日报》《金融时报》《日本经济新闻》和我国的《财新》在总数字订阅排名中分别位居第三、第五、第八和第十，在前十名中约占一半，且收费普遍较综合性媒体更高。

（二）《华尔街日报》的智能付费墙

《华尔街日报》是率先设立付费墙的专业财经媒体，采用分类软付费（Freemium Paywall），以独家、专业、深度的财经报道内容为支撑，借助数字技术，灵活调整付费墙策略，在订阅用户增长方面取得了极大的成功，对传统财经媒体的转型和商业模式更新具有很强的参考价值和借鉴意义。

1997 年，《华尔街日报》以每年 50 美元的价格率先开始了付费墙的尝试，采用硬付费模式，用户访问量稍有下降，但没过多久便积累了 20 万的用户订阅，之后调整为软付费模式。2010—2012 年，《华尔街日报》的软付费缺口在不断缩紧，从开放到限制，付费文章的比例不断攀升，更多的免费文章被放到社交媒体上，而具有高附加值的、不易被竞争对手模仿的独家专业报道被置于付费墙后。[①] 2014 年左右，《华尔街日报》开始借助算法搭建智能付费墙（AI Paywall），根据读者在站内的阅读行为决定推送的内容，包括新闻的数量和类型，最大限度吸引用户付费订阅。[②] 其逻辑是，如果网站对订阅

---

① Vara-Miguel A, Martin S S, Diaz-Espina C. Paid news vs free news: Evolution of the WSJ. com business model from a content perspective (2010-2012) [J]. Communication & Society, 2014, 27 (2): 147-167.

② WNIP. WSJ creates AI paywall that decides when readers are ready to subscribe [EB/OL]. (2018-5-17) / [2021-10-9]. https://whatsnewinpublishing.com/wsj-creates-ai-paywall-decides-readers-ready-subscribe/.

意向较低的读者开放更多的内容，他们的付费意愿会提升。经过20年的探索发展，截至2021年第一季度，华尔街日报已拥有320万订阅者（包括数字与印刷版订阅两部分）。[①] 传统纸媒广告收入在20年前占比达90%，如今只有30%，数字端的订阅和广告弥补了实体印刷广告的下滑。

《华尔街日报》的用户管理经理卡尔·威尔斯（Karl Wells）在新闻采访中透露了用户遴选、新闻推送和达成付费的整个流程。首先，机器学习算法通过采集读者在平台内的浏览频率、最近访问、阅读深度、偏好的设备和文章类型等60个指标，为每一位用户打分，预测他们未来产生付费订阅行为的倾向性水平。然后，在此基础上为站内读者推送文章。借助智能算法，他们把非订阅用户群体分为Hot、Warm、Cold三个等级，分别实施不同的增长拉新策略。评分超过一定标准的读者很可能立即成为付费用户并接受硬付费模式；评分稍低的读者可能会在阅览一段时期的免费新闻后点击订阅，或者也可以通过提供邮件地址的方式以游客身份间或阅览付费文章，享受增值服务，系统会继续评估游客的潜在价值，决定是否用更多的内容刺激读者产生订阅行为。但在最后的定价环节，每位用户的服务标价是一致的，间或调整。

除了为潜在用户提供游客通行证外，《华尔街日报》还借助社交平台分享可解锁的新闻链接，一方面吸引新用户点击，同时还满足了订阅者的社交分享需求。但这种形式也容易受到平台方的制约。因此用户评估体系仍是华尔街日报目前用户增长策略的主要途径。此外，《华尔街日报》还会间或开放付费墙，通过市场营销让更多的墙外读者认识到新闻报道的价值，增加用户订阅量。

比《华尔街日报》更早开始用户研究的还有《金融时报》。2001年起《金融时报》开始设立硬付费门槛，对高品质内容进行收费。2012年，《金融时报》数字订阅人数超过纸质订阅人，近一半的利润来自数据订阅而不是广告。几经调整，金融时报目前形成了以数据为驱动，以用户为导向的付费墙2.0模式，[②] 与传统上以广告商为中心的付费墙不同，以用户为中心的2.0模式更重视全面认识用户群体，满足用户多元的个性化需求，构建媒体与用户的良好关系。

---

① SARA GUAGLIONE. The Wall Street Journal's latest push for new subscribers [EB/OL].（2021-4-30）/[2021-10-9]. https：//digiday. com/marketing/inside-the-wall-street-journals-latest-push-for-new-subscribers/.

② 苑丽娟.《金融时报》如何以数据驱动提升媒体竞争力 [J]. 传媒，2020（19）：59-61.

以《华尔街日报》和《金融时报》为代表的专业财经媒体，借助数字技术，构建用户画像，以柔性灵活的付费墙策略最大限度地迎合读者需求，提高了用户的整体付费订阅率。但与此同时不能忽略的是，这种由机器筛选文章的思路也改变了原有新闻生产的逻辑——记者和编辑的把关权利在一定程度上被削弱了。付费墙让新闻媒体在互联网的夹缝中艰难地生存下来，但也架设起一道原先并不存在的新闻与读者之间的屏障，不断攀升的费用将一部分人拦在了墙外，这可能会造成另一种数字鸿沟。

二、媒体智库

（一）财经媒体智库

媒体智库一般是以传媒集团为主体，利用媒体优势资源开展深度研究的机构，是媒体与智库的融合。在运营过程中，媒体智库重点利用媒体作为“连接”中介的强大资源优势，通过整合资源等方式来开展深度研究，适时对外发布相关研究成果，并以此作为核心业务来实现盈利与提升自我影响力。[①] 媒体智库的最大特点在于，将传统新闻生产与深度调研相结合，兼具热点与研究，文本形式以报告为主，涵盖公司报告、行研报告、宏观报告、榜单、指数等产品，并可为特定对象提供内容策划、咨询等增值服务。

财经型媒体智库是提供财经类研究产品与服务的智库机构。此类智库致力于提供高质量的研究报告及市场解读，涉及宏观经济、产业发展、微观公司等领域。有学者认为，媒体+数据库+研究院（智库）的新型新闻生产模式会是大数据时代越来越流行的财经深度报道的来源。[②] 不仅如此，财经媒体智库对于经济发展、企业战略意义重大，对媒体整体发展而言更是契机。尤其是在移动新媒体时代，传统媒体面临激烈竞争，不管是自身转型、打造品牌竞争力、进行深度报道还是内容变现，都离不开智库支持。财经媒体可以通过搭建媒体型智库，利用产品和服务对各行各业进行渗透，同时整合分散在各行业的专家资源，形成维持机制，为媒体报道提供专业、丰富的智力支持，同时拓宽媒体盈利渠道，在产品和服务宣发中不断巩固壮大已有的媒体品牌，

① 麦尚文，张钧涵．融合创新：主流媒体智库化转型的价值逻辑及基本模式［J］．中国出版，2021（5）：46-50.

② 林晖．数据驱动的研究型报道：互联网时代的财经新闻新趋向——兼谈财经新闻人才培养改革［J］．新闻记者，2017（2）：64-68.

形成自己的媒体影响力。

目前国外的媒体智库大致分为三类：第一类常年关注某垂直领域，掌握该领域的具体情况和第一手资料并积累了丰富的专家资源和行业数据，其报道往往具有更高的专业性，在进行专业新闻报道的同时，还提供专业的分析报告和行业资讯，在业务性质和成果上呈现智库的特征。代表如“FT 投资参考”（FT Confidential Research）。第二类主要依托媒体资源组建，产权仍属于原媒体，它们除了研究媒体转型发展之外，还研究经济、社会、科技等众多领域的选题。例如美国《纽约时报》的纽约时报实验室（Nytlab）、路透社新闻研究所（Reuters Institute for the Study of Journalism）、英国《经济学人》杂志的经济学人智库（The Economist Intelligence Unit，EIU）。第三类主要为媒体自身发展服务，其中一部分因具有行业影响力的研究成果而被业界认可，兼具行业智库的性质。比较著名的有英国广播公司研究开发部（BBC Research & Development）、《卫报》移动创新实验室（The Guardian Mobile Innovation Lab）以及和它合作的《华尔街日报》研发部（Wall Street Journal Research & Development）等。

其中，国际上运行较成熟、知名度较高的财经媒体智库有《金融时报》旗下的“FT 投资参考”和《经济学人》组建的“经济学人智库”，这两家智库弥合了新闻组织和研究机构的断裂，是新闻媒体搭建智库的全球先锋。“FT 投资参考”面向中国和东盟，以数据翔实、观点客观中立而闻名。该部研究人员通过搜集经贸数据，在量化基础上为客户提供独家和可操作的投资意见。

（二）经济学人智库

英国《经济学人》集团下的“经济学人智库”（The Economist Intelligence Unit，EIU）被称为全球商业动态研究的先驱与拓荒者，起始于 1946 年建立的经济动态研究小组，总部设于伦敦，在纽约、中国香港设有分部，在全球 40 多个主要城市设有办事处，为各国公司提供政治经济信息以规避经营风险。到 2013 年，经济学人智库正式成为经济学人集团旗下独立运营的企业。经过 70 多年的积累，经济学人智库已经拥有将近 200 名全职国别研究专家、行业分析师和经济学家，覆盖全球 200 多个国家和地区，用 25 种语言发布研究报告，为政府、金融机构、跨国公司和学术机构提供汽车、日用消费品、能源、金融服务、医疗保健、通信事业和其他商品的信息和分析报告。据官方资料，经济学人智库被公认为 40 个行业类别中最准确的预测者，并在 2016 年 Focus Economics 奖项中列于 103 个类别中的前三名。根据宾夕法尼亚大学的排名，经济学人智库在 2017 年全球最佳营利性智库中排名第二。2020 年，经济学人智库中国研究部获得权威调研机构 Consensus Economics 颁发的全球预测最准确①大奖。

经济学人智库的产品服务种类丰富，包括研究报告和高端定制服务。研报具有全方位覆盖的特点，主要分为国别报告、风险报告、产业报告三大板块。国别报告指政治经济分析，覆盖全球 195 个国家和地区；风险报告主题包括政治经济风险，如政治稳定性分析、虚拟货币带来的风险等；产业报告覆盖汽车、消费品、能源、金融服务、医疗保健、通信、大宗商品等各个重要领域，如委内瑞拉的石油产业分析。此外，经济学人智库还间或公布其他研究报道、网络研讨和独家观点，如全球国家民主指数、欧洲的新政治阶段（2019 年）、商业透明度晴雨表等。这些研究型报告均可公开获取，部分免费，是政策制定者和企业领导决策制定的重要参考。除了公开的定期研报，经济学人智库还提供私人定制的专题服务（Featured practices）和专题产品（Featured products），这类咨询产品和服务通常价格高昂，给客户提供的研究成果一律对外保密。专题服务涵盖消费者、公共政策等专题；专题产品则包括石油供给与消费分析、竞争对手分析、市场预测分析以及通过全球收入分配数据库了解全球消费者的需求等。

经济学人智库以研报和高品质服务锚定政要和企业家等关键少数群体，无形中强化了《经济学人》杂志的品牌形象，对于集团的整体发展有很强的推动力。根据集团财报显示，截至 2021 年 3 月底，2020 年经济学人智库年度订阅率较前一年增长 3%，客户留存率达 92%。至 2021 年 9 月底，包括经济学人智库（EIU）和医疗信息服务（Clearstate）在内的经济学人智慧服务（Economist Intelligence）收入半年期间达 2186 万英镑（折合人民币约 1.84 亿元），同比增长 2%，约占集团总收入的 13.7%，② 是集团第三大盈利板块。

三、会议活动

除了付费订阅、媒体智库之外，财经媒体还可以通过举办会议活动塑造媒体形象。传媒机构的活动在实践中形成了一套标准化的流程，包括确定活动概念和方案、宣传招商、嘉宾邀请、场地布置、活动落地结束等环节。通

① 经济学人智库［EB/OL］.［2022-3-25］. https://economistchina.com/subscription-service/

② The Economist Group. Annual and interim results［EB/OL］.［2022-3-25］. https://www.economistgroup.com/results.

过专业化的活动定制和日渐完善的活动体系刺激强化了媒体的资源整合，加强了公众与媒体品牌之间的联结，同时提升了活动与媒体的知名度、专业性和权威性。[①] 比较著名的财经媒体会议活动包括“经济学人创新颁奖大会”“FT 年度高峰论坛”“华尔街日报高管研讨会”（Wall Street Journal Executives Conferences）等。

（一）《华尔街日报》

随着全球商业格局继续被颠覆和重塑，可靠的同行信息和新闻来源比以往更加重要。基于高端人群的信息、观点需求，《华尔街日报》依托在财经领域的媒体影响力组建了“CEO 理事会”（CEO Council），为各界精英人士构建了信息交换、思维碰撞的顶尖思想领袖社区。据统计，该组织的会员遍布全球 22 个国家的各行各业，总雇佣员工超过 1100 万，年收入超过 3.86 万亿美元。借由这张庞大的信息资源网，《华尔街日报》衍生出“CEO 会场”（CEO Member Breakouts）、“CEO 年度会议”（Annual Meetings）、“CEO 峰会”（Summit）、“CEO 对话”（CEO Exchanges）等多个高端系列活动。

其中，“华尔街日报高管研讨会”（Wall Street Journal Executives Conferences）较富盛名，其与会嘉宾包括美国总统奥巴马、微软创始人比尔·盖茨、苹果首席执行官库克等。华尔街日报高管研讨会主打高端路线，依靠各品牌赞助商和广告商支持盈利，针对上层社会等精英人士发出少量邀请函，每次讨论的内容会刊登在《华尔街日报》的特稿或专刊上，通过纸质版或数字版发行，引发社会关注。

（二）FT 中文网

FT 中文网专设整合营销部，为合作伙伴提供会议活动、线上特别报道策划、行业调研、定制培训中心等全媒体品牌服务。自 FT 中文网创立以来，通过十年运营，FT 整合营销团队拥有“FT 年度高峰论坛”“View from the Top 沙龙”“FT 创新对话”“FT 下午茶”等高端活动品牌，通过高质量的内容输出、社群运营，为合作伙伴提供与国际意见领袖对话的舞台，与精准用户交流的跨界互动平台。

通过独特的媒体视角，为合作伙伴定制专属的活动方案，提供丰富多样的企业形象和品牌展示机会，帮助合作伙伴有效开拓市场。经过多年发展，

---

① 禹建强，贺艳. 活动经营：媒体经济新增长点［J］. 传媒观察，2005（11）：18-19.

FT 中文网形成了四大活动方案：大型论坛、读者俱乐部、高端沙龙/晚宴和海外交流培训项目。

大型论坛的活动内容往往紧扣热点话题，邀请政、商、学三界翘楚担任演讲嘉宾，参会代表来自中国主流商务精英阶层，通过办会，FT 中文网为行业高端人士搭建了互动交流的平台。其大型品牌会议包括，FT 中国年度高峰论坛、FT 青岛国际经济高峰论坛、FT 中国国际金融高峰论坛等。

读者俱乐部活动由 FT 中文网在全国各地不定期举行，活动会邀请英国《金融时报》驻于全球各地的知名记者、编辑以及知名企业家与 FT 中文网读者分享他们对于世界经济前景、全球金融市场、企业管理运营的真知灼见。

以“名家沙龙”“商界名家晚宴”为代表的高端沙龙活动以定制为主，选址于星级酒店及私人会所，为决策智囊、经济学家、企业高管和意见领袖建立面对面的沟通平台。

借助 FT 全球资源，FT 中文网还向读者开放了海外项目交流和培训等品牌活动。

（三）《经济学人》

《经济学人》在 2000 年左右就开始了早期尝试，其举办的会议论坛以严谨的分析和睿智的辩论在国际论坛舞台上闻名。根据集团 2021 年年报披露，2020 年新冠肺炎疫情期间，《经济学人》加快了会议的数字化平台建设，截至 2021 年 3 月末，共举办了 171 场会议，比前一年增加 141%，获得了 366 家赞助商的支持，共计逾 7 万人与会，同比增加 700%。目前，《经济学人》每年在全球举办 150 多场线上、线下活动，召集世界级的思想领袖就一系列战略商业问题进行讨论。

《经济学人》的会议活动包括两种，一是预设活动（Scheduled Events），由《经济学人》预先设计和调研，经编辑部批准后，利用媒体的专业性召集代表和赞助商。比如，“创新峰会”（Innovation Summit）自 2010 年举办首届以来已历 10 届，会议主题随时代发展不断调整，涵盖计算机与通信技术、社会经济、商业运营等多个领域。二是定制活动（Custom Events），由《经济学人》原创，凭借优质的会议内容吸引特定的目标受众，以满足个别客户的需求。

《经济学人》认为，无论是虚拟线上会议还是线下面对面的活动，召集最好的演讲者和策划优秀的内容都是活动成功举办的关键。2020 年新冠肺炎疫情期间，《经济学人》会议由线下转向线上，迅速开发了网络研讨会（webinars）、数字圆桌会议（digital roundatables）和虚拟会议（virtual conference）。

同时，积极的数字化策略也带来了新的机会，为媒体争取到了更多的名人演讲者，也扩大了可以接触到赞助商的潜在观众群体。

四、结语

科技进步重塑了新闻媒体市场和新闻报道内容，一方面新闻业受到了来自技术的冲击而被迫转型，另一方面新的技术又催生了新的媒介形式、新闻生产方式和新闻报道内容。

付费墙为媒体盈利提供了新思路，也在不同的受众群体之间投下了信息屏障。自动化写作颠覆了新闻从业者的认知，加速了结构化新闻的高效生产，但随之而来的还有版权归属争议，虚假新闻和虚假评论，尤其是在社交媒体上虚假新闻泛滥的问题，正在消耗新闻媒体的公信力。算法为新闻内容精准推送、捕获目标受众、增加用户付费订阅提供了技术支撑，挽救了新闻媒体商业根基动摇的危局，但算法新闻中存在的种族、性别等歧视与偏见却从三维世界传递到了二维数据空间，算法黑箱亟待破解。数据新闻和融合报道极大提高了新闻内容的丰富度，也增加了新闻的趣味性、可读性和互动性，但数据来源不够透明，数据采集中个人隐私和媒体利益的界限模糊不清。

财经媒体作为具有巨大现实影响力的新闻媒体，更需要慎用媒体权利，发挥媒体的正面作用，在用技术加持新闻生产的同时，警惕技术带来的负面影响。财经记者既要适应新数据时代的新闻生产方式和报道形式，也要思考在人与机器深度交融的当下如何保持自身特有优势，更要坚守传统新闻的前承社会责任，为企业良性发展、社会经济进步、世界金融安全稳定发挥积极作用。

第三章 宏观经济报道

财经报道中的宏观经济报道主要是指涉及宏观经济指标和宏观经济政策的新闻报道，本章第一节围绕宏观经济的四大指标：国内生产总值、价格指数、失业率、国际收支，加上备受关注的采购经理指数进行介绍；第二节主要讲述宏观经济政策中的财政政策内容，围绕政府支出、税收、公债和预算四大财政政策工具进行介绍；第三节选取几大媒体分析其在宏观经济报道中的信源使用情况。

第一节　经济指标

宏观经济指标是反映宏观经济运行情况的一种方式，对于分析宏观经济当前和未来走势有着重要意义。宏观经济政策由经济增长、物价稳定、充分就业和国际收支平衡等目标构成，因此国内生产总值、价格指数、失业率以及国际收支被称为四大宏观经济指标。除此之外，备受关注的还有采购经理指数。在宏观经济报道中，这些指标是不可忽视的重要部分。

一、国内生产总值

国内生产总值（Gross Domestic Product，GDP）是一个国家（或地区）所有常住单位在一定时期内生产活动的最终成果。GDP 是国民经济核算的核心指标，也是衡量一个国家或地区经济状况和发展水平的重要指标。

我国 GDP 核算频率以季度为单位，国家统计局发布的季度 GDP 是以生产法为基础核算的结果，一般于季后 15 天左右通过季度国民经济运行情况新闻发布会、国家统计局网站（www. stats, gov. cn）、《中国经济景气月报》等渠道公布，这也是获取 GDP 数据第一手信息的最主要途径。

由于 GDP 在宏观经济指标中的突出地位，其成为宏观经济报道的重点关注对象。常见的议题主要从以下几个方面展开：

（一）GDP 数据成就

改革开放以来，中国经济取得的成就举世瞩目。2000 年我国经济总量迈上 10 万亿元台阶，2012 年突破了 50 万亿元，2020 年突破 100 万亿元。这 20 年内，经济总量规模扩大了 10 倍，跃居世界第二，人均 GDP 也已连续两年超过 1 万美元，实现了“里程碑式”的跨越。

每年的 GDP 数据公布之后，大量的相关报道陆续跟进。如 2021 年 1 月 19 日，《上海证券报》发表文章《中国经济交出 2020 年最硬核成绩单 GDP 首超 100 万亿元“V 型”曲线让世界惊艳》，对中国全年 GDP 首次突破 100 万亿元的重大成果做出肯定，认为这意味着我国经济实力、科技实力、综合国力又跃上一个新的大台阶，对于开启全面建设社会主义现代化国家新征程具有标志性意义。

（二）GDP 增长目标

1. 目标设定

发展是解决一切问题的关键，只有依靠经济的可持续增长，才能为高质量发展打下物质基础，因此从 20 世纪 90 年代开始，设定年度 GDP 增长目标的做法就一直沿袭下来。

GDP 的增长目标既不能定得太高，否则难以做到；也不能定得太低，不然没有提振信心的作用。如 2021 年 3 月 7 日，央广网发表文章《独家专访：GDP 增长目标设为 6%以上 2021 年中国经济发展动力来自哪?》，指出 2021 年 6%的经济目标的设定，对提高政府宏观调控效率效果、引导微观主体预期有重要作用。一方面，这为 2021 年政府宏观调控提供了一个目标值基准，避免政策力度过大、过猛，有利于政府协调好宏观调控跨周期和逆周期调节的关系，以及各项政策工具之间的配合，提高政策出台的针对性、有效性和精准性。另一方面，设定 6%以上的经济增长目标，有利于提高政府的沟通效果，能够向微观主体传递信息，稳定微观主体预期，稳定和提升产业链、供应链发展水平，保障经济高质量发展。

然而，中国经济在经历了 30 多年的高速增长之后，经济增速换挡回落，从高速增长转变为中高速增长，进入了经济新常态。在这种环境下，需不需要继续为经济发展设定具体的目标变得很有争议。尤其是2020年初的疫情给经济带来巨大的不确定性，是否需要设立经济增长目标引发了讨论。

2020年4月19日，中国社科院世经政所国际投资室主任、研究员张明在财经杂志发表题为《张明：设置年度经济增长目标，为什么对当下的中国依然重要》的评论文章，认为从长期来看，中国政府最终可能会放弃制定年度经济增长目标的做法，然而考虑到体制惯性、就业与增长的高度相关性、疫情冲击的持续性、防控系统性金融风险等因素，2020年政府仍应制定一个富有弹性的年度增长目标，将这个目标作为一个愿景，来协调有关部门与地方政府的资源配置，最终确保“六保”的顺利实现。《中国青年报》在2020年5月23日发表记者文章《GDP目标“缺席”意味着什么》，指出不设GDP增速目标，不意味着经济工作没有目标。这样做有利于引导各方面集中精力抓好“六稳”“六保”，稳住经济基本盘，以保促稳、稳中求进，为全面建成小康社会夯实基础。同时这对于淡化GDP指标，更加重视全面脱贫、贫富差距、就业保障、市场活力等指标也是一个契机。

这种争论一直在持续。2021年1月29日，第一财经发表文章《争议再起，GDP增长目标到底要不要》，文章列出了两种不同的观点，主张继续使用GDP增长目标的一派认为目前用GDP衡量经济确实存在一定问题，比如，不能很好地反映经济发展质量、经济结构不平衡，甚至以GDP为目标可能导致一些资源配置不合理等问题。但GDP指标简洁，基本符合各国不断提升生产力，提高民众生活水准等发展目标，也没有一个更好的替代指标，因此目前取消并不现实。主张取消GDP增长目标的一派则认为：第一，GDP增速作为官方目标，如果定得高，存在加大隐性债务的金融风险；第二，强调GDP考核，可能会出现一些地方虚报经济增长速度的问题；第三，把稳定就业、控制通货膨胀作为宏观调控的主要目标，是市场经济下各国宏观经济管理的普遍做法。所有的发达国家和绝大部分中等收入国家都已经放弃了将GDP增速作为宏观调控的目标。

2. 目标解读

每年政府工作报告中提出的GDP增长目标都备受关注，各家媒体会从原因、意义等方面做出自己的解读。如《北京日报》在2021年3月5日发表文章《为什么GDP增长设定为6%以上》，指出经济增长目标的提出，是考虑到经济恢复情况、经济基数以及保持经济持续健康发展需要等多重因素的结果。

同日，《人民日报》发表评论文章《人民日报评 GDP 目标："6%以上"体现自信与稳妥的平衡》，指出"6%以上"的增长目标充分考虑了必要与可能、已知优势和未知风险，是较为可行也是较为稳妥的，体现了经济宏观调控中的底线思维，展现了自信与稳妥的平衡艺术。《北京晚报》2021 年 3 月 15 日发表文章《GDP 增长目标设为 6%以上意味着什么？专家深度解读!》，指出 6%以上的 GDP 增长目标意味着将拉动世界经济增长接近 1.5%的水平，成为世界经济的重要引擎；同时中国经济的稳定、中国宏观经济的稳定以及金融市场的稳定能够对世界经济的金融波动起到很好的锚定效应。

二、价格指数

价格指数包括消费者价格指数（Consumer Price Index，CPI）和生产者价格指数（Producer Price Index，PPI）。消费者价格指数是反映与居民生活有关的产品及劳务价格统计出来的物价变动指标，生产者价格指数是衡量工业企业产品出厂价格变动趋势和变动程度的指数。

根据价格传导的规律，生产者价格指数对消费者价格指数有一定的影响。整体价格水平的波动一般先出现在生产领域，然后通过产业链向下游产业扩散，最后波及流通领域消费品。如新华社 2021 年 5 月 17 日发表文章《新华财经丨国家统计局：全年 CPI 有条件保持稳定》：由于我国工业行业门类较齐全，产业链较长，上游向下游的传导是逐步递减的。从近几年特别是 2016 年的情况来看，PPI 向 CPI 的传导整体上并不明显，主要原因是下游的市场竞争充分，市场供给能力较充足。

由于生产者价格指数和消费者价格指数在统计口径上并非严格的对应关系，因此存在两者走势在同一时期内出现不一致的情况。如 2021 年 5 月 9 日，时代财经发表文章《大宗商品上涨，拿掉猪以后都是通胀？专家：掩耳盗铃更应关注 CPI、PPI 剪刀差下的企业经营困境》，指出目前 PPI 高涨但 CPI 涨幅较为温和的这种"剪刀差"状况并非罕见现象，与两者口径差异大有关系。第一，CPI 体现居民日常生活消费篮子，仅和 PPI 中的生活资料相关性较强，不仅仅是完全的上下游对应关系。第二，CPI 很多产品定价权在需求端，PPI 则在国际能源价格。第三，CPI 中猪肉和鲜菜贡献了更多方差来源，与 PPI 关系较小，PPI 中影响较大的国际能源价格在 CPI 中体现的权重也相对小，而食品与能源的价格周期往往不一致。第四，PPI 向下传导时滞较长，且经常受阻。第五，CPI 中的服务项、居住项，在 PPI 中基本没有对应项。

消费者价格指数和生产者价格指数通常被用来衡量通货膨胀，通货膨胀是指大多数商品和劳务的价格在一段时间内出现持续、普遍、明显的上涨。

按照物价的上涨速度，通货膨胀可以分为温和的通货膨胀（10%以内）、奔腾式通货膨胀（10%~100%）和恶性通货膨胀（100%以上）。[①] 一般认为，温和的通货膨胀对于经济增长是有利的，如中国网 2021 年 4 月 16 日发表文章《3 月份 CPI 同比由降转涨物价总体稳定》指出，CPI 小幅上涨，比如控制在 3%左右，有助于刺激需求和提升经济景气，起到活络经济的作用。因此，从保障和改善民生以及促进经济平稳运行的角度出发，在经济发展的年度预期目标中，基本上把 3%的涨幅作为 CPI 波动的合理区间。在政府工作报告提出的 2021 年发展主要预期目标中，CPI 涨幅确定在 3%左右。

按照通货膨胀的成因，通货膨胀又可以分为需求拉动型、成本推动型、输入型和结构型。需求拉动型通货膨胀即总需求大于总供给引起的价格总水平上涨，成本推动型通货膨胀即由于劳动力、原材料等成本上升导致的价格总水平上涨，输入型通货膨胀即由于进口原材料或资本流动等非本国因素引起的价格总水平上涨，而结构型通货膨胀是指没有需求拉动和成本推动的情况下，只是由于经济结构因素的变动，也会带来一般价格水平持续上涨。如 2017 年 11 月 2 日，《华尔街见闻》发表文章《人力、房租及原料等上升压力积累，成本推动型通胀离我们有多远》，文章指出 2002—2012 年，我国物价变化主要由需求驱动；2011 年进入转型阶段后，物价与经济走势背离，人力等成本上升导致成本推动型通胀压力不断累积。2016 年 6 月 29 日，交通银行首席经济学家周兵在《中国证券报》发表专家评论《流动性过剩酝酿新风险 加强国际货币政策协调至关重要》，指出受经济失衡的诱导，过剩的流动性部分流到了新兴经济体，给这些国家带来了输入型通货膨胀，推高了资产价格。

---

① 高鸿业主编．西方经济学（宏观部分）［M］．第五版．北京：中国人民大学出版社，2011：511.

三、失业率

失业率是反映一个国家或地区劳动力资源利用程度的核心指标，一般来讲，失业率上升意味着更多的劳动力资源不能得到有效的利用，失业者增加导致社会总需求下降，经济增长动力也将减弱。因此，各国政府历来都把失业率作为判断宏观经济运行状况和劳动力市场景气程度的指标依据，进而出台或调整相关宏观经济政策和就业政策。①

目前，国际上测量失业率的方法主要有两种，一是基于行政记录的失业登记制度，二是基于劳动力调查的调查制度。据统计，目前全世界有 180 多个国家采用劳动力调查制度，其中，大部分发达市场经济国家都发布基于劳动力调查的失业率。②

20 世纪 80 年代初，我国开始建立登记失业制度，所有的城镇无业者都必须到政府劳动部门进行登记。由于当时还处于计划经济体制下，故将其称为“待业登记”。1994 年党的十四大提出要从计划经济转向社会主义市场经济，“待业登记”更名为“失业登记”，“城镇登记失业率”的概念由此诞生。③

2005 年，我国正式建立了全国劳动力调查制度，开始按照国际通行做法组织开展劳动力调查，进行调查失业率统计，但这一调查数据并未向社会公开。2013 年，国务院总理李克强在英国《金融时报》发表文章《中国将给世界传递持续发展的信息》，这是我国首次公布城镇调查失业率。

2018 年 4 月 17 日，国家统计局正式向社会公开发布基于劳动力调查获得的失业率——城镇调查失业率，这一举措被赋予重要意义。这是因为相比城镇登记失业率，城镇调查失业率更能反映中国劳动力市场的真实情况，因为有大量农民工并不会主动去登记失业情况。根据奥肯定律，经济增速与失业率呈负相关，但从我国历年数据来看，无论经济情况好坏，城镇登记失业率长期保持在 4%左右的水平。如《第一财经》2018 年 3 月 5 日发表文章《5.5%以内政府工作报告首提城镇调查失业率目标》，通过采访万博新经济研究院副院长刘哲指出，涵盖农民工，能够提高失业统计的及时性、准确性和

---

①②③ 曾湘泉. 调查失业率统计是促进更高质量和更充分就业的科学举措［EB/OL］.（2018-04-17）/［2021-08-24］. http://www.gov.cn/xinwen/2018-04/17/content_5283153.htm.

全面性，同时也符合全体人民共享改革成果的发展要求。在2018年4月17日发布的一篇题为《调查失业率统计是促进更高质量和更充分就业的科学举措》的专家评论里，曾湘泉表示公布城镇调查失业率是我国科学建立就业失业统计指标体系迈出的重要一步，也是推进劳动力市场制度建设，贯彻落实党的十九大提出的“实现更高质量和更充分就业”目标要求的一项积极举措，具有十分重要的理论和实践意义。

在经济学理论中，劳动年龄人口可以按照就业状况分为三类：即就业、失业和非劳动力。如果劳动年龄人口有工作就属于就业；没有工作但能够工作并寻找工作则处于失业状态；没有工作并不寻找工作或不能工作，则处于非劳动力状态。

失业率可以分解为周期性失业率和自然失业率，前者主要受经济周期波动影响，反映宏观经济景气程度变化情况，后者则源于劳动力市场自身供求信息流动（摩擦性失业）以及劳动力供给结构与需求结构差异（结构性失业）的状况。摩擦性失业和结构性失业加起来叫自然失业，是任何情况下都会出现的失业状态，和经济波动没有关系。因此一个国家是充分就业的，并不是指失业率为零，自然失业的水平其实就是充分就业水平。

根据国际劳工组织的数据，发达国家和地区平均失业水平为6.6%，发展中国家和地区平均失业水平为5.5%，全球平均失业率水平为5.7%,① 自2018年以来，除了2020年疫情期间，我国一直将5.5%定为城镇调查失业率的目标。在中国经济网2021年3月25日发布的文章《调查失业率控制在5.5%以内意味着什么》中指出，5.5%的城镇调查失业率在国际上处于较低水平，充分体现了以人民为中心的发展思想，突出了党和政府更加重视就业、追求共享发展的执政理念。

四、国际收支

国际收支是指一个国家在一定时期内，从国外收进的全部货币资金和向国外支付的全部货币资金之间的对比关系。一国国际收支平衡也称为外部均

---

① 中国新闻网．宁吉喆：中国城镇地区失业率水平低于全球平均水平［EB/OL］．（2018-04-17）／［2021-08-24］．http：//www.chinanews.com/gn/2018/04-17/8492786.shtml.

衡，是指一国国际收支差额为零，即既无巨额的国际收支赤字，又无巨额的国际收支盈余。收入大于支出被称为国际收支顺差，支出大于收入被称为国际收支逆差。中国国际收支数据由外汇管理局公布，具体分为经常账户以及资本和金融账户两类，一般来说，经常账户差额与 GDP 的比值是衡量国际收支是否平衡的主要指标。

一般而言，国际收支的贸易失衡是经常性的、绝对的，而平衡是暂时的、相对的。造成国际收支失衡的原因有多种：

一是货币性失衡，即因一国币值发生变动而引发的国际收支不平衡。如 2021 年 1 月 22 日中国新闻网发表文章《王春英：人民币汇率阶段性升值对国际收支影响在正常范围内》指出，人民币汇率升值一没有改变中国经常账户保持合理顺差的格局，二没有改变中国跨境资本流动有进有出、总体均衡的局面，因此国际收支总体保持平衡的基础不会轻易发生改变。

二是结构性失衡，由于一国的生产结构及要素配置未能及时调整或更新换代，不能适应国际经济形势，从而引起本国国际收支不平衡。如 2012 年 4 月 23 日《经济日报》发表文章《以产业调整促国际收支结构改善》指出，我国国际收支不平衡在很大程度上是结构性国际收支失衡，主要是由于产业结构不适应世界市场变化而导致国际竞争力较弱。因此，需加快产业结构调整，提高产品质量和附加值，提升国际竞争力，进而长期、有效地改善国际收支结构状况。

三是政策性失衡，即一国推出重要的经济政策或实施重大改革而引发的国际收支不平衡。如 2018 年 4 月 3 日，界面新闻发表“中国金融四十人论坛”高级研究员管涛的专家评论《管涛：中美贸易争端对中国国际收支的影响》，评论指出中美贸易争端对中国国际收支的短期影响可能通过金融渠道产生，两国贸易纷争包括投资保护主义措施，将会影响中国的对外投融资活动。

四是周期性失衡，即一国的总需求、进出口贸易和收入受到经济周期的影响，从而引发国际收支失衡。

纵观我国近年来的国际收支历史，可以发现我国国际收支平衡主要有“双顺差”型和“一顺一逆”型两种。如《华夏时报》2019 年 2 月 28 日发表应习文的分析性文章《2018 年我国国际收支的“双微顺差”与自主平衡》，对这两种类型及其形成原因做出解释：“双顺差”型，即经常项与金融项大幅顺差，不得不依靠储备账户的大幅逆差（储备的“逆差”仅是记账需要，实际反而表示储备资产的增加）来平衡。回顾近年来我国的国际收支变化历史可以发现，自1999年以来，我国国际收支当中的经常账户与金融账户曾经长期处于这种“双顺差”状态。这是由于，一方面，中国逐步融入世界贸易体系，相对的制造业低成本优势导致长期的巨大货物贸易顺差；另一方面，人民币长期升值，吸引了大量长期与短期资本进入我国投资。从具体年份看，这种平衡模式占据了1999—2011年、2013年与2017年这些年份。“一顺一逆”型即经常项大幅顺差，金融项出现逆差，而储备账户则根据前两项加总结果的不同出现增加或减少。相对应的年份为2012年、2014—2016年共4年。其中2012年与2014年，金融项逆差较小，储备资产相应增加；而2015年与2016年，由于人民币贬值压力较大，跨境资本净流出较为明显，金融项逆差超过了经常项顺差，导致储备资产出现下降。2018年的收支平衡类型则单独归于“自主平衡”类——即经常项与金融项接近自主平衡，其结果是不需要储备资产进行较大的调节和变动。

从2001年加入世贸组织以来，我国一直保持贸易顺差，经济高速发展，综合国力不断增强，对外影响力不断提高。然而无论是顺差还是逆差都是国际收支失衡的表现，长期保持巨额的国际收支顺差也会对经济可持续发展造成不利影响，主要表现在以下几个方面：

一是增加通货膨胀风险。如2011年3月3日《第一财经日报》发表文章《经常项大量顺差为通胀源头?》，文章借用易纲的表述指出顺差是通胀的原因之一，其主要作用机制表现在经常项目或贸易顺差过大使得人民币升值压力较大，为了保持人民币汇率相对稳定，央行必须购回美元，从而被迫投放基础货币，较多的货币推高了通胀，进而导致物价上涨。

二是不利于对外出口。长期顺差使得一国持有的外币资金增加，或在国际金融市场上发生抢购本币的情况，进而导致本币汇率升值，从而影响本国商品的对外出口。如2013年12月12日中国经济网发表文章《人民币汇率受贸易顺差扩大影响呈现强势》，通过采访中信银行金融市场部副总经理孙炜指出，当时人民币汇率近期的变化特征与海关公布的进出口数据情况相吻合，在当时我国人民币汇率形成机制中，经常项目下的供求关系对人民币汇率影响最大，人民币汇率的强势特征明显是受贸易顺差影响。

三是容易引起国际贸易摩擦。一国国际收支人量顺差，意味着与之贸易的相关国家出现逆差，影响这些国家的经济发展，必然导致贸易摩擦，影响国际经济关系。2018年的中美贸易摩擦本质上也是因为美国要求平衡中美之间的贸易收支。如2018年3月15日，环球网发表文章《外交部：中美经贸关系的本质是互利共赢》，开篇提到3月14日时任美国白宫发言人桑德斯表示，特朗普政府正在向中国施压，要求将中国对美国的贸易顺差减少1000亿美元。

五、采购经理指数（PMI）

采购经理指数（Purchasing Managers Index，PMI），是通过对企业采购经理的月度调查结果统计汇总、编制而成的指数，涵盖了企业采购、生产、流通等各个环节。中国的企业采购经理月度调查由国家统计局组织实施，调查对象包括制造业和非制造业两个大类，其中制造业的调查指标体系包括生产、新订单、新出口订单、在手订单、产成品库存、采购量、进口、主要原材料购进价格、出厂价格、原材料库存、从业人员、供应商配送时间、生产经营活动预期13个分类指数，而非制造业的调查指标体系包括商务活动、新订单、新出口订单、在手订单、存货、投入品价格、销售价格、从业人员、供应商配送时间、业务活动预期10个分类指数。制造业PMI包括新订单指数、生产指数、从业人员指数、供应商配送时间指数、原材料库存指数5个分类指数，非制造业PMI遵循国际通常做法由商务活动指数代表。综合PMI产出指数作为反映当期制造业和非制造业产出变化情况的综合指数，由制造业生产指数与非制造业商务活动指数加权求和而成，权数分别为制造业和非制造业占GDP的比重。

PMI是国际上通用的监测宏观经济走势的先行性指数之一，具有较强的预测、预警作用，其数值以50%为分界线，被称为“经济发展的荣枯线”。若制造业PMI指数在50%以上，则反映制造业经济总体扩张；若低于50%，则反映制造业经济总体衰退。2021年3月1日《上海证券报》发表文章《连续12个月保持在荣枯线以上 2月份PMI数据透露四大关键信号》，分析得出四大要点：一是2月份PMI指数继续下降，但仍然保持在荣枯线以上，表明中国经济继续保持平稳恢复态势；二是2月份装备制造业PMI为52.2%，生产指数和新订单指数均位于53.5%以上，且高技术制造业PMI仍保持在53.6%的较高水平，表明新动能继续较快增长，制造业高端化步伐加快；三是2月份制造业新出口订单指数和进口指数均有所回落，但出口企业生产经营活动预期指数为60.8%，位于高位景气区间，近期外贸形势仍然乐观；四是2月份服务业PMI为50.8%，低于上月0.3个百分点，但仍高于临界点，表明服务业继续保持扩张，但幅度有所收窄。

PMI指数受节假日影响，尤其受春节影响较大。春节期间和前后，部分企业停工减产、企业员工返乡，制造业企业生产经营活动有所减弱，造成PMI指数回落。如2014年3月1日第一财经发表文章《统计局解读PMI回落：主要受春节因素影响》，指出2010—2014年的5年中，春节当月PMI分别为52.0%、52.2%、50.5%、50.1%和50.2%，与上月PMI的差值分别为-3.8、-0.7、0.2、-0.3和-0.3个百分点，其中除2012年春节当月PMI因从阶段性底部回升高于上月外，其他年度春节当月PMI均低于上月，春节长假对制造业影响非常明显。

第二节 宏观经济政策

宏观经济政策是政府为了促进经济发展和增进社会福利而制定的解决经济问题的指导原则和措施，是政府为了达到一定的经济目标而对经济事务所做的有意识的干预。宏观经济政策分为财政政策和货币政策，货币政策将放到本书第四章金融部分进行讲述，本节主要介绍财政政策的相关内容。财政政策是一国财政当局为实现既定的宏观经济目标，采用的包括变动政府支出、变动税收和调整借债水平的操作手段。一般地，财政政策主要有支出、税收、公债和预算四大常用工具。

一、政府支出

政府支出是指一国（或地区）为了完成其公共职能，对购买的所需商品和劳务进行的各种财政资金的支付活动，是政府必须向社会付出的成本。各级政府的支出可以分为政府购买和政府转移支付两类。

政府购买指的是政府以购买者的身份在市场上采购所需的商品和劳务，如开办学校、提供国防、修建公共项目工程等。政府购买会直接形成社会需求和购买力，对消费和生产具有直接影响，是国民收入的重要组成部分。一定时期内的政府购买规模和结构，对市场物价及有关产业的发展具有重要的调控作用。政府转移支付指的是政府在社会福利保险、贫困救济和补助等方面的支出。转移支付不计入 GDP，它仅仅是政府将收入在不同社会成员之间进行转移和重新分配。

（一）政府支出效益

2008 年金融危机发生以后，为应对国际金融危机对我国的负面影响，我国出台了一揽子稳增长措施，包括在财政政策方面的“四万亿”投资计划。2008 年 11 月，国务院常务会议确定了进一步扩大内需、促进经济增长的十项措施：一是加快建设保障性安居工程；二是加快农村基础设施建设；三是加快铁路、公路和机场等重大基础设施建设；四是加快医疗卫生、文化教育事业发展；五是加强生态环境建设；六是加快自主创新和结构调整；七是加快地震灾区灾后重建各项工作；八是提高城乡居民收入；九是在全国所有地区、所有行业全面实施增值税转型改革，鼓励企业技术改造，减轻企业负担 1200 亿元；十是加大金融对经济增长的支持力度。初步匡算，实施上述工程建设，到 2010 年底约需投资 4 万亿元。这一事件在当时和以后很长一段时间引起了媒体的广泛关注。

积极的财政政策对于短期经济的刺激有显著作用。2018 年 8 月 23 日，财联社发表中信证券固收团队首席分析师明明的分析性文章《深度：如何避免“四万亿”过度刺激的重演?》指出，2008 年一揽子稳增长措施在 2009 年带来了非常明显的效果，全年经济增速为 9.4%，实现了保增长的目标。

过度的经济刺激也会造成很多的负面影响。包括以下几点：

1. 通货膨胀

上述文章指出，“四万亿”投资计划主要来源于发债和赤字，同时信贷规模迅速扩张，带来通货膨胀的副作用。从具体数据来看，2009 年 7 月以后，CPI 和 PPI 增速不断上升，2011 年达到顶点。2011 年 7 月，CPI 同比增长 6.45%，PPI 同比增长 7.54%。

2. 产能过剩

上述文章同样指出，“四万亿”刺激计划最主要的特征是大规模的投资和基础设施建设，这其中有 1.5 万亿用于铁路、公路等基础设施建设，高速增长的投资不仅导致大量重复建设的浪费，也导致钢铁、造船、水泥等行业的产能过剩。

3. 地方政府违规举债规模大增

积极的财政政策主要是扩大政府投资，同时通过结构性减税减轻企业居民的税负负担，此时发行国债是较好选择，为了应对金融危机，我国增加国债发行量，同时允许发行地方债进行融资，增加地方投资。为了获得资金实施“四万亿”投资计划，地方政府在发行地方债的时候，违规举债规模大增。

4. 误导企业家作出错误决策

2014 年 4 月 10 日，中国经济网发表文章《张维迎陈志武批 4 万亿计划：政府误导企业做错误决策》，文章借用北京大学光华管理学院教授张维迎在当时博鳌亚洲论坛的发言，从政府需求管理对企业家的影响这一角度指出“四万亿”计划的负面影响，指出该破产的企业就应该破产，只有这样，中国企业家精神才能焕发出来。

5. 银行间资金紧张

搜狐财经 2013 年 6 月 24 日发表文章《刘胜军：“钱荒”源于“四万亿”政府没必要救股市》，通过采访经济学家刘胜军指出，“钱荒”和股市暴跌的根本原因是“四万亿经济刺激”，“四万亿经济刺激”一方面造成了债务危机，另一方面造成了产能过剩，这些使得银行出现潜在的坏账、应收账款难以收回的状况，而实体经济的困难，也使得银行资金不愿投入实体经济，在银行间“空转”，埋下了危机的祸根。

（二）财政支出结构

财政支出结构指的是各类财政支出在总支出中所占的比重。财政支出结构直接关系到政府对社会资源的动员程度，一国财政支出结构的现状及其变化表明该国政府正在履行的重点职能及变化趋势。[①] 财政支出是政府进行活动的资金来源和直接成本，财政支出结构既与一国经济体制和相应的政府职能有关，又受经济发展阶段的制约，合理的财政支出结构取决于经济发展阶段。

总体上看，在坚决打赢三大攻坚战的奋斗目标下，政府把有限的资金用

---

① 李文军，朱稳根．中国财政支出结构的演进研究——风险社会视角［J］．中州学刊，2013（3）：29-34.

在“刀刃”上，我国财政支出结构不断优化。例如，2019 年 1 月 24 日，央广网发表文章《2018 年财政收支数据出炉六方面解读“国家账本”》指出，2018 年，财政部门进一步调整优化财政支出结构。脱贫攻坚方面，全国扶贫支出增长 46.6%。污染防治方面，全国污染防治支出、自然生态保护支出分别增长 29.6%、17.5%；中央财政支持污染防治及生态环境保护的资金增长 13.9%，其中大气、水、土壤污染防治投入力度均为近年来最大。推动科技创新方面，全国科学技术支出中的应用研究支出、技术研究与开发支出分别增长 11.4%、8.7%。改善社会民生方面，全国财政对基本养老保险基金的补助支出增长 11.4%，对基本医疗保险基金的补助支出增长 9.4%。

客观而言，我国的财政支出结构的确在不断优化。但从具体来看，财政支出结构还存在较大的优化空间。例如，2020 年 1 月 18 日《中国经营报》发表梁发芾的专栏评论《要继续优化财政支出结构》指出，在全国财政支出中，民生类支出如社保和教育医疗养老住房的支出占比 36.9%，各省财政支出的比重显示，越是经济发达地区，民生类支出占比越高，这与国际趋势是一致的。但与国际水平相比，我国民生类支出的比重仍然偏低。2020 年，应该在优化支出结构的基础上，继续保持甚至提高民生类支出的比重，让民生类支出成为政府支出的优先选项，应该是确保的重中之重。

（三）转移支付政策

政府转移支付是指政府使部分财政资金发生单方面转移，是一种收入再分配的形式。

转移支付既包括政府向个人转移，也包括政府间转移。政府间的转移支付是中央财政对地方财政进行调控的重要手段，对于缩小地区之间贫富差距、实现共同富裕具有重要作用。例如，2021 年 4 月 7 日，《金融界》发表文章《财政部：继续坚持政府过紧日子转移支付进一步向中西部地区和困难地区倾斜》，介绍了“十四五”时期的转移支付政策：加强对欠发达地区和困难地区的保障，转移支付进一步向中西部地区和困难地区倾斜。加强对基层的保障，最大限度下沉财力，完善县级基本财力保障机制，兜实兜牢基层“三保”底线。

目前中央对地方的转移支付主要分为一般性转移支付和专项转移支付，2016 年 12 月 29 日，中国新闻网在题为《转移支付制度改革将多方面推进》

的报道中，对这二者的概念做了解释：一般性转移支付是指上级政府对有财力缺口的下级政府，按照规范的办法给予的补助，不规定具体用途，由下级政府统筹安排使用。专项转移支付是指上级政府为了实现特定的经济和社会发展目标，给予下级政府的资金补助，由下级政府按照上级政府规定的用途安排使用。

一般性转移支付因为要进入地方预算，所以具有一定刚性，其额度需根据一定标准来制定；而专项转移支付需要层层拨付，且由相关部门根据需要自行支配，存在一定的操作空间，因此专项转移支付往往效率低下且容易滋生腐败。近年来，强调加大转移支付改革力度的呼声强烈，如财新网 2019 年 6 月 28 日发表题为《一般性转移支付指定用途占比高 人大建议加大改革力度》的报道，指出指定用途的一般性转移支付，实为变相的专项转移支付，地方自主权小，影响资金使用效率，全国人大常委会委员郑功成表示，不能用变相的专项转移支付掩盖转移支付使用中的问题，希望真正改进转移支付，监督地方政府更好地把钱用在刀刃上。

向公民个人进行的转移支付主要是社会的各项福利支出，如社会保险、养老金、农产品价格补贴等。通常，在国民经济运行受到重大影响、社会失业情况增加时，政府相应的社会保障支出也会随之增加。例如《半月谈》2020 年第 9 期发表文章《抗疫期间民生如何托底》，指出在强化民生兜底保障上，我国把社会救助和保障标准与物价上涨挂钩联动机制作为重要抓手，抗疫期间各地实际发放补贴累计达到 93 亿元。同时自疫情发生以来，中央多次强调确保就业大局稳定，部委和地方多措并举打出组合拳。

二、税收

税收是国家为了满足社会公共需要，凭借政治权力，依照法律规定的标准和程序，强制地、无偿地取得财政收入的一种规范形式。同时税收也是国家调控和监督经济的非常重要的政策工具。

征税对象是税法的一个基本要素，是税种区分的重要标志。我国现行的税收制度共有 18 个税种，大致可以分为三类：

①货物和劳务税。包括增值税、消费税、车辆购置税和关税 4 个税种。

②所得税。所得税是指以各种所得额为课税对象的税种，也被称为收益

税。包括企业所得税、个人所得税 2 个税种。

③财产和行为税。包括土地增值税、房产税、城镇土地使用税、耕地占用税、契税、资源税、车船税、印花税、城市维护建设税、烟叶税、船舶吨税和环境保护税 12 个税种。

在具体的宏观经济报道中，并非所有税种都是重要的报道对象，以下详细介绍报道频繁涉及的几类税种。

（一）增值税

增值税是以商品在流转过程中产生的增值额为征税对象而征收的流转税。其纳税人是在我国境内销售货物或者提供加工、修理修配劳务以及进口货物的单位和个人。增值税只对增值额征税，因此可以避免对一个经营额重复征税，也可以防止前一生产经营环节企业的偷漏税行为。

从收入规模看，增值税已经是我国“第一税种”。财政部数据显示，2018 年我国税收收入为 156401 亿元，国内增值税 61529 亿元，占比 39. 3%。

过去几年中，与深化增值税改革相关的报道是宏观经济报道中的重点。2018 年 5 月 28 日《人民日报》发表文章《中国深化增值税改革助推实体经济发展》指出，增值税税率降低可以减轻企业负担，增加企业流动资金。企业还可以通过降价让利于消费者，在增加需求的同时引导并鼓励企业进行投资和扩大再生产，为企业发展增添新的动力，为实体经济发展注入新活力。正是基于这个原因，我国一直在不断减税降费。2019 年政府工作报告提出，深化增值税改革，进一步降低增值税税率，16%的税率降至 13%，10%的税率降至 9%，保持 6%一档的税率不变，并将增值税税率三档并两档、简化税率列为未来改革方向。2021 年 3 月 31 日国务院常务会议提出，从 2021 年 4 月 1 日起至 2022 年底，将小微企业、个体工商户等小规模纳税人增值税起征点，由现行月销售额 10 万元提高到 15 万元。

（二）个人所得税

个人所得税是国家对个人所得征收的一种税。《个人所得税法》规定：在中国境内有住所，或者无住所而一个纳税年度内在中国境内居住累计满一百八十三天的个人，为居民个人。居民个人从中国境内和境外取得的所得，依照本法规定缴纳个人所得税。在中国境内无住所又不居住，或者无住所而一个纳税年度内在中国境内居住累计不满一百八十三天的个人，为非居民个人。

非居民个人从中国境内取得的所得，依照本法规定缴纳个人所得税。

我国税收取之于民、用之于民，国家通过税收实现人民的根本利益，每一位公民都应该自觉依法纳税，违反税法规定必须受到法律的制裁。例如2021年5月1日中国青年网发表文章《郑爽涉嫌偷逃税被调查，一旦属实会有牢狱之灾吗?》对演员郑爽涉嫌偷漏税一事进行评价，指出郑爽涉嫌偷逃税案若查证属实，天价罚单几乎难以避免。在行政责任方面，针对税收征管法第六十三条规定情形，该法中设置的行政处罚为，由税务机关追缴其不缴或者少缴的税款、滞纳金，并处不缴或者少缴的税款0.5倍以上5倍以下的罚款。其中，滞纳金的缴纳标准根据法律规定为每日按万分之五收取。在刑事责任方面，对于纳税义务人首次逃税行为，经税务机关依法下达追缴通知后，如能补缴应纳税款，缴纳滞纳金，接受行政处罚的，将不予追究刑事责任。

税法的制定和实施始终是为经济发展服务。比如为进一步支持稳就业、保就业、促消费，助力构建新发展格局，国家税务总局于2020年12月4日发布《关于进一步简便优化部分纳税人个人所得税预扣预缴方法的公告》。公告明确：在纳税人累计收入不超过6万元的月份，暂不预扣预缴个人所得税；在其累计收入超过6万元的当月及年内后续月份，再预扣预缴个人所得税。次日《江南晚报》发表文章《个人所得税政策有变！2021年1月1日起施行!》对这一政策做出解读，指出考虑到新税制实施已有一个完整的纳税周期，纳税人也有了执行新税制后的全年收入纳税数据，对该部分工作稳定且年收入低于6万元的群体，在享受原税改红利基础上，可对其税款预扣预缴方法进行优化，进一步减轻其办税负担。

（三）关税

关税是国家海关根据法律规定，向通过该国关境的引进出口商品所征收的税种。我们通常所说的关税主要指的是进口关税，它是国家海关对进口货物征收的关税。进口关税的征收会增加进口货物的成本，是各国限制海外货物进口的重要手段，适当的关税对于本国工农业的生产起保护作用，也能够成为本国的生产和经济发展的杠杆。

经济全球化大背景下，削减商品及各类相关要素跨境流动壁垒成为各方共识。降税和减少边境贸易管控措施是主流趋势，而以加征关税方式限制国际贸易者寥寥。2018年中美两国贸易摩擦不断升级。2019年8月19日人民网发表文章《加征关税损人不利己严重损害世界经济》指出美国一再挥舞“关税大棒”，不符合全球主流共识，第一，导致美国进口商、消费者成本上升，还将给全球供应链带来巨大风险。第二，将损害中美之间由市场配置资源的有效经贸合作模式。第三，对华加征关税将显著增加全球供应链风险。随着中美两国贸易摩擦的进一步升级，两国间贸易结构将被迫调整，引起与之协同的上下游其他国家的供需关系发生变化，影响各方制造企业的存货及投资安排。

在中美贸易摩擦的相关报道中，媒体报道习惯借助权威专家和海外机构来说明加征关税的不良影响。例如，2019 年 6 月 5 日《新民晚报》发表文章《经济学家胡一帆：加征关税无法减少美国的贸易逆差》，通过采访经济学家胡一帆指出，提高关税后，无论进口商、出口商还是零售商，都无法自我消化，会落到美国消费者、投资者身上，不排除未来推升美国通胀的可能性。2019 年 9 月 5 日《中国青年报》发表文章《日经中文网：加征关税没有起到美国期望的作用》借用日经中文网的文章指出，为减少中国输美商品加征的高关税导致了美国出口减少。

三、公债

公债是国家或政府以还本付息为代价筹集财政资金所取得的债务收入，是政府调度社会资金，弥补财政赤字，并借以调控经济运行的一种特殊分配方式。政府公债按照不同的分类方法可以划分为不同的种类，但在宏观经济报道中，最为关注的是按照发行主体划分的中央公债和地方公债。

中央公债又称国债，是由中央政府发行与偿还的债务，债务收入列入中央预算，由中央政府支配使用，到期后由中央政府还本付息。

2021 年 2 月 1 日人民网发表文章《储蓄国债（凭证式）迎来最新管理办法》（以下简称《办法》），对储蓄国债（凭证式）的定义做出解释，指出储蓄国债（凭证式）即财政部在中华人民共和国境内发行，通过承销团成员面向个人投资者销售的，采用填制“中华人民共和国储蓄国债（凭证式）收款凭证”方式记录债权关系的不可流通人民币国债。储蓄国债（凭证式）具有安全性高、起买点低、收益较高、变现灵活等特点，深受广大投资者欢迎，为筹集财政资金、促进经济发展、满足人民群众投资需求发挥了重要作用。

不过，储蓄国债（凭证式）的制度建设却比较滞后，储蓄国债（凭证式）的业务管理仍不够规范，在具体办理发行和兑付业务的过程中容易出现损害广大投资者合法权益的情况。因此，出台《办法》，完善储蓄国债管理制度体系，为储蓄国债（凭证式）的业务管理提供有效制度保障。

与国债相比，地方公债的相关新闻在宏观经济报道中所占比例较大。地方公债是由地方政府发行与偿还的债务，债务收入列入地方预算，由地方政府支配使用，到期后由地方政府还本付息。地方公债的债务风险是关注的重点。新华社 2021 年 1 月 19 日发表文章《瞭望丨融资租赁、私募、定融……财政压力下，地方违规举债又有新花样》指出，地方政府违规举债不仅存在债务资金使用效率低下、资金成本高企等问题，一旦到期难以偿还，还可能引发与企业等市场主体的纠纷，带来社会不稳定因素。更重要的是，这会导致地方政府债务风险和全国整体公共债务风险难以准确评估，金融体系的系统性风险也会随之攀升。

地方政府债务分为隐性债务和显性债务，隐性债务问题是长期以来市场关注的焦点话题。2018 年 1 月 29 日《经济日报》发表文章《个别地方政府违法违规或变相举债——隐性债务成风险防控焦点》对地方债务隐性债务风险给予关注，文章指出隐性债务主要指个别地方政府通过融资平台公司、政府和社会资本合作（PPP）、政府投资基金、政府购买服务等方式违法违规或变相举债形成的债务。解决隐性债务问题，需要建立健全长效管理机制，在财税体制、行政管理体制、金融体制等方面加快改革。

四、预算

财政预算是政府活动计划的反映，体现了政府及其财政活动的范围、政府在特定时期所要实现的政策目标和政策手段，是对国家未来一定时期内收支安排的预测、计划。

我国财政预算共分为“四大账本”，按照诞生的时间先后排列，分别是一般公共预算、政府性基金预算、国有资本经营预算和社会保险基金预算。

根据《预算法》的解释，一般公共预算是对以税收为主体的财政收入，安排用于保障和改善民生、推动经济社会发展、维护国家安全、维持国家机构正常运转等方面的收支预算。一般公共预算收入分为税收收入和非税收入，非税收入主要包括行政事业性收费、罚没收入、国有资本经营收入和国有资源有偿使用收入等。根据其功能，一般公共预算支出包括一般公共服务支出，外交、公共安全、国防支出，农业、环境保护支出，教育、科技、文化、卫生、体育支出，社会保障及就业支出和其他支出。

政府性基金预算是对依照法律、行政法规的规定在一定期限内向特定对象征收、收取或者以其他方式筹集的资金，专项用于特定公共事业发展的收支预算。

国有资本经营预算是对国有资本收益做出支出安排的收支预算。

社会保险基金预算指的是对社会保险缴款、一般公共预算安排和其他方式筹集的资金，专项用于社会保险的收支预算。政府性基金预算、国有资本经营预算和社会保险基金预算的收支范围，按照法律、行政法规和国务院的规定执行。

一般公共预算是财政预算中的第一大账本，因此在宏观经济报道中的地位要比其他三项更为突出。例如，2021 年 5 月 21 日财新发表题为《4 月财政收入同比增长 29.4%两年平均增速恢复至疫情前》的文章，用较大篇幅叙述了一般公共预算收入情况，指出 2021 年 4 月全国一般公共预算收入两年平均增长 4.9%，其中税收收入两年平均增长 5%，均超出 2019 年 4 月和 2019 年全年增速，表明财政收入状况基本恢复至疫情前水平。政府性基金预算方面则带过。

有关财政预算的报道主要关注预算赤字和预算支出结构两方面。

（一）预算赤字

财政赤字是财政支出总量超过财政收入总量的部分，而一定时期内财政赤字与同期国内生产总值之间的比例关系就是赤字率。

赤字率是衡量财政风险的重要指标。2018 年 11 月 29 日，《经济日报》发表评论文章《财政赤字率毋需太纠结于“3%”》介绍，目前国际上在防范债务危机时，通常采用的参考标准是欧盟在 1992 年制定的《马斯特里赫特条约》中规定的 3%赤字率、60%的债务率。这个规定有其合理性。但是，合理赤字毕竟受经济发展状况等多方面因素影响，各国情况差异很大，3%只是一个参考值，不是绝对标准，现实中一些国家控制在 3%范围内，但突破的也不在少数。评论还指出，从历年实践上看，我国在确定赤字率时，既考虑了 3%

“警戒线”，又权衡了经济发展的现实需要。2016 年、2017 年我国赤字率均为 3%，2018 年赤字率为 2. 6%，系近年来赤字率首次下调，但因国内生产总值增长，赤字规模与 2017 年的 2. 38 万亿元持平，仍体现出积极的财政政策。

更高的赤字率意味着更为积极的财政政策。根据 2020 年《政府工作报告》，当年赤字率按 3. 6%以上安排，较 2019 年提高 0. 8 个百分点以上，这是我国赤字率首次突破 3%。2020 年 6 月 3 日，《经济日报》发表文章《［贯彻落实两会精神］财政政策：特殊时期特殊举措》指出，财政赤字率提高，目的是有效对冲疫情对减收增支的影响。文章通过采访全国政协委员、中国财政科学研究院院长刘尚希指出，提高赤字率、发行特别国债等一系列政策安排，符合我国当前实际情况，体现了政策的针对性和精准性。通过更大力度的政策来对冲疫情影响，给经济注入更大确定性，体现了积极的财政政策更加积极有为。

过高的财政赤字可能引发债务危机。2020 年新冠肺炎疫情暴发，美国财政赤字达 3. 1 万亿美元，达历史最高水平，引发全球关注。《华尔街见闻》2020 年 10 月 17 日发表文章《超过 3 万亿美元！美国财政赤字爆了，这意味着什么?》指出，一般来说，当债务与赤字增长速度超过经济增长速度时，经济学家们就会担忧。并且随着债务的越发庞大，债务问题会变得越来越难解决，最终导致债务危机，此前希腊债务危机就是这样的情况。

（二）预算支出结构

与前面谈到的财政支出内容不同，财政支出强调的是实际支出的情况，预算支出是年初对本年度支出的安排，即前者是实际执行情况，后者是前期计划部署。因此，财政支出结构相关的报道往往是对上一年度的实际支出情况作总结，通过数据反映现实意义和成果；而预算支出结构相关的报道则通过数据反映当前年度政府工作的目标，例如，2016 年 3 月 31 日《第一财经日报》发表题为《中央财政预算支出 8. 5 万亿金融支出大增》的报道，通过采访上海财经大学教授邓淑莲指出：政府预算变化，反映了政府施政方针和社会经济政策的变化，因为实现这些政策目标都需要花钱，而花钱也正是为了体现这些政策目标。

由于预算是对未来的计划安排，因此一部分报道还强调预算管理工作的合理性，例如，2021 年 3 月 31 日《经济日报》发表文章《优化支出结构着力节用为民》，强调资金宝贵，必须提高使用效率，把每一分钱都花在刀刃上。各项支出要更加突出绩效导向，加快建立全方位、全过程、全覆盖的预算绩效管理体系，切实做到花钱要问效、无效要问责。

在进行年度决算时，常常将财政支出数据与前期的预算安排数据对比，从而反映预算制定和执行情况，例如，2015 年 8 月 21 日《北京青年报》发表题为《北京仅 6 部门支出少于预算专家：预算制定不当》的报道，中央财经大学财经研究院院长王雍君接受采访时表示，决算数字超出预算数字较多，可以反映出两方面的问题，一为预算制定时质量不佳，二为执行时可能遇到了较大偏差。

第三节　信源分析

一、抽样方法

本节使用内容分析法，选取 2020 年 11 月 4 日、11 月 14 日、11 月 24 日、12 月 4 日、12 月 14 日、12 月 24 日、2021 年 1 月 3 日为一个构造周。在构造周内选取了两家综合媒体（《人民日报》、澎湃新闻）、四家专业财经媒体（《经济日报》、《第一财经日报》、《21 世纪经济报道》、财新网）的宏观经济报道，自媒体因为很少涉及对于宏观经济的报道与分析，所以在本篇不做讨论。通过在慧科数据库以“宏观”“经济”“财政”等为关键词进行检索，并将得到的结果加以人工筛选，最终得到可用于分析的新闻样本 49 篇，其中财新发布 8 篇，人民日报发布 5 篇，澎湃新闻发布 2 篇，《经济日报》发布 9 篇，《第一财经日报》发布 13 篇，《21 世纪经济报道》发布 12 篇。

二、信源分布

（一）信源数量

根据统计，所选择的 6 家媒体共在 49 篇宏观经济报道中引用了 168 条信源，平均每篇引用信源 3.43 条。从图 3-1 来看，各媒体在引用信源数量方面存在明显差异，只有《第一财经日报》、财新、《21 世纪经济报道》3 家媒体平均每篇引用信源数量超过了 3 条，其中《第一财经日报》最多，达到 5.23 条。澎湃新闻平均每篇报道引用信源数量最少，只有 2 条。究其原因在于，《第一财经日报》等专业性市场化的财经媒体在探讨宏观经济话题时更侧重对该话题的解读，因此引用多方信源阐述观点，增强说服力。《人民日报》和《经济日报》在宏观经济话题上多为消息或评论性文章，侧重引导舆论，故单篇报道引用信源数量较少。澎湃新闻作为市场化的综合媒体，在财经领域的资源有限，相关报道主要是专家评论或重要会议报道，因此信源更少。

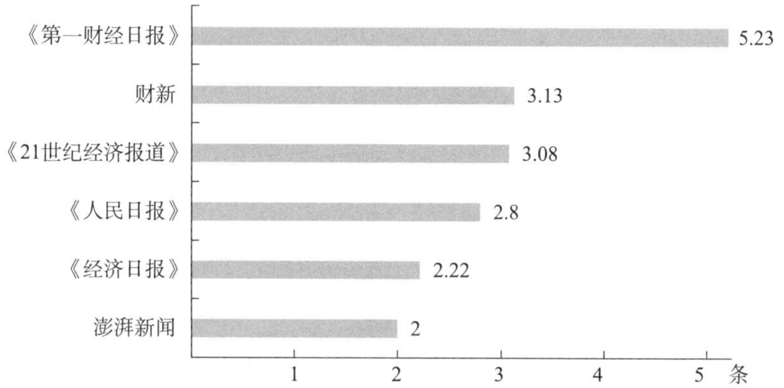

图 3-1 媒体引用信源数量分布

（二）四类信源分布

信源一般可分为公开信源、一手采访信源、匿名信源、国际信源四类。公开信源指的是此前公开发布、媒体可直接获取的信源类型；一手采访信源指的是媒体自己一手采访获取信息的来源；匿名信源即出现了有关采访的表述，但没有交代受访者信息的信源；国际信源指的是非中国本土的信源。

在这四类信源当中，由于宏观经济报道的大量信息来源依靠国家相关部门的数据和政策公布，因此引用量最多的信源是公开信源，共有 84 条，占总体的 50%；其次是一手采访信源，占比 42%，主要是市场化的专业财经媒体会邀请大量机构首席经济学家或分析师发表自己的观点，或邀请专家学者对数据和政策做出解读等。匿名信源和国际信源在国内媒体的宏观经济报道中较少出现，两者加起来只占 8%（见图 3-2）。

从具体媒体来看，除《第一财经日报》和《人民日报》这两家媒体一手

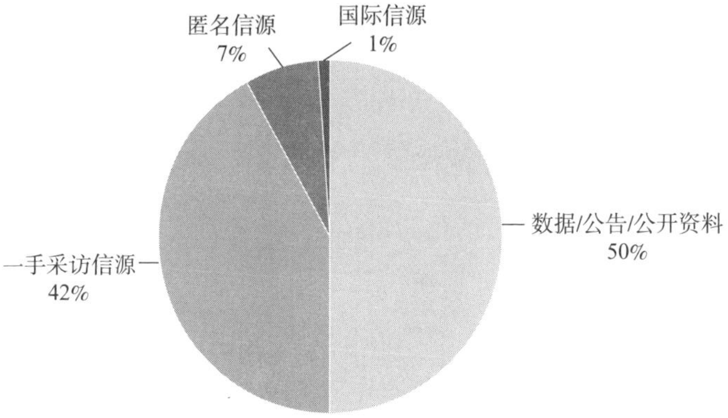

图 3-2 四类信源分布图

信源占比过半之外，在其余各家媒体当中公开信源都占绝大多数。澎湃新闻、《第一财经日报》、《21 世纪经济报道》以及《经济日报》均使用一定的匿名信源。国际信源方面，除《第一财经日报》有所涉及外，其余各家媒体均不涉及（见图 3-3）。

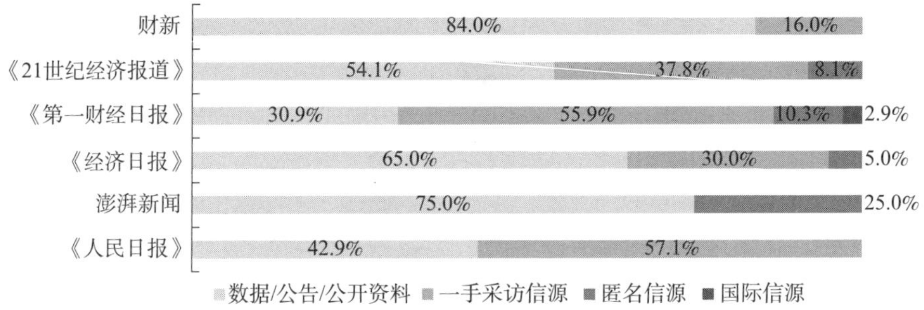

图 3-3 四类信源在各媒体中的占比

三、不同类别的信源使用

（一）公开信源

在公开信源当中，又细分为政府、第三方数据平台、人物公开发言或此前采访，以及此前相关媒体报道几类。其中人物公开发言或此前采访占比最大，约占总体的一半。主要是对涉及宏观经济的相关会议，媒体习惯引用多位与会人员的发言；其次占比较大的是政府信源，这主要是因为宏观经济信息主要来源于政府方面。报道偶尔在论证过程中会使用到第三方数据平台和此前相关媒体报道信源，但只有极少的一部分（见图 3-4）。

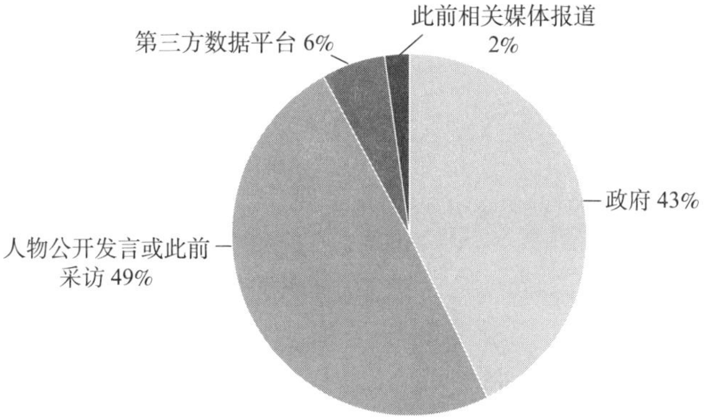

图 3-4 数据/公告/公开资料信源具体分布

具体来看，政府信源主要来自与宏观经济有关的政府部门，例如作为宏观统计数据发布者的国家统计局，宏观调控政策制定的主要部门国家发展改革委，制定税收政策的国家税务总局。人物公开发言或此前采访信源方面，主要来源于国家重大会议上的公开发言，例如中央经济工作会议、国务院新闻发布会等（见表 3-1）。

表 3-1 公开信源举例

类别	具体举例
政府	国家统计局、财政部、商务部、国家税务总局、国家发展改革委、人力资源和社会保障部
第三方数据平台	毕马威、财新智库、智联招聘
人物公开发言或此前采访	中央经济工作会议、国务院新闻发布会、财政部门官员发言、人大常委会委员发言
此前相关媒体报道	当地媒体报道称、此前有媒体报道

（二）一手信源

一手信源具体分为相关领域官员，公司、银行和券商的首席经济学家或分析师，学者或第三方机构研究员，消费者与公众四类。其中占比最大的是学者或第三方机构研究员，主要是因为媒体通常会邀请专家学者对宏观经济政策或数据及未来走势做出解读，增强文章的说服力和权威性。其次占比较大的是公司以及银行和券商的首席经济学家或分析师，主要是因为市场化的专业财经媒体可能邀请金融领域的从业者对宏观经济发表自己的观点，通常单篇文章包含多位首席经济学家或分析师，也有少量企业的从业者以案例与故事的形式展现经济的变化趋势。相关领域官员和公众信源占比不多，且主要是《人民日报》和《经济日报》这类中央党报使用较多，因为这些媒体接触到相关领域官员的概率更大，而使用公众信源反映宏观政策对于民间的影响，可以使报道更贴近百姓（见图 3-5）。

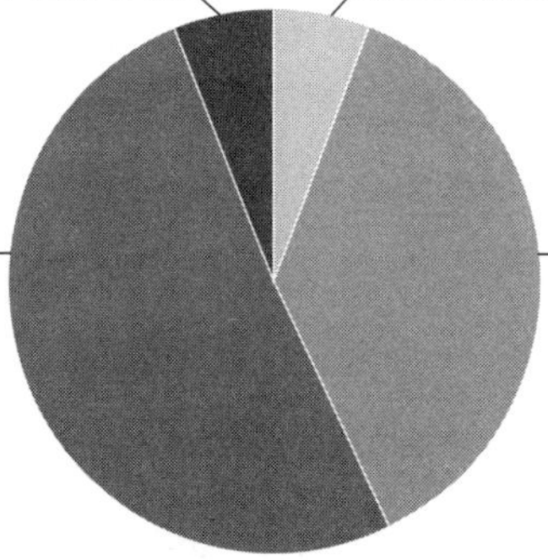

图 3-5　一手采访信源具体分布

相关领域的官员比如商务部发言人等，公司、银行和券商的首席经济学家或分析师比如广发证券首席经济学家、中泰证券首席经济学家等，这些经济学家通常在同一家媒体的多篇报道中多次出现；学者或第三方机构研究员主要是来自各高校或研究会的专家学者，如中央财经大学教授、中国政法大学教授、中国财政科学研究院公共收入研究中心副主任等，公众与消费者通常没有固定的选择对象（见表 3-2）。

表 3-2　一手信源举例

类别	具体名称举例
相关领域官员	商务部发言人、国务院国资委研究中心党委副书记
公司/各大银行和头部券商的首席经济学家或分析师	广发证券首席经济学家、中泰证券首席经济学家、中国首席经济学家论坛理事、粤开证券研究院副院长兼首席宏观研究员、中国民生银行首席研究员
从业者	盐田国际集装箱码头有限公司董事总经理、张家港市科恩机械有限公司负责人

续表

类别	具体名称举例
学者、第三方机构研究员	中央财经大学教授、中国政法大学教授、中国财政科学研究院公共收入研究中心副主任 广东省体改研究会执行会长、标准排名城市研究院院长
公众与消费者	应届高校毕业生、村民（个体经济从业者）

（三）匿名信源

匿名信源过度使用会对报道的公信力产生不良影响，在宏观经济报道中使用匿名信源的情况并不多，主要包括学者或第三方机构研究员，以及政府部门两类。其中以学者或第三方机构研究员为主，占比 80%以上，且绝大多数来源于《第一财经日报》。具体表述上，通常以“有关负责人指出”“一位资深财税专家”等形式出现（见图 3-6、表 3-3）。

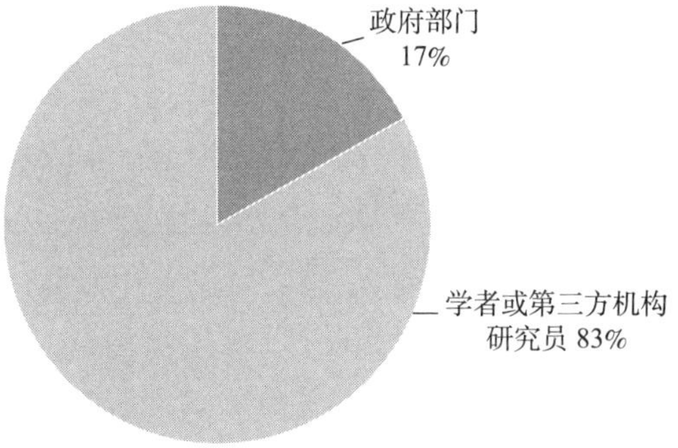

图 3-6 匿名信源具体分布

表 3-3 匿名信源举例

类别	具体名称举例
政府部门	财政部关税司有关负责人、财政部一位官员
学者或第三方机构研究员	部分学者提出、多位专家表示、有专家指出、一位资深财税专家

第四章

金融报道

金融报道是财经新闻的重要分支。“金融”是一个广义概念，按照金融学的框架，主要包括基础要素、金融市场和金融机构三方面内容。四大基础要素，即利率、汇率、货币和信用；金融市场，包括货币市场（指期限1年以内的短期金融交易市场，其功能在于满足交易者的资金流动性需求，包括票据贴现市场、银行间拆借市场、短期债券市场、大额存单市场、回购市场）、资本市场（指交易期限在1年以上的长期金融交易市场，包括长期借贷市场和长期证券市场，长期借贷一般是银行对个人提供的消费信贷，长期证券市场主要是股票市场和长期债券市场）；两类金融机构，即银行金融机构与非银行金融机构。其中银行金融机构大体可分为中央银行和存款货币银行两个部分，非银行金融机构又称其他金融机构，包括保险公司、投资公司、基金组织、消费信贷机构、金融公司、租赁公司等，证券交易所也可归属于这一类。① 可以说，金融市场是金融业务的发生地，金融机构为操盘手，基础要素则是被操作对象。基础要素对于金融从业者是核心，因此也被金融报道所关注。金融领域的框架结构见表4-1。

表4-1　金融领域框架结构

框架	具体内容	
基础要素	利率、汇率、货币、信用	
金融市场	货币市场	同业拆借、回购、国库券、票据、大额可转让存单
	资本市场	股票、债券、基金
金融机构	银行金融机构	中央银行、存款货币银行
	非银行金融机构	保险公司、投资公司、基金组织等

各大财经媒体呈现与上述内容有关的报道均可被认为是广义的金融报道，但在组织版面与划分栏目时会更考虑受众的关注程度和话题本身的显著性，

① 黄达，张杰．金融学（第五版）［M］．北京：中国人民大学出版社，2020：117+206.

从泛金融领域中挑选更具象呈现的话题，比如分为金融、股市、公司、券商、地产、科创等。本书的金融报道章节为了呈现对各家媒体金融报道更本质、更整体性的理解，主要从四大基础要素入手，将货币和信用这两个在金融实践中不可分割的要素合并，另外引入受基础要素影响最大的债券市场，从利率、汇率、债券、货币信贷四个领域具体呈现财经媒体上的金融报道。

资本市场中的股市因为利益相关者众多，且常常与具体公司相关联，因此大多数国内财经媒体都会独立设置“公司”“商业”“证券”版块，对应国外财经媒体常见的“business”版块，报道上市公司业绩与财报分析、基本面动向，甚至涉及如能源、IT 等产业，体量较大。本书也遵从这一报道规律，在第六章单独介绍了有关公司的报道，同时第七章关注了与股市紧密联系、相对自成体系的基金市场。保险、信托、衍生品是基数较小相对细分的版块，从业圈子小，通常有更垂直的财经媒体关注，一般的财经媒体对其报道数量偏少，所以本书暂不涉及。

在本章节利率、汇率、债券、货币信贷四个领域中，利率又是其中的基础。对外汇来说，利率直接影响外汇价格，因为一国的利率水平相对他国提高，就会刺激国外资金流入，本国资金流出减少，进而提高本国货币的汇价。对债市来说，利率关乎债券估值，债券价值取决于未来本金与票息的多少和市场利率的大小。对货币信贷来说，央行可以通过存款准备金率、再贴现率、公开市场操作来控制和改变商业银行的信用创造能力，直接或间接控制社会货币供应量。利率意味着资金的价格，意味着获取资金所需要的成本。现阶段狭义的利率报道最核心的议题在于利率市场化，报道的职责在于阐释相关概念与举措；但广义的利率相关内容其实很多报道中都会涉及，因此在后面三部分也会不断提到利率要素。

汇率要求有很高的实效性，但汇率报道的难点在于除了发布消息性质的汇率报价之外，如何做好深度报道，深度报道的方向是什么。即面对汇率的浮动，如何剖析其背后的原因、释放的信号，是否能找到合适的信源，是否需要预测性内容及尺度，等等。这些对于读者理解我国当前汇率双向浮动的基本目标有重要意义。

债市和货币信贷报道的难点在于对记者本身专业理解的要求。首先是“把关”和筛选能力。债券市场每天发行的新债数量庞大，什么样的新债是值得报道的？在一众违约的债券中，有哪些可能推动困境债券处置措施的创新？

资金面松紧最常看哪个利率？调整幅度多大算央行货币政策大动作？记者需要自行寻找、判断有价值的报道材料，并且进行解读。另外，债市报道和货币信贷报道的综合性强，影响因素多元，公司基本面运行、宏观经济政策、利率等多有影响，记者本身需要对货币和资本市场有自己的一套理解框架，并且不断学习、完善，将其以报道的形式传播给读者。

第一节 利率

以下几个概念是利率报道中的核心概念，现阶段我国的“基准利率”市场化，中期借贷便利（Medium-term Lending Facility，MLF）是央行面对其他银行创设的，而贷款市场报价效率（Loan Prime Rate，LPR）则是银行面对普通用户使用的，因此 MLF 是基础，LPR 受其影响。利率高低意味着资金成本的高低，因此利率变化对于财经新闻报道以及财经新闻的受众来说至关重要。

一、基础利率浮动

基准利率是金融市场上具有普遍参照作用的利率，其他利率水平或金融资产价格均可根据这一基准利率水平来确定。基准利率具有市场性、基础性、传递性特征。基准利率是利率的核心，在整个金融市场和利率体系中处于关键地位，对其进行及时性报道于整个市场而言具有指导性意义，我国的存贷款基准利率自 2015 年 10 月开始一直保持不变。

2015 年 3 月 2 日，环球网发表文章《降息后四大行利率首次“各走各路”》，报道了央行采取对称降息（即存款利息与贷款利息同步降低，利差不变）的方式使得一年期贷款基准利率下调 0. 25 个百分点至 5. 35%，但存款利率上浮空间由原先的 1. 2 倍上限进一步扩大至 1. 3 倍意味着实际上仍然是非对称降息，并对年内剩余的降息、降准机会进行预测，牵动年内融资成本起伏。

二、利率市场化进程

利率市场化是中国金融改革的重要内容。中国早期的改革侧重于理顺商品价格。20 世纪 90 年代后期以来，开始强调生产要素价格的合理化与市场化。资金是重要的生产要素，利率是资金的价格，利率市场化是生产要素价格市场化的重要方面。

2014 年 11 月，为加速推进利率市场化改革，存款利率浮动区间的上限调整至基准利率的 1.2 倍，并对基准利率期限档次做适当简并。2015 年，又缓步提升至 1.3 倍、1.5 倍。当时大部分银行一般都是在政策出台后将存款利率上浮到顶，足见存款的“均衡利率”远高于当时的上限。2015 年 10 月 24 日，央行在完成近些年最后一次降低基准利率之后，决定对商业银行和农村合作金融机构等不再设置存款利率浮动上限。至此，中国利率市场化进程在形式上基本完成。

2019 年 8 月 16 日，国务院常务会议提出改革完善贷款市场报价利率形成机制。2019 年 8 月 17 日上午，中国人民银行公告称，2019 年 8 月 20 日将首次发布新的 LPR 形成机制，推动降低实体经济融资成本。与贷款基准利率不同，LPR 不是央行发布的利率，而是通过计算 18 家报价银行（去除一个最高价和一个最低价）所报“利息差”的算术平均值，然后与央行公开市场操作利率相加，得到 LPR=MLF+利息差。这样一来，MLF 由央行设定，利息差由 18 家银行设定，国内贷款利率进一步放宽，贷款基准利率和市场利率并存的“利率双轨”逐步走向“双轨变一轨”。由此可见 MLF 与 LPR 更能灵活及时反映市场供求，是我国利率市场化当前进程的核心，也是相关报道的焦点。

（一）中期借贷便利（MLF）

MLF 是指中央银行提供中期基础货币的货币政策工具。由中国人民银行在 2014 年 9 月创设，发放对象是符合宏观审慎管理要求的商业银行和政策性银行，发放方式为质押方式。其合格质押品是国债、央行票据、政策性金融债、高等级信用债等优质债券。中期借贷便利利率发挥中期政策利率的作用，通过调节向金融机构中期融资的成本来对金融机构的资产负债表和市场预期产生影响，引导其向符合国家政策导向的实体经济部门提供低成本资金，促进降低社会融资成本。

2021 年 3 月 15 日，第一财经发表文章《MLF 利率连续 12 个月“按兵不动”，通胀上行对利率调整影响有限》，提出 MLF 操作多是等量续做，延续“量平价稳”的态势，但同时也指出市场上有声音提出，随着未来通胀上行，政策利率有可能上调。结合历史数据、《光大证券报告》和《2021 年政府工作报告》，表示 MLF 利率因物价冲高而上调的可能性不大，释放我国货币政策企稳的信号。

（二）贷款市场报价利率（LPR）

LPR 的市场化程度很高，可以充分反映资金在信贷市场上的供求情况。LPR 由各报价行于每月 20 日（遇节假日顺延），以 0.05 个百分点为步长，向全国银行间同业拆借中心提交报价，全国银行间同业拆借中心去掉最高和最低报价后求取算术平均值，向 0.05%的整数倍就近取整得出。LPR 一般于当日上午 9 时 30 分公布，公众可在全国银行间同业拆借中心和中国人民银行网站查询。目前，LPR 包括 1 年期和 5 年期以上两个品种。利用 LPR 进行贷款定价可以促进市场化贷款利率的形成，提高市场利率向信贷利率的传导效率，因此也是利率市场化报道的重中之重。

《经济日报》于 2021 年 3 月 23 日发表文章《解读 LPR 连续 11 个月未变 货币政策稳字当头服务经济复苏》，强调了自 2020 年 5 月份以来，两项贷款市场报价利率已连续 11 个月保持不变。与 2020 年为对冲疫情影响 1 年期 LPR 报价下调 30 个基点的情况不同，2021 年年初以来 LPR 这一最重要的市场利率连续保持不变的深层次原因，是 2021 年宏观政策“不急转弯”，意味着 LPR 报价不会出现明显的掉头向上走势。

（三）其他相关举措

利率市场化进程复杂，许多新规的出台不可避免地会扰动市场，金融报道有必要对其进行深挖和讨论。2020 年 8 月 20 日，最高人民法院举行新闻发布会，发布新修订的《最高人民法院关于审理民间借贷案件适用法律若干问题的规定》（以下简称《规定》）。《规定》明确以中国人民银行授权全国银行间同业拆借中心每月 20 日发布的一年期贷款市场报价利率（LPR）的 4 倍为标准，确定民间借贷利率的司法保护上限，取代原《规定》中“以 24%和 36%为基准的两线三区”的规定，大幅度降低民间借贷利率的司法保护上限，促进民间借贷利率逐步与我国经济社会发展的实际水平相适应。此前市场已有降低民间借贷利率红线的传闻，2020 年 7 月 28 日，第一财经发表文章《民间借贷利率红线降至 24%以下，非法放贷会更猖獗》，探讨此举是否会导致利率市场化名存实亡，以及民间借贷利率管制是否会助长民间非法高利贷的猖獗，从而导致“劣币驱逐良币”的情况，采访多位专家，考虑参照 LPR 设定上限的可行性，在正式落地前充分讨论政策的各种可能性。

2020 年 8 月 25 日，五家国有大行统一对尚未转换的个人住房贷款定价基准批量转换为 LPR。此前，各大财经媒体都在对房贷利率应选择 LPR 还是固定利率进行深入探讨，如 2020 年 8 月 4 日发文《还房贷，选浮动利率还是固定利率》，文章从购房者收到的银行短信入手，呈现了各家银行通知的倾向性程度、LPR 短期内下行趋势、具体转换过程等，并在最后提醒购房者转换的截止时间，缓解了部分消费者对 LPR 引入房贷利率的困惑。

又比如央行宣布自 2021 年 1 月 1 日起，信用卡透支利率由发卡机构与持卡人自主协商确定，取消信用卡透支利率上限和下限管理。从浮动利率到自主定价，信用卡透支利率市场化又迈出了一大步。新华社 2021 年 1 月 12 日发表文章《信用卡透支利率取消上下限，对你我影响几何》，首先强调信用卡利率市场化的条件基本完善，对通知中的细节进行解说，如披露信用卡透支利率时应以明显方式展示年化利率，不得仅展示日利率、日还款额，需要区分透支利率和分期费用等，推动政策平滑入市。

三、外币、国外利率动向

（一）外币市场利率

主要是对外汇利率浮动的报道。如 2020 年 9 月 27 日《北京青年报》发表文章《五大行下调外币存款利率》，报道了各行下调时间、币种，并指出从绝对水平看，外币存款利率基本“聊胜于无”，建议投资者如果手头外币余额超过 2000 美元应购买外币理财产品，同时指出外币存款利率下降的原因，即受发达经济体货币政策持续宽松影响。

（二）外国央行动作

利率领域里对外国央行操作的追踪属于国际金融的范畴，关注各国央行动向的报道，有利于投资者理解当前世界各国相互勾连的金融形势。如 2020 年 9 月 21 日，人民网发布文章《美联储暗示零利率将至少维持到 2023 年》，对美国联邦公开市场委员会（FOMC）例会释放的重要信息进行例行消息式报道，指出直至就业市场符合充分就业评估前美联储将继续维持当前利率水平。2020 年 12 月 23 日，中国新闻网发布文章《泰国央行维持基准利率不变上调今年经济预测》，对泰国央行议息会议进行例行报道，指出泰国将基准利率维持在 0.5%的低点不变，补充泰国央行在 2020 年曾 3 次降息各 0.25 个基点的背景信息。

四、报道特色

本部分主要是在对报道进行系统化梳理后尝试概括整体报道的特征，通过对特征的分析更好地理解特定领域中报道的侧重是什么，关注话题类型之间的不同，意义主要体现在哪里，主要采用的报道形态是什么，等等。

杭敏于 2019 年提出经济议题的维度划分理论①，对总结报道特色具有借鉴意义。该理论认为，经济议题从涉及的范围（国内或国际议题）和持续的周期（短期或长期议题）两个维度来看，可以归纳为国内短期经济议题、国内长期经济议题、国际长期经济议题和国际短期经济议题四种类型。其中，国内短期经济议题涉及的报道范围主要集中于国内，一般具有单发性特征，报道周期和传播持续时间较短。国内长期经济议题涉及的报道范围主要集中于国内，报道周期和传播持续时间较长，包含的事件具有多发性特点。国际短期经济议题指报道范围同时涵盖国内外，且持续时间较短的议题。国际长期经济议题指报道范围涵盖国内外，且持续时间较长的议题。之所以认为国际报道也会包括国内，是因为我们的国际报道立足点还是本国，对所有国际话题关注的理由都是对本国会产生或多或少的影响，所以通常国际报道要考量到对国内的投射效应。

以此议题维度划分理论来看，利率领域的报道主要聚焦国内市场，对国外利率操作仅做辅助性报道。在国内报道中又将重点放在周期较长的利率市场化改革上，深度报道频次密集，对存贷款基础利率等其他具体利率的浮动

---

① 杭敏．中国经济报道与传播研究［M］．北京：经济科学出版社，2019：179-193.

则多为消息式报道，更完整地呈现市场动态。具体议题分布如图 4-1 所示。

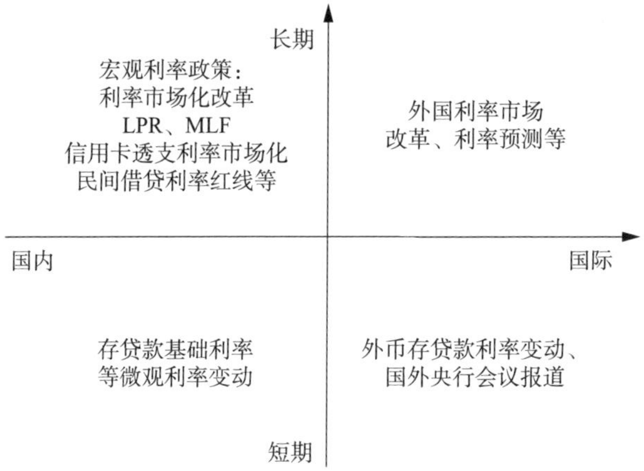

图 4-1　利率报道议题分布

第二节　人民币汇率

汇率会对进出口贸易收支、国内物价水平、外汇储备，甚至国内就业、国民收入及资源配置等产生重要影响，与诸多经济因素相勾连。汇率报道通过传递最新的财经数据，提示影响行情走势的多方面因素，阐释市场价格波动的原因，关注者主要集中于外汇交易员、投资者、外贸公司从业者和出国人员。汇率报道可以使投资者更清楚地了解市场，跟上市场的步伐，做出适应市场的交易策略。

国内外财经报道对汇率的关注角度有较大差异。对于我国来说，目前的主要目标是人民币汇率双向浮动，不仅要增强双向浮动的弹性，还要使其成为常态。一直以来人民币汇率形成机制改革遵循主动性、可控性和渐进性原则。从汇改进程看，人民币汇率浮动幅度是逐步扩大的。1994 年人民币汇率浮动幅度是 0.3%，2007 年扩大至 0.5%，2012 年扩大至 1%，2015 年我国发布 CFETS 人民币汇率指数，宣布人民币汇率将主要参照并保持与一篮子货币的稳定，弱化美元，增加日元、欧元、英镑等货币的权重。2021 年 1 月 15 日，国务院新闻办公室举办新闻发布会，央行货币政策司司长孙国峰明确表示未来人民币汇率走势取决于国内外经济形势、国际收支状况和国际外汇市场变化等因素，人民币汇率双向浮动将成为常态，既不会持续升值也不会持续贬值，将在合理均衡水平上保持基本稳定。总的来说，目前我国在人民币汇率上的核心官方声音即双向浮动目标，这也成为各大媒体汇率报道的主旨。

国外主流财经媒体对人民币汇率的报道则更有倾向性，认为我国属于汇率操纵国。以 2021 年 5 月末 6 月初人民币表现出的一轮上升行情来看，6 月 2 日美国主流财经媒体 CNBC 发表文章 *China rushes to pull back the yuan from a three-year high*。一方面，该报道的用词体现了其意识形态：题目以“中国”为主语，认为我国要将人民币汇率从三年最高点“拉”下来；报道开篇第一句话即“China is trying to rein in the yuan as it surges to three-year highs against the U. S. dollar.”，其中的 rein in 显示了我国政府对人民汇率的控制权，报道中类似的用词还有很多，通篇底色即我国有能力操纵汇率。另一方面，该报道在内容上强调我国央行的一系列调控动作对汇率的影响，如 5 月 31 日央行决定上调金融机构的外币存款准备金率 2 个百分点，此举将导致约 200 亿美元的外汇流动性被冻结。针对此轮人民币上涨行情，国内财经媒体财联社则于 6 月 10 日发布文章《监管层齐发声重申人民币汇率将保持基本稳定分析称人民币贬值预期增强》，报道货币官员在第十三届陆家嘴论坛上的发言，预计短期人民币汇率将跟随美元指数维持区间震荡，长期难以持续单边升值，双向波动仍是常态，通篇贯穿双向浮动的目标。

汇率报道的议题主要围绕人民币汇价行情展开，包括本身变动情况、行情原因分析和变动的影响；在主观性较强的观点输出报道中，又主要分为官方声音和专家论述；此外，离岸人民币汇率也是人民币汇率报道中的重要分支，是对人民币汇率的补充性报道。

一、人民币汇价行情变动

人民币汇率是每日必须更新的市场信息，因此对人民币汇率变动的报道是汇率领域报道中的基础。除中国外汇交易中心外，新华社、财联社等媒体也会每日实时跟进，以简短的电讯形式发布，如公布每日人民币的当日市场汇价，即人民币兑换美元、欧元、日元、港元、英镑、澳元、新西兰元、新加坡元、瑞士法郎等多种外国货币的价格，以及报价的变动。这部分就是简单的信息发布，被 AI 智能写作执行的可能性很高。

二、行情原因分析

此类报道主要对人民币汇价走势进行解读，标题多为汇价变动情况的总结，但文内对于汇价原因的分析则有不同的框架，侧重不同的原因。这类报道虽然有比较固定的写作模式，即“价格走势陈述+多方信源分析+未来价格预测”，但更为重要的是关注报道的媒体本身对于汇率的一贯立场是什么，是否是外媒的报道，使用的信源是哪些主体，是否一直对我国的汇率有自己的批评色彩，等等，因为不同媒体和信源，根据自己的立场，对于同样的汇率变动会产生完全不同的解读。

人民币汇率变动的影响因素有很多，如美元涨跌、央行干预、国际收支变动、经济基本面、国际投机资本、市场情绪与公众预期、结汇需求等。其中，美元涨跌基本为人民币汇率波动定调，二者天然地呈反向变动；国际收支平衡则是维持汇率稳定的前提，利用外汇储备维持汇率是央行干预的重要手段；经济基本面是一个币种涨跌的根本支撑，经济基本向好货币才有可能得到国际资本的青睐，吸引投机资本流入，进一步抬高汇率；公众预期和结汇需求则更偏向于从短期影响汇率浮动。

（一）受美元影响

美元及美国的经济影响情况是人民币汇价波动的关键原因，因此很受媒体的关注。2020 年 11 月 17 日，《经济参考报》发表文章《人民币中间价调升 237 个基点》，陈述此前一周在美元指数升值背景下，人民币汇率在明显上涨后小幅回调，人民币双向波动特征明显。一般来说，美元指数强弱与人民币等非美元货币具有反向关系，这是美元与人民币汇率变动的基本逻辑，在此基础上再受到双方央行政策、经济基本面等的影响。

（二）受外汇储备与国际收支变动影响

外汇储备是各国央行集中掌握并可以随时兑换成外币的资产，通常情况下来自贸易顺差和资本流入，具体形式有外国有价证券，外国银行的支票、期票、外币汇票等。主要用于清偿国际收支逆差，以及当本国货币被大量抛售时，利用外汇储备买入本国货币干预外汇市场以维持该国货币的汇率。2021 年 3 月 8 日，人民网发表文章《2 月末我国外汇储备规模环比降 0. 18%

专家：有基础保持规模稳定》，指出截至2月末，我国外汇储备规模较1月末下降57亿美元，降幅为0.18%。文章强调，尽管我国外汇储备规模连续两个月小幅回落，但随着国内经济稳步复苏，人民币资产表现出较大吸引力，国际收支保持基本平衡，我国外汇储备规模将保持稳定。

（三）受结汇需求影响

结汇是指外汇收入所有者将其外汇收入出售给外汇指定银行，外汇指定银行按一定汇率付给等值本币的行为。2021年1月4日，财联社发表文章《新年首个交易日人民币兑美元汇率日内升破6.50》，强调春节前结汇需求增加，或将推升元旦后人民币出现一轮补涨行情。

（四）受市场情绪与公众预期影响

2016年3月18日，环球网发表文章《人民币汇率涨至今年最高点》，指出在全国两会接连释放利好消息的背景下，人民币汇率中间价节节攀升。监管层抑制投机、预期引导等措施稳定了市场情绪，市场对人民币贬值预期大大减弱，跨境资金流出压力明显缓解。

三、人民币汇率变动的影响

人民币汇率浮动对诸多方面都会产生影响，其中表现最为明显的是外贸业、股市和投资者。由于外贸业结算时的特殊性，汇率起伏对从事外贸的企业主的收益留存情况影响巨大；从股市角度来看，人民币汇率升值对大盘有普遍的拉动作用，对外币消费类企业、进口成本类企业和被动型交易型开放式指数基金（Exchange Traded Fund，ETF）尤甚；从投资的角度，全球的投资者都更愿意持有汇率表现强劲的币种资产。

（一）外贸业角度

2020年10月24日，《经济观察报》发表特稿《业主或锁汇或抓订单，交易员“心跳加速”，人民币升值下的众生相》，通过3个小标题讲述了人民币升值给外贸行业带来的影响，既有及时锁汇仍损失利润的5%~10%的外贸企业主，也有囿于现金流、不顾汇率风险紧抓外贸订单的小业主，还有工作室“心跳加速”的交易员，文章的最后探讨了人民币未来继续升值或进入双向波动的新常态的可能性，用一根线串起了三个故事。

（二）股市角度

2020 年 11 月 18 日，财联社发表文章《人民币汇率进入“6. 5 时代”！涨涨涨之下将对股市影响几何?》，首先说明人民币对美元汇率不断上涨之势已经存在数月，随后指出人民币汇率升值将进一步增强股市上涨动力。其中，有望明显受益的行业有以下三大类：一是航空、旅游等“外币负债”消费类；二是造纸和炼化等与进口成本挂钩的制造业；三是银行、保险等指数权重板块将得益于外资被动 ETF 的配置加码。此外，人民币升值、国际资金流入会形成阶段性的“正反馈”，升值会带来更多资金流入，进一步推动人民币升值，有利于大盘蓝筹股的估值修复。

（三）投资角度

2019 年 5 月 20 日，《经济观察报》发表文章《人民币汇率承压，高净值人群“倾斜”海外资产配置》，指出当时在美元走强下人民币汇率连续下行、跌破 6. 9 关口的背景下，市场出现增配海外私募股权基金和类固收产品的现象，分析称未配置海外资产的投资者在人民币汇率风险上相对是暴露的，选择适时配置海外资产主要是为了分散风险。关于“倾斜”海外配置这一风潮是否明智，报道采访了服务财富管理机构从业者，对方表示高净值人群的财富管理理念更趋于抗风险和保值增值，不再单一追求高回报，因此，海外投资时的投资区域和资产类别也越来越多样化。

四、官方声音

官方释放的信号在我国汇率市场中具有举足轻重的地位，人民币汇率领域有相当一部分报道以重要政府官员发言为新闻由头。我国主管汇率实务的政府机构主要是中央银行管理下的国家外汇管理局，因此央行和外汇局重要官员的发言表态成为各大媒体的关注重点。

2020 年 10 月 24 日，财新发文《外汇局认为人民币升值幅度相对温和，提醒企业适度套保》，全篇以国家外汇管理局副局长王春英对 2020 年 8 月以来人民币对美元汇率快速上涨的回应为核心，以其发言要点为框架，传达人民币升值的官方态度，指出近期人民币升值，主要是受到经济基本面的支撑；

在人民币汇率双向波动弹性增强的背景下，企业应该积极预防汇率风险，树立风险中性理念。

2021 年 1 月 15 日，财联社发表文章《央行孙国峰：人民币汇率有升有贬、双向浮动将成为常态》，以央行货币政策司司长孙国峰在国新办新闻发布会上的发言为承托，表示未来人民币汇率走势取决于经济形势、国际市场因素等，报道央行对未来人民币汇价走向的看法：既不会持续升值，也不会持续贬值。

五、专家论述

专家学者和机构对人民币汇价走势、现状原因剖析的报道在汇率领域的报道中十分常见，标题多采取“人名/机构名+观点”的形式，以个人观点撑起整篇内容，与接受媒体采访不同，此类文章多为约稿、直接转述等，表述的专业性强，阅读门槛高，基本为评论性文章。如 2021 年 3 月 2 日财新专栏文章《管涛：人民币升值由外汇供求而非市场预期驱动》，是其对外汇局 1 月银行结售汇数据、代客涉外收付款数据以及外汇市场交易数据的分析，提出“人民币升值主要由在岸市场驱动热钱与汇率的关系可被证伪”“外汇市场上‘追涨杀跌’的羊群效应有所减弱，人民币升值主要由外汇供求驱动”“银行结售汇顺差收窄，涉外收付款顺差扩大”等结论。

六、离岸人民币

离岸人民币即在中国境外经营人民币的存放款业务，交易双方均为非居民。中国人民币离岸市场与在岸市场的参与主体、定价机制、交易规模和监管机构存在较大差异，导致离岸市场更多地反映市场行情，在岸市场则更多地受到政策调控的影响。但媒体的报道倾向于弱化这一差异，同时报道离岸人民币汇价与在岸人民币，很少单独关注离岸人民币动态。如 2020 年 7 月 10 日，《北京青年报》发表文章《在岸离岸汇率双双升破 6.99，人民币汇率收复 7.0 关口》，陈述在岸人民币汇率提振后顺势指出离岸人民币对美元汇率同样大涨，第二部分分析人民币升值原因时也并没有对二者做细分。

七、报道特色

（一）周期较短

人民币汇率报道在议题维度分布上呈现向国内短期议题倾斜的特点，即关注人民币汇价浮动及由此引发的专家学者和机构的分析与预测等，对官方声音的报道即使强调长期来看的人民币汇率双向浮动目标，但在具体操作层面上也比较偏重于短期。人民币报道跨长周期的较少，一段时期内的报道总是依附于该时期内人民币汇价的变动情况，时效性越强、浮动程度越大的行情越能得到财经媒体的关注，而很少有报道关注数十年间人民币汇价走势。具体见图 4-2。

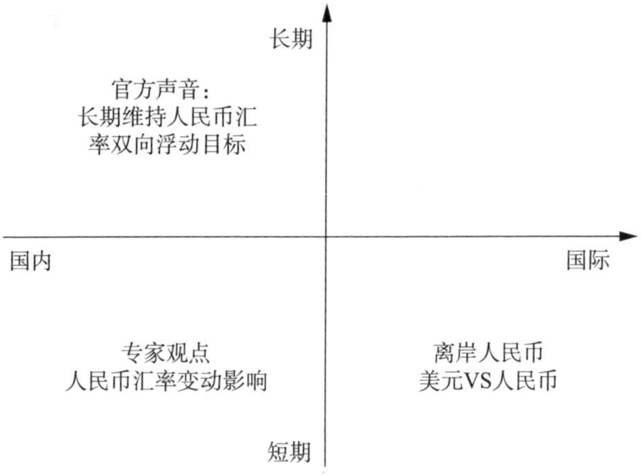

图 4-2　人民币汇率报道议题分布

（二）关联较广

人民币汇价变动本身是比较单薄的新闻事件，但背后的原因、延伸出的影响错综复杂，因此不论是报道的框架还是各个信源的分析都常常与各方面因素捆绑，如国内生产总值、货币供应量、国际收支、中美利率差值和中美通货膨胀差等，而人民币汇价的行情变动一般只是作为新闻由头或在消息性报道中出现。

（三）主观性强

市场中各主体对人民币汇价走势的看法是多元的，关于价格变动是否利好、主要原因、影响几何、未来升值贬值，每个信源都有自己的逻辑与观点。因此在报道中，事实性内容比较有限，更大篇幅是各方的主观阐述。上文提到的以“人名/机构名+观点”为标题的专栏文章在人民币汇率报道领域数量繁多，更体现其主观性特点。

第三节 债券

债券领域的报道主要围绕债券由发行到兑付的整个过程展开，包括新债发行、债券承销、债券合约异动（展期、置换、违约、其他非常规动作）等。此外，还关注相伴而行的监管与金融创新，以及美债市场的相关情况。

一、新债发行

根据央行官网发布的国内各类债券统计表，[①] 债券主要分为五类，即政府债券、央行票据、金融债券、公司信用类债券、国际机构债券。2021 年前四个月我国共发行 19.94 万亿规模的债券，其中金融债券约 11.24 万亿，公司信用类债券（包括非金融企业债券融资工具、企业债券以及公司债、可转债）5.07 万亿，政府债券 3.6 万亿，国际机构债券 0.0265 万亿，未发行央行票据。从余额来看，政府债券以 47.14 万亿的规模位居五大类债券之首，央行票据的余额最少，只有 0.015 万亿的存量。

（一）政府债券

政府债券是政府为筹集资金而向投资者出具并承诺在一定时期内支付利息和偿还本金的债务凭证，包括国家债券和地方政府债券等，具有安全性高、流通性强、收益稳定和免税待遇的特征。2021 年 3 月 10 日，财新发表文章《2 月政府债券发行收缩新增信贷或高位回落》，指出春节过后由于地方专项

① 央行．2021 年国内各类债券统计表［N/OL］．［2022-02-15］．http：//www. pbc. gov. cn/diaochatongjisi/resource/cms/2021/05/2021053116063827570. htm.

债额度下发时间偏晚，市场预计2月政府债券净发行量或有所收缩，加之银行转贴现利率快速拉升造成信贷额度紧张，2月信贷规模整体将有所滑落。

具体来讲，国债是一种财政收入，国家发行债券或借款实际上是为了筹集资金，用于弥补财政赤字、筹集建设资金、调节经济等。地方债券可以解决地方政府财政吃紧的问题，助力自主发展，但同时也有一定风险，如没有严格的约束机制，一些地方政府过分举债之后或面临破产。地方债券也是政府债报道的重点，年中、年末、年初等关键时间节点多有跟进。2020年12月3日，《21世纪经济报道》发布报道《今年地方债发行可达6.5万亿 对冲疫情影响地方债务率逼近红线》，指出2020年地方债发行规模创历史新高，截至2020年11月30日，当年地方债合计发行6.26万亿。此前的历史高点为2016年的6万亿，当时主要因为监管部门推动地方债置换，即发行地方政府债券置换非债券形式的政府债务。2020年则是为对冲疫情影响，财政政策大幅发力——赤字率突破3%、新增专项债规模大幅增加，导致政府债券发行量明显高于往年。

2020年12月9日，财新发表文章《地方债务率逼近警戒区间 如何防控风险?》，指出地方债务的风险根源于近年来财政收入增速持续低于名义GDP，地方政府土地出让收入增速逐年回落，直接影响了政府偿债能力，尤其西北和东部地区部分省市偿债资金来源单一，债务风险化解难度较大。文章后半部分则依据两位官员的观点，解说双循环新发展格局下如何防范化解风险，如拓宽专项债券偿债资金来源、完善专项债券项目全生命周期管理等。

2020年末，多省份地方政府将再融资债券用途由“偿还到期地方债券本金”调整为“偿还政府存量债务”，2021年1月23日，财新发表文章《2020年地方再融资债券发行超年初限额或含部分隐性债务》，报道市场对其中是否含有隐性债务的关注。地方债券仅为地方债务中显性债的一部分，而地方债则包含显性负债、隐性负债和地方或有负债。按照财政部2018年以来的规定，按债券性质分，地方政府债券共分三种：新增债券、再融资债券和置换债券。其中，新增债券使用当年新增地方债限额，会增加地方政府债券和地方政府债务余额；再融资债券用于偿还到期地方债券本金，即借新还旧债券，其发行应不影响地方政府债券和地方政府债务余额；置换债券对债券余额和债务余额的影响则相对复杂，2015年设置时的主要初衷是将2014年末清理甄别认定为地方政府债务、以非政府债券形式存在的债务，逐渐置换为债券，以实现新预算法实施后“地方政府债券成为地方政府举借债务的唯一合法形式”的要求。

（二）央行票据

中央银行票据是中央银行为调节商业银行超额准备金而向商业银行发行的短期债务凭证，其实质是中央银行债券，之所以叫“中央银行票据”，是为了突出其短期性特点。作为央行发行的债券，央行票据具有丰富央行公开市场业务操作工具、为市场提供基准利率等作用。2021 年 2 月 19 日，人民网发表文章《人民银行在香港发行 250 亿元人民币央行票据》，作为央行在国际金融舆论场的传声筒，表示此次发行受到境外投资者广泛欢迎，促进了离岸人民币市场发展。

（三）公司债

公司债券是私人公司或公众公司举借债务时使用的工具，是公司依照法定程序发行的约定在一定期限内还本付息的有价证券。由于债券的还款来源是公司的经营利润，但任何一家公司的未来经营都存在很大的不确定性，因此公司债券持有人承担着损失利息甚至本金的风险。

2020 年 1 月 2 日，《经济参考报》发表报道《公司债发行“井喷”业内预计监管将加码》，指出 2019 年受中小企业融资需求巨大和打新资金“青睐”的影响，我国公司债迎来了全面爆发期，报道称 2019 年全年交易所市场共发行公司债 2464 只，规模高达 2.54 万亿元。

（四）金融债券与“绿债”

金融债券是指银行及其他金融机构所发行的债券。期限一般为三到五年，由于其发行者为资信等级相对较高的金融机构，因此多为信用债券。

2021 年 3 月 10 日，财新发表文章《国泰君安获批 500 亿公司债，券商发债“补血”进行时》，报道中信证券年初 800 亿公司债获批后又一头部券商发债融资的盛况。目前，国内券商主要融资渠道为卖出回购金融资产、借款和债券融资。

文章分析，券商发债火热现象的原因主要有三点：首先，得益于 2020 年“疫情牛”行情，2020 年全年，上证综指上涨 13.87%，2020 年上半年证券行业净利润 831 亿元，同比增长 25%，证券行业业绩向好有助于提升券商融资成功率，发债更为容易；其次，证券行业资金业务收入占比不断提升，包括科创板跟投、两融制度优化等一系列政策改革在加速行业创新发展的同时，也对券商资本规模提出了更高要求，有发债需求；最后，我国证券行业杠杆率对比国外大型投行仍处于低位，券商融资未来还有较大发展空间，发债有利于提升行业杠杆率，改善券商资本结构，长期来看有望提高证券行业净资产收益率水平。

近年来，主题金融债券发展方兴未艾，如冷链物流主题债券、旅游产业专项债券等，其中最受关注的即绿色债券。“十四五”规划和2035年远景目标纲要明确提出，大力发展绿色金融。继2021年2月份银行间和证券交易所市场先后启动非金融企业碳中和债发行后，国家开发银行发行的首单碳中和债成为目前全球市场发行金额最大的专项用于助力实现“碳达峰、碳中和”目标的绿色债券。“绿色金融债券”是指将所得资金专门用于资助符合规定条件的绿色项目或为这些项目进行再融资的金融债券。相比于普通债券，绿色债券主要在四个方面具有特殊性：债券募集资金的用途、绿色项目的评估与选择程序、募集资金的跟踪管理以及要求出具相关年度报告等。

碳中和债是绿色债券的一种，指在现行绿色债券政策框架下，将募集资金专项用于经认证具有碳减排效益的绿色项目。相较一般绿色债券，碳中和债的准入目录更为聚焦，专项用于清洁能源、清洁交通、绿色建筑等。2021年2月24日，《21世纪经济报道》发布报道《绿色债券五年发行超万亿 绿色项目目录有望率先统一》，回顾我国绿色债券市场的历史。2016年，我国绿色债券市场正式启动。截至2020年2月23日绿色债券共发行1159只，规模合计1.2万亿元。债券种类包括企业债券、公司债券、中期票据、PPN和ABS等，发行主体包括金融企业与非金融企业。2020年2月上旬，首批碳中和债券（绿色债券的子品种）成功发行。总体来看，我国绿色债券市场虽然起步晚，但发展较快，已成长为全球第二大绿色债券市场。

二、债券合约异动

债券合约异动即无法正常履行还债义务的债券，这时就需要进行困境债券处置，目前主要的手段包括债券展期与债券置换，否则债券将面临违约，导致信用评级下调。此外，某只债券的非常规动作及潜在风险也获得较多关注，如发债公司陷入资金困境、债券价格异动、放弃下调债券利率、信披违规等。

（一）展期

债券展期即推迟上市公司主体的债务，债务双方对债务进行一定程度的处理，操作方式有债权人同意减少债务人的债务、债权人同意债务人延期兑现债务等。在实际操作中，债券展期还包括减少利息、直接进行债转股等方式。

近一年内财新对豫能化的债权展期进行了系列报道。2020 年 11 月，由豫能化直接控股的永煤集团公告称其发行的债券“20 永煤 SCP003”到期并不能如约兑付本金及利息，已构成实质性违约，并引发债市连锁冲击。2020 年 11 月 24 日，财新发表《展期议案通过 永煤与豫能化 265 亿债券免于交叉违约》，报道永煤持有人会议同意永煤集团先行兑付 50%本金，剩余本金展期 270 天，展期期间利率保持不变，到期一次性还本付息，并规定后续债券若有展期约定的条件不得优于本次展期，至此永煤及其母公司豫能化终于豁免违约。2021 年 3 月 12 日，财新发表文章《豫能化三只债券展期 欲将银行贷款协商债转股》，报道豫能化深陷债务危机，债券展期几乎达极限，现欲向主要贷款行征求债转股意见。豫能化方面则否认债转股谣言，强调将继续推进债券展期工作。

（二）置换

与展期对应的“债券置换”，是相对市场化的一种选择。债权人可以根据自己的利益诉求选择置换或者留债，即是否进行延期。置换要约（exchange offer）在海外债券市场较为常见，是发行人处置债务的方式，兴起于 20 世纪 80 年代的美国，并在 2008 年金融危机后得到市场广泛实践。

针对债券置换这种相对较新的债务处置方式，财新主要对桑德工程进行了报道。2020 年 3 月 3 日，财新发稿《困境债务处置出新招 桑德工程发境内首单债券置换要约》；3 月 6 日跟稿《桑德工程债券置换要约结果出炉：获 80%持有人同意》；3 月 25 日再跟稿《深交所首单债券置换参与率 64.86% 未置换部分被兑付》；6 月 11 日继续跟稿《首单置换债券再违约 桑德工程评级被下调至 CC》；7 月 30 日结稿《交易所发文规范债券置换 坚持市场化法治化原则》。用跨度四个月的系列稿件见证了我国首单债券置换要约的出炉、实践、后续发展与后续监管规范，完成全程追踪式报道。

桑德工程是境内市场首单债券置换要约。未来，债券置换或将成为债券市场的重要债务处置方式，相比于非标业务中常见的展期，更适合于债权人众多的公开市场。这是因为债券置换本身就不是为了获得所有人同意而设置的方案，而是在存在分歧的情况下能解决一部分是一部分，避免因为持有人意见不一致，导致债务处置方案永远没有办法落地。债券置换与债券展期的最大区别在于，后者必须获得全部持有人同意方可通过。

债券置换仍面临许多问题和亟须规范的地方。首先，债券置换更有利于债务人，可能引发道德风险。桑德工程的债券置换减轻了集中兑付压力，并为公司筹集资金争取了额外时间，但自置换开始，公司资金面未得到有效改善，流动性极度紧张，基本不能保证偿还存续债券本息，最终导致再次违约，因此应该重视从保护债券持有人利益角度出发，完善资本市场创新。其次，债券置换的具体操作需要规范化，如未参与置换部分的处理、置换后是否强制上调利率、是否需要担保等。国内前两单债券置换，即桑德工程的“17 桑德工程 MTN001”和华昌达的“17 华昌 01”，不同之处在于华昌达到期兑付了未参与置换的持有人本息，原债券已在深交所摘牌；而桑德工程未参与置换的持有人本金未能得到偿付，构成违约。此外，桑德工程置换后利率上调 50 个基点（BP），而华昌达维持票面利率不变；置换前后华昌达均有担保公司提供连带责任担保，桑德工程则是无担保的信用债券。在全市场多单试点之后，2020 年 7 月 30 日沪深交易所正式发文《关于开展公司债券置换业务有关事项的通知》规范置换业务。

（三）违约

2020 年，财新针对债券违约主要有四种类型的报道。

第一种是最典型的某企业债券违约后的综合报道，共报道过天房集团、宜华系、山东如意债券、力帆股份和康美药业五家企业的债券违约。

第二种是报道债券违约的影响，这类报道主要集中于 2020 年的重大违约事件——永煤违约。包括海通证券被暂停债券投顾资格一年、河南国企发债遇阻等。

第三种是从宏观层面报道债券违约。如 2020 年 1 月 17 日发稿《违约主体存续债券超千亿 信用债市场压力将如何》，回望 2019 年债券违约的整体情况，指出新增违约主体共 42 家，信用债违约债券共计 169 只，总违约债券涉及本金金额 1535 亿元，其中民企仍是违约重灾区，宏观上将对民营企业融资造成不利影响，未来中小银行的信用供给还可能出现一定程度的边际收缩。不过，随着违约债券数量的增多，市场对于违约事件的反应正在变得淡然。但一些超预期的事件还是会给市场情绪带来扰动，例如某些主体的违约或是违约后的处置方案超出市场的预期，会不可避免地对债券融资市场造成影响。

第四种是报道债券违约的监管。如 2020 年 1 月 20 日发稿《债券违约常态化 交易所多举措推进市场化处置》，报道 2019 年末印发的《全国法院审理债券纠纷案件座谈会纪要》（征求意见稿）有望成为司法领域第一份专门针对债券纠纷审理机制的文件。

（四）非常规动作及潜在风险

债券合约异动中最后一类报道是对公司债非常规动作及潜在风险的报道，如召开持有人会议发布异常议案、发债公司陷入资金困境、债券价格异动、放弃下调债券利率、加速甩卖股权套现、信披违规等。

2020 年 3 月 20 日，财新发表文章《中融新大债券场外付息 兑付利率扑朔迷离》，报道中融新大召开持有人会议针对“18 中融新大 MTN001”通过 3 个议案，但只公布名称不公布具体内容，并直接导致该期中票 2020 年度利息的支付方式由场内支付变更为场外支付，兑付利息不得而知。由此揭露中融新大绕开主承销商直接和投资人私下谈判，以及债券结构化发行等问题。

三、债券承销

债券承销与股票发行类似，需要由发行债券的公司向作为中介方的券商支付一定的承销费用。2020 年 4 月底，债券市场承销费“白菜价”“地板价”横行，债券承销价格战引发市场关注。财新 4 月 29 日发稿《价格战愈演愈烈 1 亿元债券承销费仅 10 元》，以海南控股的超低承销费为新闻由头，报道券商为了市场占有率不择手段的现象，指出费率太低发行人收到的服务或受影响。同日跟稿《交易商协会邀承销商签自律公约 剑指低费率承销等》，4 月 30 日再跟稿《规范债券承销乱象 90 家机构签署自律公约》，报道自律公约后续发展。

2020 年 12 月 29 日，《21 世纪经济报道》发布报道《建立内部报价约束制度，中证协新规遏制债券承销恶性价格战》，报道继 4 月银行间市场之后，6 月公司债市场承销费再现“地板价”。中核融资租赁公司决议发行不超过 21 亿元公司债券，而参与竞标的 8 家券商中，国泰君安和中信证券分别以第一、第二名进入了中标候选名单，其承销费率分别为总费率的 0.015% 和年化 0.01%。以此计算，两家券商揽下 21 亿元巨单却最终只能收到不足 30 万元的承销费。此后，中证协也对债券发行招标过程中存在承销费报价偏低情况的 8 家券商展开自律调查。12 月 25 日，中证协最终出手，形成了《公司债券承销业务规范（修订版征求意见稿）》（简称《业务规范》），并向行业公开征求意见。

四、监管与金融创新

关于债券监管与产品、技术创新的报道。创新与监管向来相伴而行，政府在市场出现新的交易手法后介入进行整体管控、完善法律法规，有时也成为创新的主导者。国外的金融创新如 2020 年 12 月 3 日财新发稿《马来西亚交易所研区块链技术发行债券 建行参与内部测试》，报道位于马来西亚的中国建设银行分行参与了该国交易所运用区块链技术发行债券的“海港计划”项目，旨在探索和利用区块链与资产代币化带来的机遇。

国内的金融创新如 2020 年 10 月 28 日财新发稿《专项债券可以做 PPP 项目资本金吗？财政部不认可》，报道 2019 年中办、国办发文允许专项债券作为符合条件的重大项目资本金后，在政府与社会资本合作（PPP）业界引发乐观预期。过去近一年半，不时有部分咨询机构称此举有助于解决 PPP 项目资本金不足的问题。但财政部回应称这种模式虽有利于带动大规模投资，但容易产生财政兜底预期、层层放大杠杆，风险相对较大；且操作层面存在较多挑战，另外财政部曾发文件规定 PPP 项目不得出现以债务性资金充当资本金的行为。政府推动金融创新的如 2020 年 7 月 19 日财新发稿《央行证监会决定同意银行间与交易所债券市场基础设施互联互通》，央行与证监会这一举动使债券跨市场发行与交易更为便利，能够促进资金等要素自由流动，形成统一市场和统一价格，为货币政策顺畅传导和宏观调控有效实施奠定坚实基础。

五、美债收益率

债券报道对美债的报道焦点是收益率。通常把重大经济事件与收益率联系，如拜登经济刺激计划、美联储发布会释放鸽派或鹰派信号等，对收益率进行预测，或谈论其变动的影响。2021 年 3 月，由于美联储主席鲍威尔的鸽派论调反而助推通胀预期，美债收益率经历一轮冲高行情，扰动市场情绪。3 月 19 日，财联社发表文章《债市“黑色星期四”！美债收益率上穿 1.75% 市场会否大难临头?》，指出 10 年期美债收益率 18 日盘中曾触及 1.7540%，是自 2020 年 1 月新冠大流行导致美债收益率和股市暴跌以来首见，与利率预期走势一致的 2 年期和 10 年期国债收益率利差一度触及 160.15 基点。

对比国内，2021 年 3 月附近我国债市以震荡为主，并未对美债收益率大幅上行产生“过激反应”，反映出市场对两国经济的预期不同。经验显示，中美债市走势背离，与经济基本面的背离紧密相关。例如，2010 年上半年和 2018 年，均呈现美债收益率持续上行而中债震荡下行的背离格局，对应阶段则是美国经济向上而中国经济下行压力增加。第一财经于 2021 年 2 月 19 日发表文章《备受关注的美债收益创 1 年新高，这对中国市场意味着什么?》，表示目前美债收益率的水平尚不足以冲击 A 股。美债收益率上升是美国经济复苏以及通胀上升的结果，是顺周期逻辑的，底部的反弹有利于确认经济复苏，也有利于股市上升。只要美国 10 年期国债收益率在 1.5%以下，就不用过于担心其对股市的负面影响。因为 1.5%是 2020 年疫情发生前美国 10 年期国债收益率的下限，高于 1.5%甚至高于 1.8%则担心无风险收益率上行对股指的打压。

六、报道特色

金融报道中债券领域的议题分布较为均衡。与其他三个领域相比，我国各类财经媒体对国外情况的着墨更多通过买入外媒授权稿件、搬运国际顶级券商研报、外媒焦点汇总、专栏作家观点等多元化方式呈现。

债券领域的国际短期议题如富时罗素指数确认纳入中国国债、美债收益率变动、日本和东南亚的债权业新举动等；国际长期议题如每季度对美债表现的回顾，是否有抛售潮或买入潮等。国内议题则更侧重短期偶发性事件的报道，关注市场上有哪些新债发行、创新的产品和监管层面动作；国内长期议题主要有两方面，一是债券合约异动，来自于对某一只或几只债券运行情况的长期追踪；二是债券承销，一般来说承销只有在一定时期内呈现出了较明显的特点，如异常低价等才会进入报道视野。无论哪一种，国内长期议题大多是由短期事件串联成主题，形成长期系列报道。具体见图 4-3。

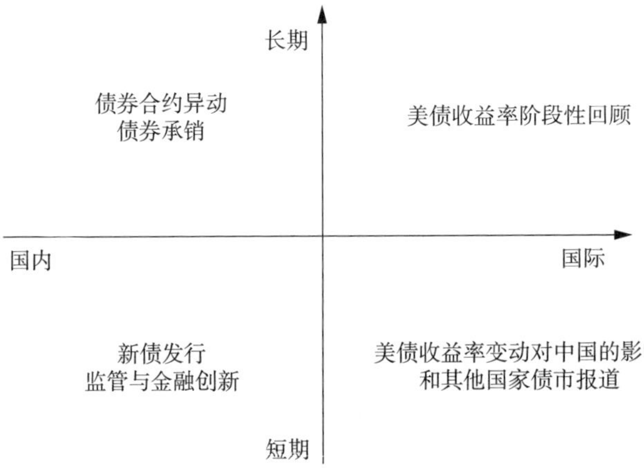

图 4-3　债券报道议题分布

第四节　货币信贷

不论资本市场还是货币市场，货币都是其产生的根基，货币信贷对市场活跃度具有“水大鱼大”的作用，因此对其进行实时、全面报道尤为必要。

一、央行货币政策

（一）三大一般性工具及常备借贷便利

央行通过宽松或紧缩的货币政策把握整个金融市场的资金投放量。除了第一节已经讲过的调节基准利率以外，央行货币政策三大一般性工具包括法定存款准备金政策、再贴现政策和公开市场业务。

法定存款准备金政策指的是央行通过调整商业银行缴存在中央银行的存

款准备金的比率，控制和改变商业银行的信用创造能力，间接控制社会货币供应量。央行规定的法定准备率越高，商业银行上缴的存款准备金就越多，其可运用的资金就越少，导致社会信贷量减少。财联社 2020 年 1 月 6 日发布报道《年内首次降准今落地：8000 亿流动性释放降准周期或将持续》，央行决定于 2020 年 1 月 6 日下调金融机构存款准备金率 0.5 个百分点，体现了逆周期调节，释放长期资金 8000 多亿元。这是由于综合来看，每年年初即 1 月份左右流动性缺口较大，降低准备金率释放流动性是比较合理的选择。

在多数发达国家，公开市场操作是中央银行吞吐基础货币，调节市场流动性的主要货币政策工具，通过中央银行与市场交易对手进行有价证券和外汇交易，实现货币政策调控目标。从交易品种看，我国央行公开市场业务债券交易主要包括回购交易、现券交易和发行中央银行票据。其中回购交易分为正回购和逆回购两种，正回购为中国人民银行向一级交易商卖出有价证券，并约定在未来特定日期买回有价证券的交易行为，正回购为央行从市场收回流动性的操作，正回购到期则为央行向市场投放流动性的操作；逆回购为相反操作。现券交易分为现券买断和现券卖断两种，现券买断为央行直接从二级市场买入债券，一次性地投放基础货币；现券卖断为央行直接卖出持有债券，一次性地回笼基础货币。中央银行票据即中国人民银行发行的短期债券，央行通过发行央行票据可回笼基础货币，票据到期则体现为投放基础货币。

2021 年《21 世纪经济报道》发布报道《从 100 亿到 300 亿，央行逆回购操作缘何生变》，指出自 2021 年 3 月以来，央行逆回购操作连续 80 个交易日保持每日 100 亿元的操作量，而 6 月 24 日和 25 日这一常态却被打破，央行均开展了 300 亿元逆回购操作，小幅增加了流动性投放。尽管操作规模不大，但央行此举信号意义明显，通过增加净投放以维护半年末流动性平稳，进一步稳定资金面预期。

再贴现是中央银行对金融机构持有的未到期已贴现商业汇票予以贴现的行为。在我国，中央银行通过适时调整再贴现总量及利率，明确再贴现票据选择，达到吞吐基础货币和实施金融宏观调控的目的，同时发挥调整信贷结构的功能。央行规定的再贴现率越高或再贴现资格越严格，商业银行从央行获取信贷的代价就越大，商业银行不得不提高贷款利率或严格贷款条件，导致社会信贷量减少。如 2020 年 6 月 30 日财联社发表报道《时隔近 10 年再贴现利率迎下调 分析称将成为重要政策工具》，央行发布声明决定于 2020 年 7

月1日起下调再贴现利率0.25个百分点至2%，而上一次调整再贴现利率还是在2010年12月26日。2018年后，市场利率不断走低，票据价格不时下探至历史极限，甚至出现低于再贴现利率的情况。这种情形下，再贴现利率、金额、期限的管控，逐渐失去意义。随着社会经济的不断发展与货币政策工具箱的逐渐丰富，公开市场操作成为央行流动性管理的主要工具，再贴现的重要性逐渐下降，再贴现政策逐渐成为辅助性融资手段。

从国际经验看，中央银行通常综合运用常备借贷便利（Standing Lending Facility，SLF）和公开市场操作两大类货币政策工具管理流动性。我国央行于2013年初创设了常备借贷便利。主要功能是满足金融机构期限较长的大额流动性需求。对象主要为政策性银行和全国性商业银行。利率水平根据货币政策调控、引导市场利率的需要等综合确定，期限为1~3个月。常备借贷便利以抵押方式发放，合格抵押品包括高信用评级的债券类资产及优质信贷资产等。常备借贷便利的主要特点：一是由金融机构主动发起，金融机构可根据自身流动性需求申请常备借贷便利；二是常备借贷便利是中央银行与金融机构“一对一”交易，针对性强；三是常备借贷便利的交易对手覆盖面广，通常覆盖存款金融机构。[①] 2015年2月央行宣布，在全国推广分支机构常备借贷便利，向符合条件的中小金融机构提供短期流动性支持。

例如，2021年11月1日央视网报道《央行：10月对金融机构开展常备借贷便利操作共2.92亿元》，为满足金融机构临时性流动性需求，2021年10月，中国人民银行对金融机构开展常备借贷便利操作共2.92亿元，期限均为隔夜。常备借贷便利利率发挥了利率走廊上限的作用，有利于维护货币市场利率平稳运行，隔夜、7天、1个月常备借贷便利利率分别为3.05%、3.2%、3.55%。期末常备借贷便利余额为0亿元。

2020年受疫情影响，资金面一直处于“战时状态”，流动性较为宽松，但资金面何时进入拐点一直备受市场关注。2020年7月24日，《21世纪经济报道》发表文章《货币政策已回归常态 下半年或是稳货币、紧信用组合》，指出综合来看下半年货币政策进一步收紧的概率并不大，仍在偏宽松的通道上。但央行进一步降准降息以及幅度有多大，市场仍存在分歧：下半年的货

① 中国人民银行官网对货币政策工具的介绍之常备借贷便利，http：//www.pbc.gov.cn/zhengcehuobisi/125207/125213/125443/125854/2895400/index.html，（2013-11-06）/［2022-03-30］.

币政策操作面临着正反两方面的平衡：一方面宏观经济的现状要求货币政策放松支持，同时通胀走低使得货币政策具备宽松的空间。另一方面，抑制空转套利、杠杆激增、房价上涨压力则要求货币政策适度收紧。

（二）社会融资规模

社会融资规模是指一定时期内（每月、每季或每年）实体经济从金融体系获得的全部资金总额。社融规模包括增量指标，也包括存量指标，该数据汇集了银保监会、证监会和央行的所有数据，较单独的人民币贷款数据来说是一个更全面的衡量指标，能反映金融与经济关系以及金融对实体经济的资金支持。

就我国目前的情况而言，人民币贷款仍旧是实体经济获得金融体系支持的主要渠道，央行对此指标的统计数据除了包括人民币贷款外，还包括以下项目：委托贷款、信托贷款、未贴现银行承兑汇票、企业债券和非金融企业境内股票融资、存款类金融机构资产支持证券、贷款核销。如财新 2021 年 1 月 12 日发表文章《信用债冲击叠加非标压缩 2020 年 12 月社融增量不及预期》，报道 2020 年 12 月新增社会融资规模 1.72 万亿元，远不及预期，同比少增 3800 亿元，较上月的 2.13 万亿元减少 19.25%。随后分析其原因，发现是受 2020 年 11 月的信用债违约冲击且叠加央行压缩资金信托，12 月新增社会融资规模的拖累项主要为企业债券融资和非标融资（即委托贷款、信托贷款和未贴现银行承兑汇票三者加总）。

（三）货币供应增速

一般而言，中国将货币供应量划分为三个层次：M0、M1、M2。M0 = 流通中的货币，M1 = M0+单位活期存款，M2 = M1+准货币（单位定期存款+个人存款+非银金融机构存款）。历史上，M1 出现较快增长时往往伴随经济上行，当经济上行时，企业的支付结算和投资需求增加，从而增加了活期资金持有；如果企业对未来预期谨慎，企业会更倾向于金融投资，将存款定期化，或者买货基、银行理财、大额存单等，这时 M1 会向 M2 转化，导致 M1 增速下降。2018 年 12 月 22 日，第一财经发表文章《M1 增速大幅下滑，企业活期存款去哪儿了》，指出经济增速趋缓导致企业谨慎观望态度加强、表外融资收缩是 M1 增速下滑的主因，且机构普遍认为该趋势难以在短期内逆转，因为企业存款增速受社融增速影响，在社融出现企稳迹象之前，M1 增速可能继续低位震荡。

二、通货膨胀

通货膨胀指因货币过多引起的货币贬值、物价普遍上涨的现象，其定义决定着通胀通常与宏观经济观察挂钩。2021 年 2 月 14 日，财新发稿《鲍威尔：美国通胀不会持续太久 保持目前宽松政策》，指出随着美国经济复苏、美国国会新一轮经济刺激方案即将出炉，美国市场对通货膨胀的预期上升，股市也表现出通胀焦虑，美股标准普尔 500 指数和纳斯达克综合指数一直呈缓慢下降趋势。对此，美国联邦储备委员会主席鲍威尔重申，美国通胀规模将不会很大，也不会长时间持续，美联储将继续保持目前的资本购买速度。

本书在宏观部分也讨论过通货膨胀主要的衡量指标 CPI 失真的问题。比如 2020 年 12 月 18 日，《21 世纪经济报道》发表文章《通货膨胀指标失真，新一轮 CPI 权重大调整或纳入房价?》，探讨 2020 年 11 月 CPI 同比下降 0. 5% 这一不寻常的经济现象，是 2009 年 11 月以来 CPI 首次出现负增长。对于同一组数据，业内人士关于通胀还是通缩意见分歧较大，主要是因为选用了不同的度量指标，这从侧面验证了学界对通胀度量指标失真的讨论。随后报道聚焦“2020 中国金融学会学术年会暨中国金融论坛年会”上周小川以此为主题的发言，他明确指出我国通胀指标度量忽视了投资品价格和资产价格的问题，也承认通胀度量应考虑住房因素。

三、银行报道

（一）人事变动

对金融圈人事变动的报道是财新金融频道的特色，与小鹅通平台合作推出实验性单品“我闻”/“金融人·事”，对金融圈进行更多垂直报道。2020 年 3 月 20 日，财新发表独家报道《朱鹤新接任中信集团 常振明掌舵十年后卸任》。报道刚满 52 岁的央行副行长、党委委员朱鹤新将接任中信集团党委书记、董事长一职；现 63 岁的常振明在中信集团工作长达 34 年，即将卸任，仍将保留全国政协经济委员会委员的职务。文章指出对中信接任者而言当务之急是如何化解中信集团目前暴露出的一些风险，如中信国安债务危机等。

（二）业绩报道

每年 3 月至 4 月是银行财报季，各大财经媒体也会在此阶段对一众银行一年中的业绩表现进行分别报道或对比总结报道。2021 年 4 月 3 日，《经济观察报》发表文章《六大行 2020 年净利上升的 B 面：息差收窄不良双升》，指出 A 面是尽管 2020 年遭遇了疫情影响，但六大行盈利能力仍然可观，相比于前三季度的负增长，国有大行 2020 年全年净利润强劲转正，均实现正增长；B 面则是，2020 年六大行不良贷款余额和不良贷款率均呈现“双升”。文章强调利息净收入仍然是各家大行营业收入的主要来源，2020 年六大行的净息差普遍收窄。当息差收窄成为商业银行普遍性特征时，资产负债管理亦成为考验银行经营能力的重中之重。

（三）私人银行

随着中国迈进“财富时代”，银行开始加大力度发展私行业务。私人银行作为财富管理的高端领域，是银行针对高净值人群开展的一项私人定制式财富管理服务。关于服务对象的门槛，《商业银行理财产品销售办法》明确规定私人银行客户需要金融净资产达到 600 万元人民币以上。一般来说，拥有 1000 万元可投资资产即被认为“高净值”，拥有 1 亿元可投资资产为“超高净值”，银行会根据不同客户的收入水平，包括资金水平对客户进行分层，然后根据客户个人的资产情况和风险情况，提供相对应适宜的产品和服务。

2021 年 4 月 8 日，《21 世纪经济报道》发表文章《盘点 2020 年私人银行图谱：招行领跑，中行居四大行之首》，整理 13 家国有大行的私人银行年报数据，发现招行是当之无愧的领跑者，相较其他银行 800 万或 600 万的准入门槛，招商银行对私行客户的认定标准最为严格，故而其私行客户数居于四大行之下，但管理客户总资产远超四大行，直逼 3 万亿。此外，四大行中中国银行居首，居银行私行榜第二位。

四、数字货币

中国版的央行数字货币 DCEP 由 Digital Currency 和 Electronic Payment 两部分组成，前者意为数字货币，后者名为电子支付；前者代表数字货币在线上流通，后者说明 DCEP 的一个主要业务就是数字钱包。因此无论是所依靠的网络资源背景与流通渠道，还是所承担的基本职能，DCEP 有着与支付宝、微信等支付工具天然重合的部分，形成市场竞争关系。自 2014 年中国人民银行成立法定数字货币研究小组以来，数字人民币在相当一段时间进展有限。2020 年以来，数字人民币发展提速，2021 年其更是在零售、批发及跨境支付等多领域取得较快进展。

2021 年 4 月 13 日，财联社发表独家报道《数字人民币场景再扩容！大型消费类场景积极参与测试》，指出数字人民币场景正在大面积扩容，在多轮数字人民币红包活动之后，一些大型消费类场景正主动联系银行积极参与数字人民币的测试。未来一段时间内，将有一批新的大型消费类、公共服务缴费类场景开展数字人民币测试，“数字人民币”APP 中的可选子钱包个数也正在逐渐增加。

五、报道特色与意义

货币信贷领域的报道力量主要集中于国内，且主体特征明显，央行是躲不开的话题。这些报道对于央行的预期引导有重要意义。近年来，预期引导成为宏观调控的关键词。从“十三五”规划到政府工作报告都对预期引导提出了要求，央行沟通作用显得越发重要，已成为宏观调控的有效工具。

央行沟通是指中央银行通过各种渠道与市场主体进行交流，传递关于货币政策和金融政策等相关信息，意在通过降低信息不对称使市场主体了解中央银行的政策意图，以达到引导预期，实现政策目标的目的。加强政策沟通能有效降低货币政策操作成本、提升调控效果、提高央行信誉。

近年来，我国央行通过定期发布货币政策执行报告、发布新闻通稿和政策解读、接受媒体采访等多种形式，适时向社会传播货币政策信息，及时向社会解释重大政策调整，货币政策的透明度不断提高。但媒体的误报也曾对央行下达政策意图造成过困扰，如 2016 年曾有媒体报道称“中国开始恢复银行利率管制”“重新为存贷款利率浮动幅度设限”，提出“重启银行利率管制是改革的倒退”，央行随后于官网发布公告澄清系不实言论，近年来我国的利率市场化改革加快推进，存贷款利率上下限已经取消，利率管制已经放开。

第五节　不同类型的媒体金融报道对比

一、综合媒体的财经版块

首先，综合媒体财经版块的金融报道整体偏消息，时效性强，即使是深度报道篇幅也较短。大稿多有独特的纪念意义，制作周期长，如人民网“中国经济 2020”系列报道，每篇篇幅在 3000 字左右，信源密度大且多来自一手采访。

其次，与专业财经媒体为投资者提供建议的姿态不同，综合媒体的财经版块官方色彩更浓，许多稿件具有直接的宣传意味，传递官方关于金融监管的声音。另外，综合媒体的财经版块只是主体报道业务的分支，记者编辑人手有限，因此转载专业财经媒体的稿件较多，如转载来自《证券时报》《21 世纪经济报道》等的报道，通过转载其他媒体的报道丰富网站内容，原创稿件较少。

最后，综合媒体财经版块的金融报道主要关注央行、地方政府动作，除非具有代表性的企业或引起行业重大震动的企业，对微观公司层面的表现等关注较少。

二、专业财经媒体

专业财经媒体报道的深度和广度都较综合媒体财经版块有了很大提升。一方面，其报道的覆盖面较综合媒体更广，如跨境金融基础设施新动向等并未出现在综合媒体议程中的内容；另一方面，专业财经媒体的报道更细致深入，比如形成体系的银行报道涉及业绩表现、人事变动、财管信托业务；碳中和债的发行会报道具体发行方式、承销商、到期时间等。

此外，受运作模式影响以及人力物力允许，财新、财联社、第一财经等专业财经媒体发布的大都为原创稿件，并形成了自己的风格。专业财经媒体中又可以分为“专而精”模式和“广撒网”模式（见表 4–2）。

表 4-2 两种模式对比

	“专而精”模式	“广撒网”模式
代表媒体	财新	财联社
定位	小众付费财经媒体	财经通讯社
记者数量	分工明确，金融组记者 20 名左右	雄厚的记者资源，北京、上海多地发稿
发稿量	金融频道非特殊时期一周 30 篇左右	金融频道非特殊时期一周 70 篇左右，电报若干
稿件形式	小标题式的深度报道 沿袭杂志稿风范，主打篇篇精品	电报+资讯 主打时效性
议题特点	擅长追踪微观公司表现 尤其是揭黑报道 国际财经报道主要靠翻译彭博社的授权文章，发布于数据通版块	议题全面，金融界各类内容均有涉及 关注美日等国际金融市场 除正常报道外还会以“海外财经媒体焦点”的形式成稿

三、财经自媒体

主要关注微信公众号平台的深度文章。在做金融内容的公众号中，很少有专注做利率、汇率或货币信贷的，基本都以债市的视角来关注这三个方面或关注整体投资，而且侧重分析而非新闻，分析债市时将以上三部分的内容融合其中。做金融报道的财经自媒体有两种明显的风格：一是个人风格账号，行文较为浅显易懂，强调说服力，阅读量较高的有债券圈、黄大仙摆地摊、债券民工、明晰笔谈、财富指北和齐晟太子看债，在形式上也做了适合公众号文章的排版；二是机构风格账号，由机构或有机构背景的研究员运营，专业性在以上所有媒体的金融报道中最强，类似研报或为研报的精简版，如中信证券研究、兴证固收研究、郁言债市（广发固收）、靳论固收、伍戈经济笔记（长江证券）等。

第六节 信源分析

一、抽样方法

本节分析媒体在金融报道中，对于公开信源、一手信源、匿名信源、国际信源四类信源的使用数量，并关注每一类信源的内部构成。通过构造周抽样（抽样日期：2020 年 11 月 4 日、14 日、24 日，12 月 4 日、14 日、24 日，2021 年 1 月 3 日、13 日、23 日，2 月 2 日、12 日、22 日，3 月 4 日、14 日）选取来自各媒体共计 61 篇金融报道。

其中，来自机构媒体 42 篇报道，包括来自《人民日报》、澎湃新闻这类综合媒体的 12 篇报道，以及来自《21 世纪经济报道》、《经济日报》、财新网、第一财经、财联社这类专业财经媒体共计 30 篇报道；在财经自媒体中，选取了该领域较有代表性的微信公众号“债券圈”和“郁言债市”，共得到 19 篇文章。

二、信源分布

（一）信源数量

在 9 家媒体中，《21 世纪经济报道》平均每篇使用信源数量最多，其次是财联社，这两家媒体平均每篇报道的信源数量均在 7 条以上；《人民日报》的信源数量在机构媒体中最少，每篇 2 条信源；两家自媒体则平均每篇包含 1.3 条信源（见图 4-4）。

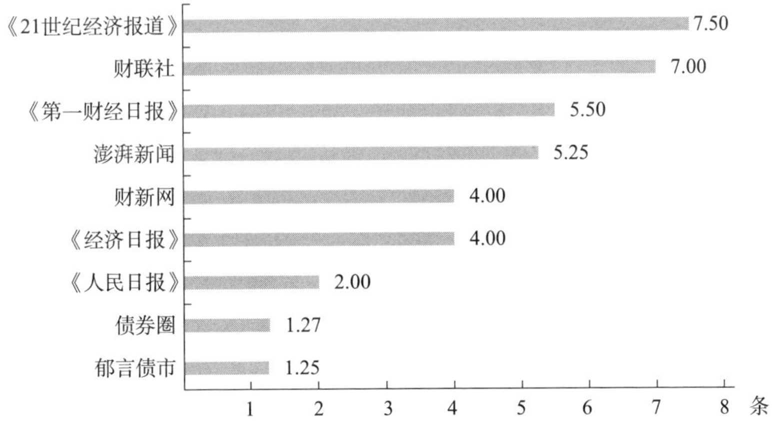

图 4-4　各媒体平均信源使用数量

（二）四类信源

四类信源中，“公开信源”主要指公开可查的数据或信息，比如来自政府、行业协会、第三方数据平台、人物公开发言或此前采访和公司发布的公告年报等，“一手信源”指记者为写作该篇报道专门进行的采访，根据采访对象的身份不同可分为相关领域官员，公司或各大金融机构的从业者、学者或第三方机构的研究员、消费者或公众；“匿名信源”指文章中出现了有关采访的表述但没有交代受访者姓名；“国际信源”指国外金融相关人士的采访或公开的资料。

首先，在四类信源的整体分布上，公开资料类的信源获取较为便捷，数量最多，49 篇报道中均使用了该类信源，共计 96 条；22 篇报道使用了一手信源，共计 62 条；23 篇报道中包括匿名信源，共计 48 条；国际信源受报道主题的限制，数量最少，只有 10 条，且仅集中于两篇文章（见图 4-5）。

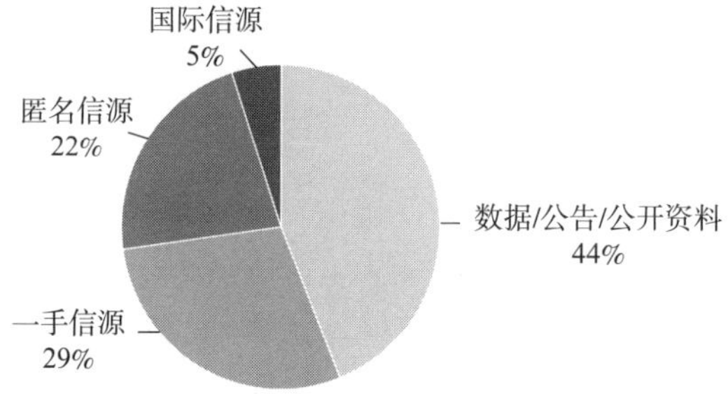

图 4-5　四类信源整体分布

其次，机构媒体与自媒体四类信源的分布有很大差异，样本中自媒体文章中的信息全部来自公开信源，既没有国际信源，也不涉及匿名信源。

最后，不同媒体在四类信源上的分布情况如图 4-6 所示，机构媒体中的《第一财经日报》在自采信源上的比例最高，《21 世纪经济报道》、财新和《经济日报》引用公开信源的比例都在一半以上。

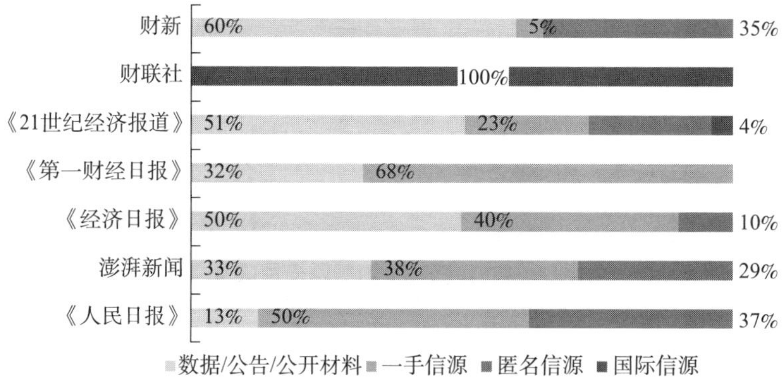

图 4-6　媒体四类信源使用对比

三、不同类别的信源使用

（一）公开信源

1. 内部类别分类及使用特点

在此类信源中，一半左右来自央行、银保监会等政府部门，这是金融报道中最常使用的公开信源；约有 1/4 的公开信源来自人物的公开发言或此前的媒体采访，主要分相关机构新闻发言人以及专家观点两类；此外，也有一部分信息来自公司发布的公告或年报、Wind 等第三方数据平台、行业协会以及其他媒体报道。具体分布如图 4-7 所示：

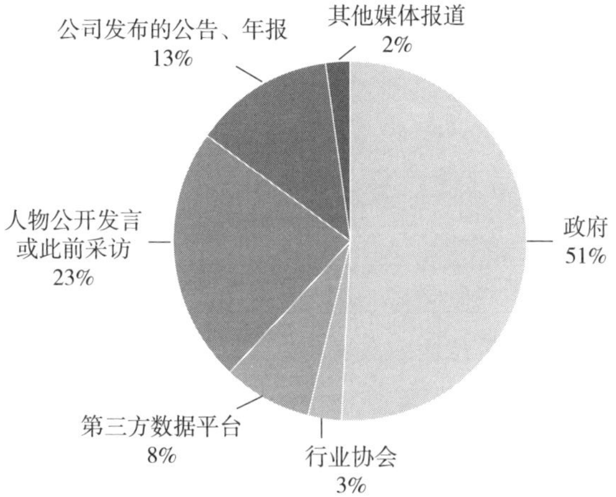

图 4-7　公开信源类别分布

值得注意的是，这部分的公开信源中，除了直接使用现有的数据外，还有许多记者在报道中使用的是自己整理的数据。如“据×××报记者统计”“经×××记者整理发现”等，属于记者在现有数据基础上的二次加工，有时比分散的原数据更能一针见血地说明问题。不过此种整理式数据呈现方式比直接应用更费时费力，也比较考验记者对行业的敏锐程度和专业知识水平。常用公开信源举例见表 4-3。

表 4-3　常用公开信源举例

类型	来源	具体名称
数据	政府官网	央行、国家外汇管理局、中国外汇交易中心、银保监会
	行业协会官网	中国信托业协会、国际金融协会、环球银行金融电信协会
	第三方数据平台	Wind 金融终端、融 360 数据研究院、贝壳二手交易房数据
人物公开发言或此前采访	相关部委新闻发布会、银行业绩报告会和各大经济会议	国家外汇管理局新闻发言人
		央行及各大商业银行高管
		银保监会主席
	机构或分析师发表的文章或接受其他媒体的采访	重要机构公开观点
		著名经济学家或分析师
公告、报告	央行	中国货币政策执行报告
		金融统计数据报告
		金融市场运行情况报告
		金融机构信贷收支表
	其他金融机构	重要机构公开观点
		著名经济学家或分析师
	政府	政府工作报告
	企业	年报、招股书、公告

2. 媒体对比

在自媒体的文章中，一共只收集到 24 个信源，且全部来自公开资料。其中，人物公开发言或此前采访 9 个、第三方数据平台（主要是 Wind）9 个、政府部门 5 个、行业协会 1 个。另外，自媒体中有来源的数据多以图表形式呈现，很少在文内运用，尤其是研报式的文章。但要说明的是，财经自媒体的文章中并不缺乏数据或事实性内容，只是在行文时往往不交代信息的来源，有助于引导读者进入自媒体作者的话语场域与逻辑体系，营造一种与读者一对一谈话、聊天式的氛围，从而抓住用户眼球，但不交代信源也少了机构媒体报道时的“抽离感”带来的客观性。自媒体与机构媒体在使用公开信源时的对比如图 4-8 所示。

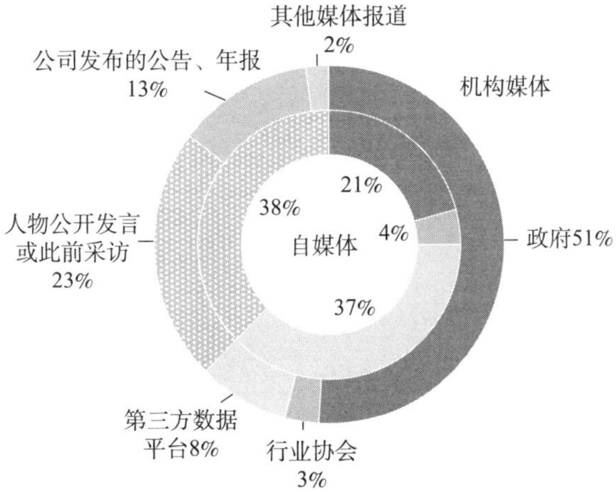

图 4-8 自媒体与机构媒体“数据/公告/公开资料”内部分布对比

（二）一手信源

一手信源中，公司、各大银行和头部券商首席经济学家或分析师是各大财经媒体最偏好的采访对象，此类信源的数量呈现断层现象，共计 53 个；此外，相关领域官员、消费者或者公众、学者和第三方机构研究员这几种的使用都比较少，特别是采访消费者和公众的报道体裁多为特稿，而消息类的报道中很少有公众的声音。“一手信源”内部分类见图 4-9，常用举例见表 4-4。

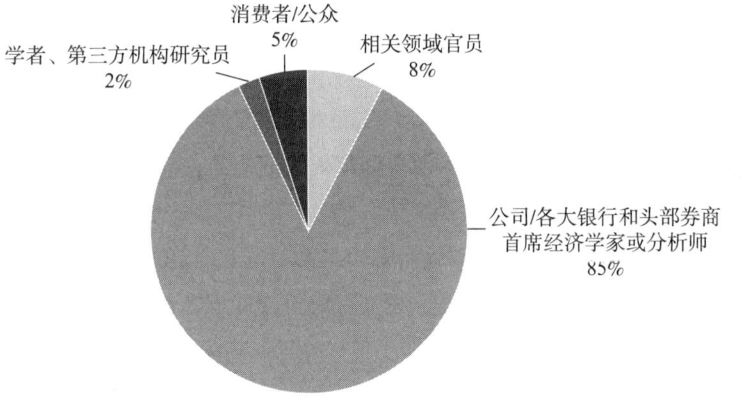

图 4-9 一手信源分布

表 4-4　常用一手信源举例

身份	现任人员
各大银行和头部券商首席经济学家或分析师	交通银行首席经济研究员　唐建伟
	招联金融首席研究员　董希淼
	光大证券首席金融业分析师　王一峰
	东方金诚首席宏观分析师　王青
	中国民生银行首席研究员　温彬
	东吴证券银行业首席分析师　马祥云
	中信证券研究所副所长　明明
第三方机构研究员	零壹研究院院长　于百程
	麻袋研究院高级研究员　苏筱芮
官员	国家金融发展实验室副主任　曾刚
	央行调查统计司司长　阮健弘
一线从业人士	具体生产厂商负责人、地方商业银行理财主管等

（三）匿名信源

匿名信源在财经新闻中有着重要的应用，接近市场、时效性强的信息有时因为涉及商业机密或出于保护受访者利益的目的，多以匿名的形式呈现。在统计到的 48 个匿名信源中，绝大部分都为来自公司、金融机构等“业内人士”的消息；也有一部分来自政府部门的匿名信息，多为监管相关的内容；学者和第三方机构研究员身份独立性较强，市场参与度低，属于市场观察者，匿名的必要性并不显著。具体见图 4-10。

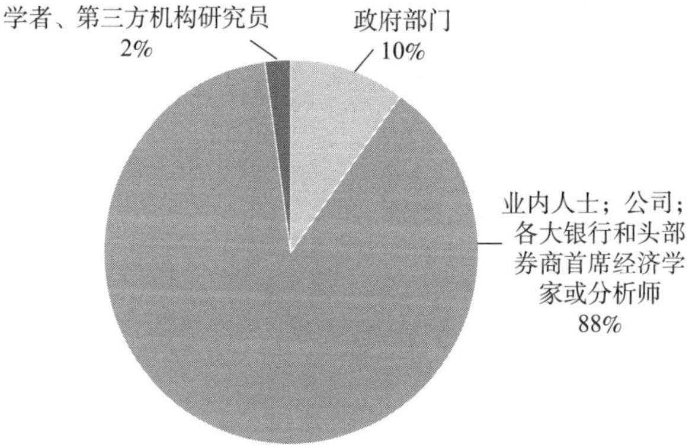

图 4-10　匿名信源分布

第五章

产业报道

本部分所介绍的产业新闻报道主要是经济领域涉及第一、第二和第三产业的新闻报道，并将重心放在了第二、第三产业新闻中，例如房地产业、汽车产业、电子商务产业等。本部分并没有像前面两章一样从概念入手进行讲解，而是以报道议题、报道思路为切入点，主要原因是产业报道中一致性的概念相对较少，各行业的差异又较大，而最大的一致性主要体现在议题选择与报道思路当中。下面本章将首先从报道议题、报道思路以及产业新闻的信源分析三个部分来介绍整体的产业新闻报道实务，然后选择一个具体的产业即房地产业进行特定产业报道的相关分析。

第一节　产业财经新闻报道

一、报道议题

该部分主要是对产业报道的新闻由头进行梳理，关注当前媒体会因为何种原因展开对相关产业的报道，为读者在今后报道产业新闻时应关注哪些事件、哪类政策及行情提供思路。

（一）事件导向型产业报道

1. 行业内新技术、新产品、新规定或新理念取得突破，引发企业股价上涨、融资增多

2021 年 2 月 1 日财新发表文章《财新周刊丨电动汽车千公里续航虚实》，以汽车产业诸多公司宣布新款电动汽车可以续航 1000 公里、快速充电，并引发电池行业掀起一轮 1000 公里续航里程的“军备竞赛”为由头，关注行业内

的热点话题，围绕电池性能对电动汽车行业进行了报道。

2021 年 2 月 3 日《21 世纪经济报道》发表文章《巨头争抢新型显示技术 Mini LED 面板迎爆发式增长》，2021 年新型显示技术 Mini LED 加速了规模商用的步伐，行业内众多头部企业例如三星、LG、康佳、海信以及创维等都公布了新的电视产品，争抢新型显示技术的市场吸引力和份额，引发记者关注。

2. 行业造假、垄断、恶性竞争等负面信息被曝光

2020 年 6 月 15 日财新发表文章《假冒特医奶粉的江湖》，湖南郴州固体饮料冒充特医奶粉事件曝光，引发国内乳业震荡，媒体快速跟进报道。

3. 行业内在重要企业间的合并、收购、增设、新建等产权上发生变动

2020 年 6 月 1 日财新发表文章《国家管网艰难分娩》，报道了中国油气领域新建央企国家石油天然气管网集团有限公司，引发中国石油天然气行业的巨变。

4. 头部企业或垄断行业的人事变动

2021 年 3 月 8 日财新发表文章《国家电网扩张变瘦身，主辅分离如何推动电改》，介绍了国家电网有限公司突然“空降”董事长，并又在任职 10 个月后升职离任，而这样一位电网公司一把手在此之前从未有过电力行业履历，由此引起记者关注，报道国家电网人事变动的用意。

（二）政策导向型产业报道

1. 国内方面国家相关部门举办发布会等，并透露有关规定政策

2021 年 1 月 25 日财新发表文章《中国碳市场待考》，详细介绍了我国的碳产业，起因于生态环境部举办媒体吹风会，并发布了有关规定，引起产业动荡和媒体关注。

2021 年 4 月 26 日《南方都市报》发表文章《游戏直播版权之争折射行业集中度加剧》，起因于国家新闻办表示将继续加大对短视频领域侵权行为的打击力度，与短视频的千亿版权市场相比，直播占比较小，但网络游戏的版权市场高达 2000 余亿元，而游戏内容与游戏直播内容存在天然的版权关联，作为下游行业，直播行业本质上依赖版权授权。游戏直播格局暂时较为稳定，腾讯旗下的虎牙、斗鱼、企鹅电竞在垂直领域一家独大，快手、B 站等正环伺。受访者提出：“厂商不是一成不变的，若有其他非腾讯系游戏出圈，版权也是一大利器。”

2. 国际方面其他国家或地区对华产业的政策规定

2021 年 1 月 11 日财新发表文章《国产飞机的悬念》，提到美国国防部将 9 家中国航空类企业列入“中国涉军企业”清单，其中包括国产大飞机制造商中国商飞，航空公司中国国航、大新华航空。与“实体清单”或“军事最终用户”（MEU）清单相比，“中国涉军企业”清单对企业实际经营影响不大，其主要限制美国投资人对清单内企业所发行的有价证券及其相关的衍生品进行交易。不过这也给中国航空业国际化蒙上了一层阴影。

3. 财政政策、货币政策等助推或抑制产业发展

2019 年 5 月 23 日《21 世纪经济报道》发表文章《免税！财政部、税务总局发文！今明两年对集成电路和软件产业免企业所得税》，财政部、税务总局两部门发布公告，免征集成电路和软件产业的企业所得税。

4. 两会、中央经济工作会议等重要的国家级或地区级会议所透露出的重要信息和热点

2020 年 6 月 1 日财新发表文章《寻找新基建》，提到疫情之下，写入政府工作报告的“新基建投资”成为 2020 年全国两会期间的热词，在拉动经济方面被寄予厚望。国家发展改革委于 4 月界定了新基建的范围，包括 5G 等通信网络基建、人工智能等新技术基建、数据中心等算力基建，纳入融合基础设施和创新基础设施，而传统能源资源、交通基建行业相关的技术创新，比如特高压、城际高铁等领域未划入新基建范畴。

（三）市场行情导向型产业报道

1. 需求方面：行业龙头销量超预期或跌破预期

2021 年 2 月 1 日财新发表文章《家电订单涌向中国》，对我国家电行业展开了详细报道，2020 年国外疫情暴发导致海外供应链受阻，迫使家电行业产业链向中国集中，家电订单剧增，引起记者注意，进而调查原因，进行报道。

疫情缓和后各国经济重启，在新能源汽车领域，欧洲市场表现超出预期，2020 年欧洲成为全球最大的新能源汽车市场，同时随着市场的发展，中欧企业合作也更进一步。2021 年 3 月 20 日第一财经报道《欧洲成全球最大新能源汽车市场，中企如何平衡机遇与风险》，将重心放在了合作之后的风险与机遇平衡问题上，通过企业看法传达中欧合作过程中需要注意的问题。

2. 供给方面：行业供给不足或库存积压

2021 年 1 月 18 日财新发表《一“芯”难求》对我国芯片行业展开报道，很多公司的芯片产能遭到行业疯抢，文章谈到半导体行业上一轮超景气周期出现在 2016 年下半年至 2018 年上半年，和全球宏观经济的趋势相关性很高，当时所有的产品需求都很旺，现在终端整体销售方面并没有太突出的数据，说明这轮周期与宏观经济的相关性不高。主要原因在于 2020 年第一季度疫情造成的供需不均衡，后续又出现了华为紧急拉货、美国制裁中芯国际引起恐慌性转单等偶发性因素。

3. 价格变动、金融市场变动幅度较大

2021 年 4 月 20 日《中国基金报》发表文章《特斯拉深夜回应车展维权事件！芯片“世纪并购”又出大事》，报道美国市场方面，因两名男子在撞车事故中身亡，特斯拉无人驾驶技术又遭遇重大质疑。中国市场方面，上海车展维权事件发酵。两个负面新闻的影响下，特斯拉股票盘中一度跌超 6%，市值蒸发超 368 亿美元，但随后马斯克发声，称事故车辆没有购买完全自动驾驶软件，事故发生时自动驾驶并未激活。截至收盘，特斯拉跌幅收窄至 3.4%，市值蒸发约 238 亿美元。

4. 行业协会、调研机构发布行业研报，或是企业集体发布财报，披露产业发展情况

2020 年 5 月 4 日财新发表文章《显影｜羊城服贸：春天“过冬”》，中国第一季度对外贸易整体下滑，其中中国纺织品进出口商会披露 2020 年第一季度，纺织服装累计出口 3162.6 亿元，下降了 15.9%。主要原因在于当时航班大面积中断，海运放缓物流迟滞，中国大门已于 3 月 28 日对大多数外国人关闭。春季广交会改为线上进行，不少外贸商城落了锁。海外订单锐减，成千上万个从事低端制造业的纺织作坊、中小企业适才复工，又走上“二次抗疫”。

二、报道思路

（一）供给视角：从供给端报道产业新闻

产业新闻的供给端包含着较为丰富和复杂的内容，从生产领域来看，产品生产过程包含投入原材料、进行技术研发、零部件生产、装配工厂、制造

供应链等多个环节；从产品流通环节来看，供给视角还包括了产品的物流链、供应商、经销商、设计、咨询、金融、售后等；从整体来看，可以分析行业内同类产品的竞争格局，业务规模优势，行业头部企业、依附产业等。在产业新闻报道中记者应先确定自己的报道主题，根据主题和实际情况选择要切入的视角，重点突出。

1. 生产供应能力（生产领域）

企业产能通常随着获准上市、市场份额提升、企业扩张而逐步放大，通过正常的生产安排，例如车间扩建、增加设备设施、增加劳动力等手段，逐步扩大产能。生产能力是企业在上升期占据市场份额的关键，对于企业来说，任何断货、缺货都将导致客户转向竞争对手，从而丢失市场份额。在产业供应链布局方面，市场规模的大小、工业体系的完整度、基础设施的完备程度都是重要影响因素。一般来说，主导供应链布局的是市场力量，产业服务哪类市场，就会相应地选择在靠近市场或原料的地区进行投资布局。

（1）原料保障能力。

原材料的价格、获取方式、运输方式以及产品制造加工程序会影响商品成本，从而影响供给。当原料价格上升，运输要求增高，会相应增加生产成本，影响产业生产线的原料保障能力。2021 年 2 月 8 日财新发表文章《接种能否如期完成?》，以全球疫苗接种速度减慢为新闻由头，从供给视角指出全球几大疫苗生产企业供应不足甚至违约是接种速度放缓的一大原因，并分析了其产能不足的原因，是存放疫苗的玻璃瓶存在较大的问题，生产玻璃瓶所需要的中硼硅玻璃被德、美、日的三大巨头公司垄断，价格过高导致疫苗生产成本攀升，影响疫苗供应。

（2）融资能力。

企业扩大生产供应能力一般需要融资来完成，企业自有资产是一方面，通过融资获取更大的发展空间则是另一方面。在关于行业重要企业产能的报道中，应适度关注其融资来源和资金链状况，尤其是资金需求量大、高杠杆的行业。2021 年 6 月 2 日《21 世纪经济报道》发表文章《实地商票再陷风波背后：一个隐秘而庞大的房企资金池江湖》，指出地产企业实地一个月内两次陷入商票兑付风波，而商票的签发和支付都高度依赖企业本身的信誉背书，倘若商票的兑付出现闪失，对企业的信誉也会带来负面影响，更有可能引发“蝴蝶效应”。在房地产行业，商票的运用较广，不仅作为支付工具，还是重要的融资工具，对房地产行业上下游供应链的资金周转具有重要意义，因此也是检验房地产资金链的风向标之一。报道针对实地出现的兑付风波，分析了商票对房地产行业的重要意义，以及预测了此次风波可能出现的连锁问题。

（3）研发能力。

研发能力一般难以直接量化，但从经济的长期发展来看，加大研发投资，提升研发能力可以提高产品竞争力，尤其是在高新技术领域。另外，产业的发展需要产品的迭代升级以及企业的调整升级，这个方面的变动会影响行业供求和金融市场，从而影响整个行业的发展。2020 年 12 月 14 日财新发表文章《汽车变软》，展开了关于智能汽车的报道，以行业分析师调整特斯拉纳斯达克评级为新闻由头，报道了汽车行业向电动化和智能化转型的趋势，传统硬件收入不再成为获利重心，而是智能化服务和软件成为盈利重头。

（4）产能问题。

2020 年 6 月 17 日，《学习时报》发表评论文章，建立市场化法治化化解过剩产能长效机制，指出化解过剩产能是深化供给侧结构性改革的一项重点任务。在之前的几年里，我国的宏观经济背景是总体产能过剩，尤其是第二产业，但优质产能供应不足，造成供需之间的矛盾不断加剧，供给侧结构性改革也是近年来经济报道中常常提到的问题，大部分头部企业之间的价格战、产业间的战略调整都是在产能过剩的大环境中产生的。需要注意的是，我国当前的产业并不是单纯的产能过剩，要分短期和长期讨论，也要分具体的产业来讨论。

2017 年中国铁路总公司要求中国中车大幅下调中国标准动车组价格，大大加剧了供货方的经济压力，2017 年 7 月 24 日财新发表文章《“复兴号”降价风波》，对此事展开了深入报道，主要聚焦于引起定价争议的深层次原因：2009—2015 年我国动车需求量激增，带动中国中车产能大幅提升，但“十三五”开局后，国内高铁市场日趋饱和，动车采购数量逐渐降低，而国外的动车需求受制于历史地理文化差异不能快速提振，因此产能问题被进一步放大。国有企业的垄断、投标规则利弊参半等问题，阻碍了动车产业改革，这些因素聚合在一起，成为关于动车价格下降原因报道的主要内容。

（5）供给侧结构性改革。

①供给侧结构性改革背景。我国经济从 2015 年开始进入了新的阶段，经

济的结构性分化趋于明显，供需结构性错位，一边是过剩产能严重制约中国经济发展，另一边是需求旺盛但中低端产品过剩，高端产品供给不足。2015年11月30日财新发表报道《供给侧去产能》，详细讨论了我国去产能政策的出台背景和主攻方向。2015年出台去产能政策始于2012年的产能过剩，在过去的44个月生产者价格指数（PPI）持续负增长，由于企业的销售、利润、成本都按名义值计算，PPI为负相当于增加了企业的财务成本，减少了销售收入，挤压企业利润。钢铁、煤炭、水泥、平板玻璃等过剩行业，企业利润总额持续负增长，若不加力化解，会给金融安全和财政稳定带来巨大隐患。从发现问题到出台指导意见，我国总体产能过剩的情况依然明显，在钢铁、水泥等产能过剩重灾区，企业状况不断恶化，因此供给侧结构性改革刻不容缓，去产能成为首先要解决的问题。

在解决产能问题的过程中，要根据产能过剩的类型和不同行业特征，有针对性地采取措施。如轻工业、一般消费品行业，光伏、风电等新能源领域的产能过剩，由于这些领域市场化程度较高，依靠行业自身和市场力量基本上可以实现去产能和供需平衡。最开始化解产能过剩的重点应是产品同质化程度高、生产连续性强的重化工业。

②供给侧结构性改革进程。2015年末中央经济工作会议通过五大政策支柱（宏观政策要稳、产业政策要准、微观政策要活、改革政策要实、社会政策要托底）和五大任务（去产能、去库存、去杠杆、降成本、补短板）对“供给侧结构性改革”做出明确布局，随后我国供给侧结构性改革主要围绕“三去一补一降”（去过剩产能、去过剩的房地产库存、去债务杠杆、降企业成本、补市场短板）展开。在国内产业中，政府认定的六大产能过剩行业是煤炭、钢铁、水泥、平板玻璃、电解铝和造船，因此钢铁和煤炭被选为去产能的试点行业，先行先试，再将试点后的经验分享到水泥、电解铝、平板玻璃等其他产能过剩行业。

2017年我国继续侧重于“三去一降一补”，据国家统计局公布的数据，2017年工业产能利用率为77.0%，比2016年回升3.7个百分点，包括煤炭、化工、非金属矿物制品、黑色和有色冶金、设备制造在内的15个工业行业产能利用率比2016年有明显回升。

2018年9月1日财新发表文章《供给侧改革得失谈》，总结并分析了近三年来供给侧结构性改革的成效和得失，从五大任务来看，供给侧结构性改革成效显著，PPI 指数转正回升，但是依然存在诸多问题。具体来看，供给侧结构性改革的诸多措施压制了产业投资，行政手段浓厚，落后产能的淘汰可能会带来行业集中度提升。“十四五”将供给侧结构性改革的核心内涵转变为全方位创新，在“三去一补一降”成效显著以后，我国的经济工作重心将走向体制机制创新和科学技术创新。

具体产业去产能案例如下：

钢煤产业：2016 年 3 月 14 日财新发表文章《钢煤去产能艰难落地》，报道了钢煤产业去产能的艰难过程，因为化解过剩产能的指标会被分解到各省级政府，各省政府不仅要配套相关的财政资金和扶持政策，还要负责去产能工作的落实。一方面，在经济下行压力较大的情况下，各地方政府财政资金较为紧张，很难拿出真金白银；另一方面，企业的出清还意味着未来地方政府的税收收入减少。因此在“去产能”任务上地方政府的压力最大，也关系到工作的成败。更重要的是，一些长久以来靠重化工业作为财政支撑的资源型城市不仅要化解过剩产能，还要寻找新的增长点，发展新的持续性产业，也就需要更多的投入和更为艰难的跨度。

电解铝产业：2017 年 9 月 18 日财新发表文章《电解铝又逢去产能》，报道电解铝产业去产能的历史和现状。早年因为环保要求宽松、劳动力价格低廉、铝需求在经济高速发展的刺激下稳定增长，中国电解铝项目高歌猛进，产能迅速过剩，其中绝大部分项目未经过审批。2002 年，国务院就发声要求清理违规的电解铝产能，但没有起到多大的作用，因为当时中国刚刚成为世界第一产铝大国，实现了电解铝的自给自足。在 2008 年金融危机后，在“4 万亿”的刺激之下，电解铝产能过剩问题开始突出。然而，密集的文件落地并未阻止企业上马项目的热情，电解铝产业一直在“越限越建”的怪圈中循环。直到中央打响供给侧结构性改革，监管强势归来，文件对清理整顿电解铝违规产能工作落实不到位的责任主体措辞极为严厉，多个省份发文明确了责任主体，并给出了推进时间表，电解铝行业去过剩产能进程终于推进。在清理违规产能的同时，合规产能的投产复产也在加速进行，铝价持续走高，并挺进水电资源丰富的广西地区。

造船业：2019 年 7 月 8 日财新发表文章《“两船”又合一》，报道了中国船舶工业集团正与中国船舶重工集团筹划战略性重组。据中国船舶工业协会统计，2018 年国内船舶制造业主营业务收入和利润总额分别为 3256. 5 亿元、

45 亿元，各自同比下降 30.8%、23.5%。2019 年 1—5 月，国内造船完工量同比增长 1.4%，承接新船订单同比下降 40%，中国造船业面临化解过剩产能和提升高端领域竞争力的双重考验。“两船”重组整合，有助于减少重复建设、同类竞争，扎实传统造船根基，进一步提升高端造船实力。在政府层面，国家相关部门连续出台政策，例如发布实施《船舶行业规范条件》《海洋工程装备行业规范条件》《船舶配套产业能力提升行动计划》等，支持造船业脱困做强。

2. 产业战略调整或升级

（1）产业动态调整。

行业内头部企业的规划布局、发展调整也会对行业产生影响，尤其是行业集中度较强的企业，强者恒强，龙头企业的转型升级或是错误部署会牵动市场变化。拿我国房企来说，2019 年 4 月 8 日财新发表文章《房企：5000 亿挑战》，报道了 2018 年受政策影响我国房地产市场整体降温，头部房企的拿地扩张态势趋于谨慎，同时房企行业的集中度不断上升，百强开外的房企生存空间受到挤压，而头部房企的竞争加剧。在这样的背景下，我国头部房企纷纷寻求战略转型。万科将公司战略定位从“城市配套服务商”升级为“城乡建设与生活服务商”；碧桂园在“走出去”受挫之后，将布局“地产+农业”全产业链，把农业、机器人与地产放到业务发展的同等地位。

记者在报道过程中，不仅要注意头部企业战略调整的方向内容，也要了解转型的原因和影响，提升报道的深度。

（2）产业融合。

在当前经济全球化、市场需求多元化、高新技术迅速发展的大环境下，产业融合已经成为产业发展的现实选择。从供给视角来看，高效、优质的产业融合可以促进传统产业创新，推进产业结构化，让企业竞争合作关系趋于合理化，从而提升产业竞争力；从需求视角来看，进行一定程度的融合可以满足市场消费者的多元化需求，助力消费升级。

当前产业融合主要有三种方式，一是高新技术的渗透融合，例如纳米电子、三网融合等，通过高新技术及其相关产业向其他产业渗透、融合，并形成新的产业。二是产业间的延伸融合，例如服务业向第一产业和第二产业延伸，通过产业间的互补和延伸，实现产业融合。二是产业内容的重组融合，指原本各自独立的产品或服务在同一标准元件或集合下通过重组完全结为一体的整合过程。例如第一产业内部的种植业、养殖业、畜牧业等可以通过生物技术重新整合，形成生态农业等新兴产业形态。

一般产业融合出现在政府工作报告类报道以及新闻通讯中，例如 2021 年 4 月 17 日《21 世纪经济报道》发表文章《红酒产业要弃“工”转“农”?》，以政府取消葡萄酒消费税为新闻由头，介绍了红酒产业中消费税的发展变迁以及疫情中红酒产业的危机，在最后关于农业农村现代化建设的部分，报道了葡萄酒产业将农业、轻工业等产业以产品加工的方式连接起来，并向产业链下端延伸，形成了一二三产业融合发展的独特模式，以及企业构建葡萄与葡萄酒主题文化旅游线路，每年旅游收入可以达到上亿元，展示了当前红酒产业的发展趋势。

3. 同行业竞争情况及同类产品竞争格局

（1）行业竞争。

同一产业中存在相互竞争的多家企业，同类企业之间的竞争和合作都会影响产业发展，尤其在积极倡导全球化的中国，产业竞合中不仅有国内企业，国际企业也发挥着一定的作用，产业报道中可以适度分析竞争格局，如果新闻由头是企业间的竞争合作，则可以将这一部分展开深入报道。同行业竞争不仅体现在产品上，还体现在扩张产能、供应链布局、技术研发、产品宣发、市场垄断程度等方面，和供给视角的其他内容相互融合。

2021 年 5 月 10 日财新发表文章《争夺电池高地》，针对电动汽车电池供应行业的报道，从宁德时代和比亚迪的竞争切入，深入分析了当前我国电动汽车电池供应行业的竞争格局，并对宁德时代保持龙头地位所面临的威胁展开了分析。

（2）行业集中度。

企业之间的竞合格局也可以用行业集中度来反映，行业集中度是指某行业的相关市场内前 N 家最大的企业所占市场份额（产值、产量、销售额、销售量、职工人数、资产总额等）的总和，用来衡量企业的数目和相对规模的差异，是市场势力的重要量化指标，集中体现了市场的竞争和垄断程度。例如 2022 年 3 月 28 日第一财经报道《头部猪企市占率快速提升，会垄断市场吗？会学美国模式吗?》，文章提到在本轮超长猪周期中，针对行业集中度提升之快之高，业内人士既心生感慨，又对将来中国养猪业是否会因此形成垄断而产生疑虑。文章给出的数据支持为：前 10 家上市猪企生猪销量分别为

5116 万头（2019 年）、1.16 亿头（2021 年），占全国生猪总出栏量的比重分别为 9.4%、17.3%，2021 年生猪出栏的集中度比 2019 年提高了接近 1 倍。

政策上，我国一直在努力建立并完善促进市场经济发展的竞争政策体系。2020 年 10 月 1 日财新网发表文章《中国竞争政策与结构性改革》，梳理了改革开放以来我国一直努力建设并完善促进市场经济发展的竞争政策体系。2008 年《反垄断法》出台，规制市场上不正当的交易行为，例如垄断协议、滥用市场支配地位和企业并购。同时，《反垄断法》专设法令限制政府部门滥用权力影响市场竞争。2016 年国务院正式颁布了《关于在市场体系建设中建立公平竞争审查制度的意见》，提出地方保护、区域封锁，行业壁垒、企业垄断，违法给予优惠政策或减损市场主体利益等不符合建设全国统一市场和公平竞争的现象仍然存在。为规范政府有关行为，防止出台排除、限制竞争的政策措施，就市场体系建设中建立公平竞争审查制度提出该意见。2017 年国务院印发《“十三五”市场监管规划》，再次强调要把规范和约束政府行为作为实施竞争政策的重要任务。2020 年中共中央再次发布文件，指出新时代完善社会主义市场经济体制的一项基本原则是“完善竞争政策框架，建立健全竞争政策实施机制，强化竞争政策基础地位”。

在监管层面，传统第一、第二产业因产生和发展的时间长，国家在监管和政策支持层面已经相对成熟，但是新兴产业由于其产生时间较短，相关政策法规还不够成熟，如若不进行有效的监管，势必会阻碍产业的发展和进步，引发供需矛盾。尤其在互联网经济领域，过去我国长时间都对互联网科技产业采取柔性监管政策，较大限度地包容了市场创新和发展，但是随着互联网平台在动态竞争中加速发展，改造传统经济，迫使社会资源重新分配，并使资源、数据、资本等在平台上呈现出“中心化”的发展趋势，尤其是近几年互联网巨头之间恶性竞争，提高行业垄断程度的事件频频发生，引发了监管层的注意。为了激发经济活力，保护市场创造力，对互联网产业进行适当的监管和反垄断已势在必行。同时，互联网产业因其天然拥有一定的注意力资源，较容易引起公众的注意，因此在进行产业报道时要加以关注。例如 2021 年第一季度国家监管层加大对阿里巴巴、腾讯等互联网平台的反垄断调查，1 月 11 日财新网发表文章《反垄断“萌芽”》，以国家调查并处罚互联网巨头的不正当竞争为新闻由头，详细梳理了我国针对互联网平台的监管发展脉络，并对互联网行业“二选一”模式、烧钱补贴模式等存在的问题进行了剖析，最后分析如何落实监管以及反垄断。

(3) 案例分析：蚂蚁金服上市问题。

蚂蚁科技集团股份有限公司原本计划于2020年11月5日在上海证券交易所科创板上市。2020年11月1日《金融时报》发表文章《大型互联网企业进入金融领域的潜在风险与监管》，阐述了大型互联网企业进入金融领域会带来垄断和不公平竞争。首先，大型互联网企业凭借技术优势掌握大量数据，辅以互联网技术的外部性特征，容易形成市场主导地位。其次，上述竞争优势可使得大型互联网企业在资源配置中权力过度集中，并逐步强化为市场垄断。最后，大型互联网企业还可能导致维护市场公平竞争的传统措施失效。过去应对市场权力过度集中的有效做法是放松市场准入，但现在一旦放松某一领域的准入门槛，允许大型互联网企业进入，他们就可能迅速抢占市场，挤垮竞争对手。

2020年11月3日，上海证券交易所发布决定，暂缓蚂蚁集团在上交所科创板上市。11月4日《新京报》发表文章《四问蚂蚁集团暂缓上市：为何按“暂停键”？估值、投资者影响几何》，报道了蚂蚁金服被暂缓上市的原因和政策变动。之前，银保监会、中国人民银行就《网络小额贷款业务管理暂行办法（征求意见稿）》（以下简称《办法》）公开征求意见。该意见要求在单笔联合贷款中，经营网络小贷业务的小贷公司的出资比例不得低于30%。此外，《办法》还规定，对自然人的单户网络小额贷款余额原则上不得超过人民币30万元，不得超过其最近3年年均收入的1/3，该两项金额中的较低者为贷款金额最高限额。

《办法》针对蚂蚁集团等金融科技巨头的网络小贷业务是比较鲜明的，当前一些金融科技巨头所谓的科技助力，是通过科技“变相绕开”了金融监管，而监管收紧有利于规范金融市场，避免金融泡沫。

从运作模式上来看，蚂蚁金服旗下的花呗、借呗是其在信贷领域的两大重要工具。通过利用电商平台提供大量个人数据，以大数据技术为支撑，根据个人的消费水平和信用记录，再通过云计算技术，能够准确地自动向个人和小微企业提供信用抵押贷款，具有用户覆盖广、借贷成本低、放贷速度快等优势。凭借电商平台提供的大量流量的天然优势，蚂蚁金服向数以千万计的小微企业和个人消费者提供信用抵押贷款，可以获得大量债权资产，通过将这部分债权作为资产抵押继续获取低息资金，然后高额放贷，如此循环下去实现融资和盈利的目的。

2020年11月6日，《证券时报》发表文章《蚂蚁集团今日启动退款程序下周一退回》，证监会表示，已要求有关主体秉持公开公平公正原则，确保退款工作平稳有序开展。

4. 国家财政、货币、产业规划等政策及监管影响产业

我国经济受政府调控的力度较大，大部分产业经济都会由于政府的调控而出现上升或下跌行情。尤其是资金密集型产业，受政策影响波动较大，因此在报道过程中要关注政策影响，斟酌报道的必要性。例如房地产业就是典型的资金密集型产业，每逢货币政策宽松，房地产都会受益，进而影响住房价格、政府财政、资本市场等多个方面。另一个例子是钢铁产业。当政府部门出台刺激经济政策时，就会使经济整体回暖，以房地产、基础设施建设等为引领的钢材市场就会需求旺盛，而当政策开始紧缩，又会转向库存积压，使经济降温。

针对国家经济战略中的重要产业，政府一般会出台产业发展规划、工作报告等文件，对相关产业提供指导性意见并进行扶持，例如新能源汽车产业。2020年底，国务院办公厅正式发布《新能源汽车产业发展规划（2021—2035年）》（简称《规划》），对我国未来中长期发展新能源汽车提供指导思想，基于此，2020年11月3日人民网发表文章《产业发展更趋于市场化解读〈新能源汽车产业发展规划〉》，对该规划进行了系统性解读，在以往的发展规划中明确了哪种类型的车能拿到多少补贴，从而引导企业的造车方向。此次《规划》更加强调了市场化的引导并从中看出了新能源汽车产业将全面实现市场化的发展趋向。

5. 案例分析：华为供应链

一般来说，大型企业的上下游供应链较为复杂，会和国内外错综复杂的多家供应商展开合作，尤其是高新技术产业，还可能出现核心供应商不在国内、供应链风险较大的情况，因此在报道产业链时，要关注到产业链的复杂性，对关键企业的产业链进行追踪报道，了解其全貌和实质。接下来以华为产业链为例做一案例说明。

华为是全球领先的信息与通信技术（ICT）解决方案供应商，在电信运营商、企业、终端和云计算等领域构筑了端到端的解决方案优势，为运营商客

户、企业客户和消费者提供有竞争力的 ICT 解决方案、产品和服务，其业务主要分为三大版块：消费者业务、运营商业务和企业业务。根据 2020 年的数据，其消费者业务占比 54.2%，运营商业务和企业业务占比分别为 34.0%和 11.3%。2020 年实现销售收入 8913.68 亿元，同比增长 3.8%。净利润为 646.49 亿元，同比增长 3.2%。① 华为产业链全景见图 5-1。

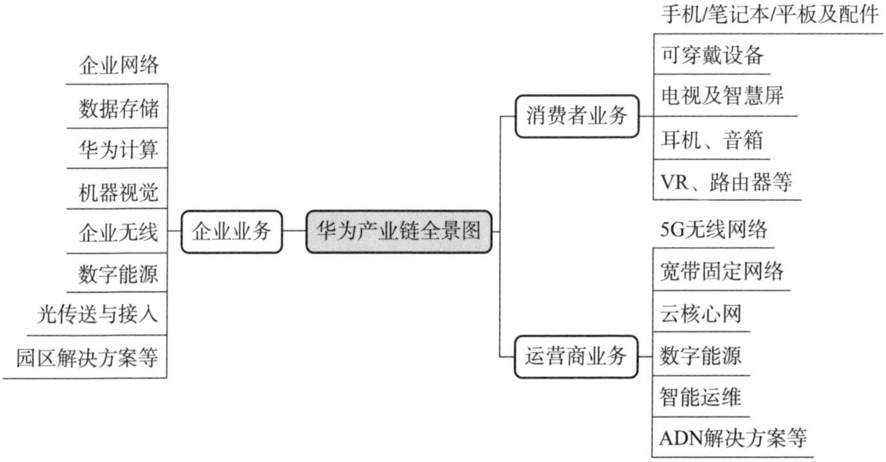

图 5-1　华为产业链全景图

庞杂的业务链决定了华为的供应链异常复杂，尤其是美国展开对华为的制裁后，其业务链和供应链双双受到重挫，表 5-1 为中商产业研究院在 2021 年 5 月梳理的华为主要供应商汇总一览表。

表 5-1　华为主要供应商汇总一览表②

类别	主要企业
半导体设计	英特尔、恩智浦、赛灵斯、美满、高通、亚德诺、安森美、意法半导体、恩佳讯、Qorvo、赛普拉斯、Inphi、迈络思、联发科、博通、德州仪器、英飞凌等
存储器	富士通、美光、SK 海力士、东芝存储、希捷、西部数据、三星、南亚科技、旺宏电子等

① 华为．华为投资控股有限公司 2020 年年度报告［EB/OL］．［2022-02-14］．https：//www.huawei.com/cn/annual-report/2020.

② 中商产业研究院．华为——中国民族企业之骄傲！2020 年华为产业链全景图及投资机会深度剖析［EB/OL］．（2020-08-25）［2022-02-14］．https：//www.askci.com/news/chanye/20200825/1745101197647.shtml.

续表

类别	主要企业
连接器	灏讯、广濑、安费诺、莫仕、立讯精密、中航光电、电连技术、意华股份、永贵电器等
PCB	欣兴电子、迅达科技、华通电脑、生益电子、深南电路、依顿电子、沪电股份、兴森科技等
电子元器件	村田、铭普光磁、京泉华等
光缆与线缆	耐克森、住友电工、古河电工、长飞光纤、金信诺、中天科技、长江通信、通光电、中利集团等
光器件和光模块	新飞通、高意、Sumicen、Lumentum、菲尼萨、博创科技、华工科技、光讯科技等
射频器件	罗森伯格、晶技股份、春兴精工、大富科技、东山精密、银宝山新、ST 凡谷等
电子材料	科创新源、飞荣达、中光防雷、沃尔核材等
结构件	比亚迪电子、美格智能、捷荣技术、长盈精密、劲胜智能等
声学元件	瑞声科技、歌尔股份、ST 巴士等
光学模组	素尼、大立光电、舜宇光学等
面板和玻璃盖板	京东方、ST 宇顺、深天马 A、伯恩光学、蓝思科技等
消费电子电池与微机	新能源科技有限公司（ATL）、金龙机电、航嘉等
生产制造服务	富士康、台积电、日月光集团、伟创力、中芯国际、华勤通讯、光弘科技、剑桥科技、新亚制程、卓翼科技、特发信息、深科技、光韵达、振华科技等
电子装备	三菱电机、松下、核达中远通、阳天电子、联得装备、天华超净、海康威视、合众思壮、依米康、英维克等
软件与信息服务	康沃、甲骨文、红帽、SUSE、新思科技、微软、风河、经腾电子、赛意信息、朗新科技、诚迈科技、润和软件、易华录、天源迪科、超图软件、神州泰岳、拓维信息、博彦科技、科大讯飞、科锐国际、中国软件等
测试服务与仪器	罗德与施瓦茨、是德科技、思博伦、联恩电子、华测检测等
通信服务与工程	润建股份、杰赛科技、日海智能、华星创业、ST 新海、世纪鼎利等

2019 年 5 月，美国对华为展开首次制裁，美国商务部下属的工业和安全局（BIS）将华为及其非美国附属 68 家公司纳入“实体清单”。2020 年 5 月美国制裁升级，借助技术生态围堵华为，在这样的背景下，2020 年 10 月 26 日财新发表文章《华为：断供后的长征》，探讨华为业务群将会遇到的问题和华为的对策。部分供应链断供后受到冲击最大的是消费者业务，这是华为一半以上的收入来源，华为手机每季度的全球销售量超过 5000 万台，而且手机

芯片更新迭代很快，麒麟9000芯片因工艺问题无法提前备货。因此，如果华为手机在库存用完之前仍无法获得新的手机芯片，必将面临断货。

另外，为了做强供应链，华为于2019年4月专门设立了哈勃科技投资有限公司，投资产业链企业。短短一年半时间，哈勃科技已对外投资了17家公司，这些公司多为半导体制造产业链上的公司，有的就是华为现有供应商，在中高端产品方面处于培育期或量产早期。

（二）需求视角：从需求端报道产业新闻

从需求视角进行产业新闻报道可以结合新闻实际适当关注以下要点，首先是市场的购买力水平，也就是市场消费水平。这其中包含了不同级别的市场、上下游市场、国内外市场等。其次是产业内的销售规模，例如订单量、市场占有率、收入利润等，除此之外，则结合新闻由头和报道目的进行更加细化的分析和选择。

1. 市场购买力水平（消费水平）

商品价格是由市场决定的，当市场趋于饱和，企业就会选择调整或缩减生产线、改进生产技术来调整产能，减少损失。市场产能紧张时，商品价格就会上升，短期内产能得不到解决，会造成市场的恶性竞争，分销渠道可能会见势囤货，现货的炒作会进一步对市场预期推波助澜。

企业的目标市场可以分为以下五类：

（1）消费者市场。

消费者市场指为满足自身需要而购买的一切个人和家庭构成的市场。在报道消费者市场时，可以侧重分析市场上消费者购买力现状、影响消费者购买力水平的因素以及其发展态势等。生活必需品和高档耐用品的购买意愿不同，居民收入会影响其对不同性质商品的需求，政府有针对性的消费补贴和政策规定同样会影响消费者购买行为。

例如2021年12月1日《21世纪经济报道》发表文章《车企们轻装上阵，分拆上市成行业新风口?》，伴随着国民经济的稳定回升，消费需求的恢复进一步拉动了汽车行业增长，同时消费者对新能源汽车的需求增多，在车企们布局汽车产业链、向下沉市场以及汽车后市场发力的同时，新的跨行业者不断加入造车行列，竞争加剧。在这样的背景下，一些车企为了拓展市场和业务，选择分拆上市以获得更多的资金支持和发展机会。

（2）产业市场。

产业市场指组织机构购买产品与劳务，供生产其他产品及劳务所用，以达到盈利或其他目的而形成的市场。在产业市场中，重点关注上下游产品的价格变动对市场需求造成的影响。

上游一般指企业的材料、产品供应商，是行业生产和业务初始阶段的企业和厂家；下游一般指企业生产品的经销、分包企业，是对原材料进行深加工和改性处理，并将原材料转化为生产和生活中的实际产品。上下游企业之间会相互影响，上游原材料价格上升，会影响下游商品制作成本上升；下游需求旺盛，会带动上游企业产品需求同涨，价格上升，行业热度上升。

2021 年 3 月 17 日《21 世纪经济报道》发表文章《纺织业海外订单“冷热不均”：东南亚成品订单“反回流”纱线出口需求大增》，针对我国 2021 年第一季度纺织业海外订单不均匀进行报道，分析年初纺织服装原料上涨主要是由纱线上涨带动的，一方面是大厂集中下订单，引发原料采购小高潮，另一方面是去年“十一”之后纺织服装原料成品库存偏低，很多企业都还在生产预售单，叠加国家鼓励春节期间员工就地过年，年前企业原料集中补库需求较大。因此造成了终端企业接受难度较大，布料订单相对偏弱，纱线订单走强的局面。

（3）中间商市场。

中间商市场指商品从生产者到消费者中间的买卖场所和领域。通常消费的改善是自终端企业向上传导，终端企业对消费变化的感知最敏锐，而贸易中间商面对的客户群体比较多样，对消费变化的感知最全面。中间商市场包括批发商和零售商两部分，其需求是派生的，受最终消费者购买的影响而销路不定。不过，由于离最终消费者更近，这种派生需求反映较直接，同时中间商市场对产品价格和交易时间更为敏感，库存积压和失去时效会使中间商损失惨重。

2021 年 4 月 8 日《21 世纪经济报道》发表文章《北京学区房升温逻辑线：二孩政策、出国受阻与横盘期的终结》，分析了北京学区房升温现象产生的原因：一是自 2015 年 10 月全面放开二孩政策以来，第一批“二孩”已经 3 岁到 4 岁，正是家长抢占学位的时候；二是由于疫情及其他原因，很多家长意识到，短期内无法将孩子送往国外读书，于是转向国内的优质学区，同样增加了对学区房的需求；三是由于对学区房的需求增多，一些中介机构开始恶意炒高学区房价格，扰乱市场秩序。报道最后还给出了关于北京楼市中短期的发展趋向。

（4）政府市场与国际市场。

政府市场指因为政府采购而形成的市场。政府市场在产业新闻报道中出现的次数并不多，而随着全球化进程加快，国际市场在产业经济中的分量不断加重，能源、汽车、基础原材料、医疗等产业均处在全球化竞争格局中，国际市场细分领域的冷热程度、国家及区域间的竞合关系及政策规定、跨国公司的市场占有率、规模及各国的反垄断条例等都会对不同领域的国际市场造成影响，使供需产生波动。

例如 OPEC+计划自 2021 年 5 月起未来三个月累计增产 210 万桶/日，关于其增产是否会影响油价的问题，2021 年 4 月 3 日《21 世纪经济报道》发表文章《OPEC+同意未来三个月累计增产 210 万桶/日原油市场将走向何方》，通过采访专家分析出油价还有进一步上涨的空间。一方面虽然当前（2021 年 4 月）世界石油需求处在非取暖季和非驾驶季的相对季节性低谷期，但是随着疫情回暖，预计 2021 年世界石油需求也会达到疫情前水平的 97%。另一方面油价也受到金融市场的影响，特别是受美国货币政策走势的影响。在美国提出 1.9 万亿美元财政刺激政策后，大宗商品价格已经整体持续走高，并导致通胀预期升高。随后美国又提出了超过 2 万亿美元的基建计划，这恐将进一步推高油价。这些关于国际市场上原油价格的分析，不仅提及市场上对原油的需求，还涉及发达国家经济政策对原油市场的影响。

国际市场指外国消费者、生产厂、转售商及政府进行采购或服务所形成的市场。因此国际市场会与政府市场产生一定的交叉。2020 年新冠肺炎疫情暴发，医疗器械的国内外需求大增，2020 年 4 月 3 日《21 世纪经济报道》发表文章《迈瑞医疗回 A 后年报首秀：营收突破 160 亿借疫情加速全球化》，其中介绍了由于中国抗疫得力，同时我国政府多次出台强有力政策，加快创新医疗器械审评审批，促进医疗器械产业供给侧结构性改革，推动了以迈瑞为代表的医疗器械企业走向国际市场。

在进行产业新闻报道时，市场分析是从需求视角进行报道的重要内容。其中，消费者市场和产业市场占比较多，这和产业新闻自身的特点有关。

2. 产业销售规模

可以从产业的销售总量、销售增量以及增加率、销售规模增速、世界市场占有率、世界排名等方面报道，例如 2021 年 2 月 8 日财新网发表文章《汽车金融：双循环发展的新动力》，指出中国汽车市场在 2009 年以 1364 万辆的销售量超过美国，成为世界第一大汽车市场，并报道了受疫情影响中国汽车产业销量下滑，增量变存量的趋势，指出中国汽车产业出现拐点，市场下行。

3. 供需失衡

新闻事件中暴露出的供需失衡问题会极大地引起记者和公众的注意。供需失衡是造成产业动荡的一大原因，一般供需失衡会影响商品的价格和供给，从而影响市场购买力水平，影响商品进出口，影响互相替代品和互补品的市场行情等。例如 2021 年 2 月 8 日财新发表文章《春节淡季大宗商品需求萎缩 BDI 连跌两周》，报道煤炭价格的变动，因为疫情影响国内前三季度煤炭供过于求，因此国家相关部门限制产量和进口煤，但第四季度由于寒冷天气和工业复苏，需求转旺，煤炭价格一路飙升。当煤炭需求旺盛而供给不足时，价格上升是一方面，另一方面也会增加进口，煤炭价格就在供需的变动中不断上涨。

将供给视角和需求视角结合是产业新闻报道常用的方式，前面两个部分已经分别详细叙述了当前我国财经报道中常用的供给和需求视角，而供需结合就是从中选择适合本新闻事件的角度进行报道和分析。

第二节 信源分析

一、研究方法

通过构造周抽样（抽样日期：2020 年 11 月 4 日、11 月 14 日、11 月 24 日、12 月 4 日、12 月 14 日、12 月 24 日，2021 年 1 月 3 日、1 月 13 日、1 月 23 日、2 月 2 日、2 月 12 日、2 月 22 日、3 月 4 日、3 月 14 日），选取了 2020 年 11 月到 2021 年 3 月间来自机构媒体与自媒体的产业新闻报道，对其中的信源进行了归类与分析，共分为四种类型，第一类为国内的公开信源，第二类为国内的、实名的一手采访信源，第三类为匿名信源，第四类为国际信源，并关注每一类信源的内部区分。

最终选取了 102 篇产业新闻报道，其中机构媒体的产业新闻报道 84 篇；

《21世纪经济报道》15篇，财联社12篇，财新网15篇，《第一财经日报》11篇，澎湃新闻17篇，《人民日报》14篇；来自“前瞻经济学人”“吴晓波频道”“市值观察”“盖饭财经”等具有代表性的自媒体文章18篇，同时，以每条信源为编码单位进行了编码。

二、机构媒体信源分析

（一）整体比较

整体来看，机构媒体中所抽取的84篇新闻中共涉及538条信源，平均每篇新闻约有6.4条信源。从图5-2来看，各大媒体在引用信源数量上存在一定差异，其中综合媒体引用信源数量相对来说比专业财经类媒体要少，专业财经媒体力图通过信源数量提升其报道的准确性和权威性。

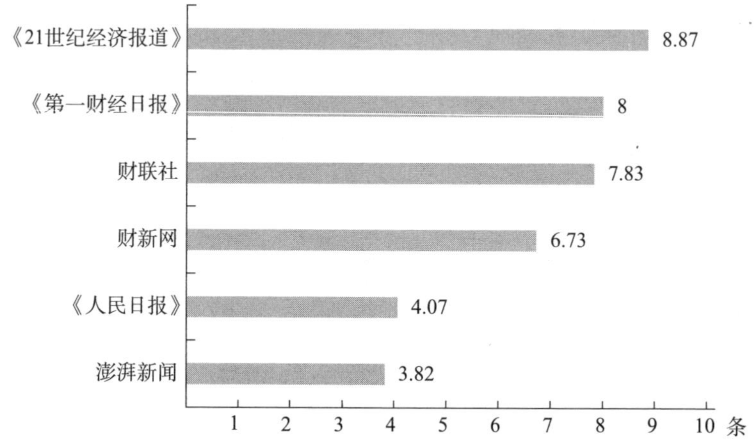

图5-2 引用信源数量

（二）四类信源分布

在538条信源中，公开信源即公开可查的数据、信息、公告等有280条；一手信源即记者为写作该篇报道专门进行的采访有128条；国际信源有78条，我国媒体的产业报道大多聚焦于国内产业，国际信源多用来介绍国外市场并进行中外产业状况对比；匿名信源有52条，由于产业报道中负面报道较少，因此需要用到匿名信源的时机不多。具体比重见图5-3。

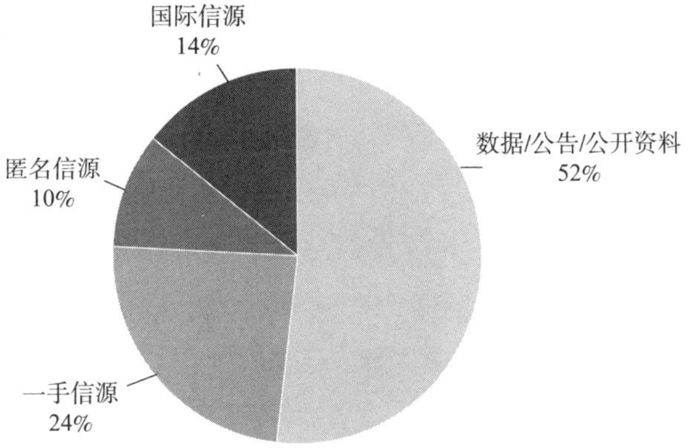

图 5-3　四类信源比重图

从四类信源在各家媒体中的占比来看，公开信源是大部分媒体使用最多的信源，但是《人民日报》凭借其定位和政治属性，获取一手信源的机会较多。整体来说，各家媒体对于国际信源和匿名信源的使用相对较少，只有《21 世纪经济报道》相对侧重国际声音。具体见图 5-4。

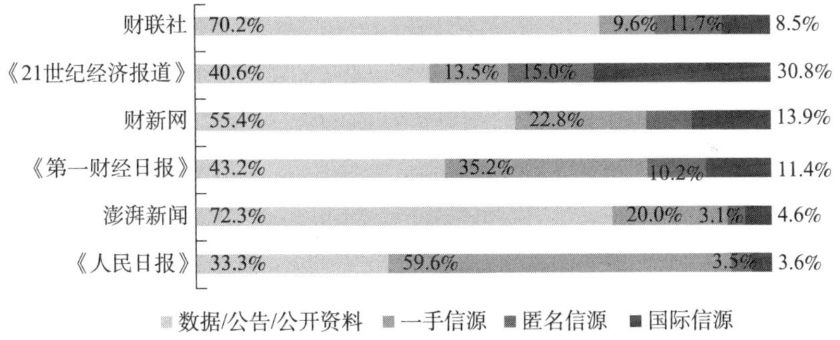

图 5-4　四类信源在各媒体中占比

（三）机构媒体不同类别信源分析

1. 公开信源

政府是产业新闻报道中使用最多的数据来源，尤其是政府工作报告、规章制度、行业数据等，因其权威性较强，所以经常出现在新闻报道中；相关公司发布的公告、财报作为新闻由头或要点梳理，也多次出现；另外，也有一些来自第三方数据平台、研究所的数据或者报告、人物的公开发言或此前的采访以及来自行业协会的信息。用其他媒体发布的信息作为信源的情况相对较少，一般都是权威性党媒或官媒发布的政府工作报告或意见。具体分布如图5-5所示。

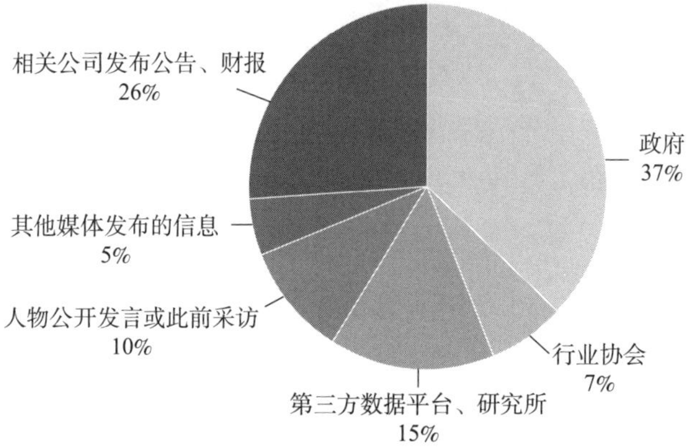

图5-5 公开信源比重图

常见信源举例见表5-2。

表5-2 常用“数据/公告/公开材料”信源举例

类型	来源	具体名称
数据	政府官网	国家/地方统计局、央行、中国信息年鉴
	行业协会官网	中国汽车工业协会、中国纺织品进出口商会、中国家用电器协会
	第三方数据平台	Wind金融终端、东方财富网
公告/报告	企业	年报、半年报、季报、公告
	政府官网	政府工作报告、银保监会公告
	行业研究类机构	克而瑞、艾瑞咨询、智研咨询
	金融服务类机构	国盛证券研报、浙商证券、国信证券、天风证券、华西证券

2. 一手信源

一手信源主要指记者为了进行该新闻报道所采访的对象，其中一半以上都来自业内人士，如银行或券商的分析师，说明业界是媒体在进行产业新闻报道中最方便获取的一手信源。相关领域官员也占到一手信源中的约1/4，学者、消费者与公众的声音相对较少。具体比重见图5-6。

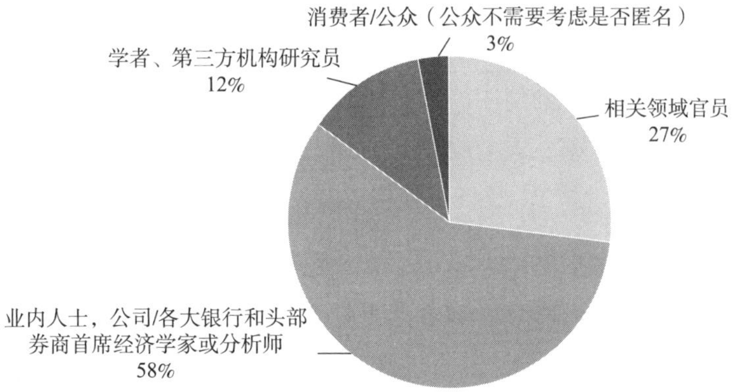

图 5-6　一手信源比重图

3. 匿名信源

在匿名信源使用中，大部分来自业内人士，比如公司、银行与头部券商的经济学家或分析师。学者以及政府部门的匿名信源相对较少。具体比重见图 5-7。

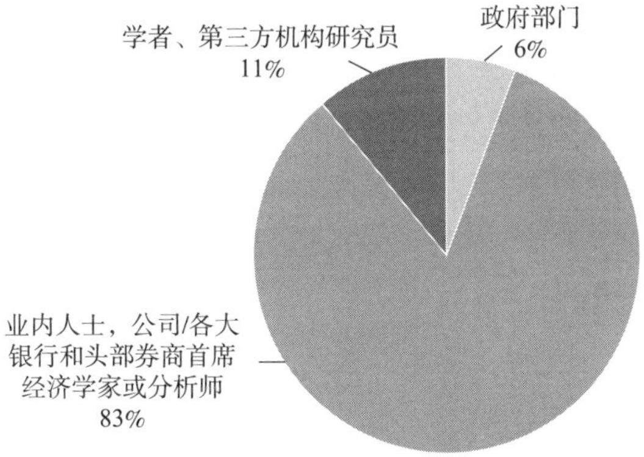

图 5-7　匿名信源比重图

三、自媒体信源分析

本次编码共选取了 18 篇由自媒体生产的产业相关文章，平均每篇文章有 10.56 条信源，高于机构媒体平均每篇报道 6.4 条的数量，这可能是由于文章篇幅导致的。

自媒体因没有采访权，一手信源和匿名信源的数量都极少，但是会使用较为丰富的数据和公开资料来弥补采访上的不足。此外，自媒体的内容中也会涉及一定的国际信源的使用。

公开信源方面，第三方数据平台与研究机构 48 条，政府信源 29 条，相关公司发布公告与财报 22 条，行业协会 14 条，人物公开发言或此前采访 7 条，其他媒体发布的信息 11 条。具体比重如图 5-8 所示。

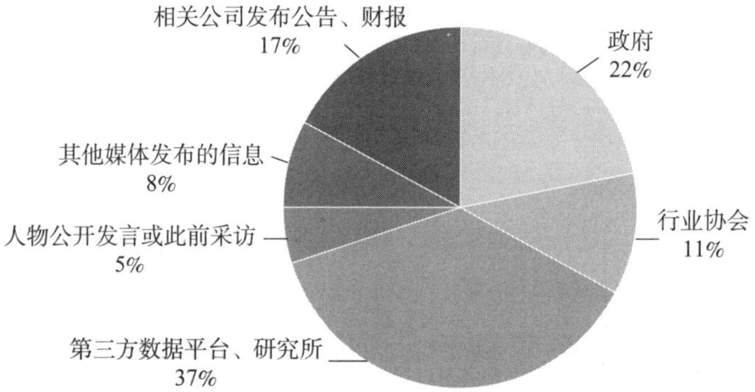

图 5-8　自媒体信源使用情况

从图 5-8 中可以看出，相对于传统媒体，自媒体使用了更多的第三方数据平台和研究所来充实自己的文章，政府的权威性依旧保证了其作为重要的数据来源。在常见信源来源方面，自媒体和传统媒体相似，故在此不再举例。

第三节　房地产业报道

第一节中，针对产业新闻报道实务，主要从供给和需求两个视角进行了一定程度的梳理。但是每个产业都有其独特性，因此本节选取有一定代表性的房地产业进行具体的分析。

一、报道议题

这部分在第一节已经梳理得较为详细，细化到具体的产业内部，其本质还是一样的，因此这部分将各取一则新闻报道进行说明，不再做过多阐释。

（一）事件导向型产业报道

2021年10月20日财新发表文章《宝能集团有息负债近2000亿元 欲出售资产还债》，文章通过中炬高新发布的公告发现，“宝能系”意欲出售深圳宝能中心等八大资产项目，公告称评估价值超1000亿元。同时提到，由于项目体量较大，出售能否按计划推进存在不确定性，项目存在出售进展不及预期的风险。

（二）政策导向型产业报道

2021年4月，厦门市住房保障和房屋管理局印发了《厦门市整治二手房市场专项行动工作方案》，由10部门联合开展整治二手房市场专项行动，通过专项检查和联合执法，共同整治，联手打击“炒房”、炒作等违法违规行为，政府出台政策对房地产业进行调控和监管，2021年6月12日《经济观察报》发表文章《厦门十部门联手打击炒房 查处违规流入楼市贷款18亿元》进行报道。

（三）市场行情导向型产业报道

2021年是“双集中供地”（集中发布出让公告、集中组织出让活动）开启的元年。自2月底自然资源部相关会议定调“双集中供地”以来，截至5月12日，土地市场“冰火两重天”：杭州、无锡、广州等地表现火热，北京相对理性，长春、沈阳等地表现平淡。基于这样的市场行情，2021年5月13日《21世纪经济报道》发表文章《野心与焦虑：集中供地制度下的连锁反应》，展开对市场现状的报道和分析。

二、报道思路

广义的房地产市场是房地产商品交换关系的总和，包括土地出让或批租、转让、抵押、开发，房地产商品买卖、租赁、转让、信托、抵押以及房地产有关的开发、建筑、装饰等劳务市场与物业管理市场。① 房地产是典型的资金密集型、受政策影响较大的产业，它的健康运行关系到我国经济和金融的发展，因而政府对房地产行业的调控贯穿其发展的方方面面。本节内容依旧立足于供给和需求两大方面，考虑到国家对房地产行业的干预较大，因此将房

① 才元．中国房地产业波动对国民经济的影响研究［D］．长春：吉林大学，2007.

地产业新闻报道分为三个视角，分别为企业视角（供给面）、国家视角（政策面）和消费者视角（需求面）。

（一）企业视角：从房地产生产要素角度进行报道

1. 生产供应能力

生产供应能力在上一节产业新闻报道中已经较为详细地论述过，这部分针对房地产行业的融资问题和产能过剩问题再进行一些补充。

（1）财务能力。

房企融资是在进行房地产业报道时需要严格审视的。房地产是资金密集型产业，每逢货币政策宽松，房地产业通常都会获益。债券融资、银行贷款是房企融资的重要渠道。一般来说，央行实行宽松的货币政策，降准降息，就会释放资金，这些资金急于投放市场，房地产业就会成为银行的优选，但同时资产价格会上升，土地市场率先火热，随后带动房价走高。2020 年受疫情影响，我国经济下行压力增大，房地产业受到冲击，随后政府出台货币宽松政策，房企融资条件转好，土地政策宽松，拿地窗口期出现。针对这样的宏观环境，2020 年 6 月 8 日财新发表文章《楼市“小阳春”暗藏隐忧》，报道了国内疫情好转后房地产行业复苏情况和暗藏的各种问题，例如住宅销售速度远远赶不上库存增加的速度，当下楼市繁荣，部分来源于疫情期间累积的需求。这些需求一旦释放完毕，市场就会降温。房地产企业作为资金密集型企业，在实际经营过程中，每一个项目的运转时常是以项目公司为主体来实现。这一方面能够为项目的融资与合作提供便利，但是从另一方面来看，因为项目公司出表、入表的可操作性强，也为房地产企业的资产腾挪留下了较大的空间。

（2）产能过剩问题。

在进行房地产产能方面的报道时，除了前文整体产业新闻报道提到的需要注意的地方外，还要联系到自 2016 年开始的“供给侧结构性改革”中提出的“去房企库存”对房地产行业的影响。自 20 世纪 90 年代以来，中国经历了一轮长期的房地产热潮，房价大幅上升数倍甚至更多，房地产成为经济增长强有力的引擎之一。通常来看，房地产市场的调整往往伴随着政策的收紧，不过库存高企也是 2014—2015 年房地产市场低迷的重要原因。政府在 2016—2017 年大力推动房地产去库存后，近年来更加注重因城施策、分类指导，要求建立房地产市场的长效机制。关于房地产泡沫形成的原因，2021 年 1 月 19 日财新发表文章《汪涛丨解析中国经济：2021 年重要宏观问题》，分析称房地产热潮的背后是城镇化快速推进和居民收入持续增长所带来的居民基本住房需求和改善型住房需求的增加，投资需求也在其中扮演着重要的角色。

2017 年 9 月 1 日财新发表文章《货币政策可否调节房地产行业》，分析了货币政策和房地产行业的关系，因为住房对居民具有财产属性和储值功能，因此住房需求有很强的顺周期性。强烈的顺周期性是房地产投资相对于其他投资风险的异质性所在，这可能是政府政策篮子中针对房地产业的措施最具有行政化色彩的原因。2016 年初，政府呼吁三四线城市房地产去库存，表明在供应充裕的时候，资产价格不可能持续地单边上涨，当时实施的放松限购和贷款优惠利率政策，首先刺激的是一线城市房价，土地的相对稀缺程度决定了当一线城市房价上涨到一定程度，三四线城市房地产即便由于高库存而存在高风险，新形成的扩大化的"级差地租"也会让三四线城市房地产收益变得有吸引力，因此，一二线城市的房价上涨最后成功带动三四线城市的上涨，并帮助三四线城市销售库存。

2016 年国家推动房地产去库存以来，到 2018 年末去库存已经进入最后的攻坚阶段。辽宁地区却还在出台文件加快去库存，2018 年 12 月 13 日《21 世纪经济报道》发表文章《辽宁加码房地产去库存 农民进城购房享"福利"》，介绍了辽宁省加码房地产去库存的原因。需求不足带来的去库存周期较长，是辽宁乃至整个东北中小城市去库存压力较大的主要原因，整个东北地区都存在住房供大于求的结构性问题，而非总量问题。

2. 上下游产业链

房地产业作为国民经济的支柱产业，对我国国民经济其他产业的带动作用明显，房地产是上下游牵扯产业最为广泛的，包括水泥、建材、土地、电力、建筑装饰、建筑材料、家居消费等多个领域，从而对我国整体产业产生联动影响（见图 5-9）。房企也会通过参投上下游产业链，为地产产业赋能。例如碧桂园创投，是碧桂园集团从事股权投资的一级部门，全面负责集团除地产投资外的对外股权投资业务，主要关注地产和社区生态链的上下游企业。

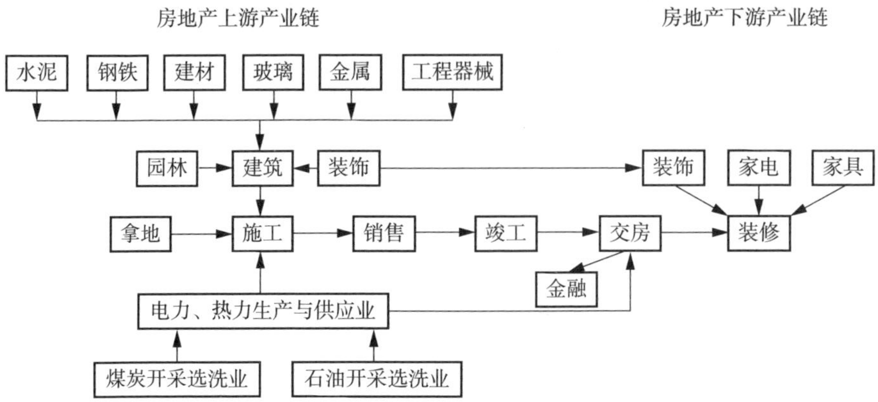

图 5-9　房地产产业链示意图①

（二）国家与消费者视角

1. 土地政策

房地产业受政策、土地、资金影响，行业准入门槛较高，行业集中度也较高。同时，由于近年来改革不断，房地产百强企业资源集聚效应更为强化，进一步加剧阵营间的分化，强者恒强态势持续。2021 年 2 月，新的供地制度——土地集中出让制度出台，按照监管部门的要求，包括北京、上海等 22 个重要城市将集中发布出让公告、集中组织出让活动，集中出让的节奏原则上一年最多进行三次。这也被一些从业者称为“零售改批发”。在集中供地制度下，房企要求更高的资金周转速度，倒逼房企的开发和营销节点与土地竞拍同步。2021 年 6 月 28 日财新发表文章《CMF 报告：“以地谋发展”模式衰竭，亟待转型》，文章指出“集中供地制度”旨在贯彻“房子是用来住的，不是用来炒的”定位及“稳地价、稳房价、稳预期”决策部署；减少土地公开出让过程中关联信息不充分带来的对市场预期的影响，纠正信息披露随意性、碎片化、不确定等不规范问题，减少市场主体由于无法掌握重要关联信息带来的无序竞争；让各类市场主体和消费者充分掌握信息，形成合理预期。但从效果来看，集中供地以后，整个集中供地市场的热度更高，整个地价的溢价率更高，实现集中供地的城市土地出让金更高，并没有实现稳地价的作

① 行研资本 . 2020 年房地产产业链深度研究报告［EB/OL］.（2020-07-18）/［2020-09-20］. https://mp.weixin.qq.com/s/isAOOMW5w_IqvTr1FkVxnQ.

用；企业层面，政府的土地集中供应让企业抢先拿地的动机更加明显，并且这一政策并未给中小房企更多公平竞争的机会，土地最后往往集中在前五十的房企手中。

2021 年 5 月 13 日《21 世纪经济报道》发表文章《野心与焦虑：集中供地制度下的连锁反应》，对集中供地制度下的连锁反应进行了报道，在北京的集中竞拍中，房企普遍将自身感兴趣的地块分成三六九等。资金实力雄厚的大型房企和央企参与度较高，往往更关注热门地块，但中小房企会更加务实地将重点放在非热门地块上。在土地选择上，由于土地品质、市场热度等不同，仍然会出现冷热不均等情况，优质土地溢价率高，市场竞争激烈，即使在集中供地制度下，区域分化的情况也会继续存在。这样的制度也让行业土地竞争更加激烈，具有更多更稳定现金流的企业在拿地上有更大的优势，一线城市优质土地的实际溢价率也会随着激烈竞争而升高。

2018 年 3 月 1 日财新发表文章《理解去杠杆》，分析了我国房地产业的供需矛盾和土地财政的问题。指出中国房地产市场的根本问题在于严重的土地供需错配，像京沪这样人口大量流入的城市，供应不足，房价飞涨；而许多人口流出的三线城市，却过度供应土地，导致库存高企。为什么土地市场会出现供需错配？就是因为在土地财政下，政府作为土地市场唯一的供应者，其行为并不需要跟随价格信号。一线城市财政对土地销售收入依赖低，反而可以少供地。三线城市依赖高，反而会多供地。相应的土地市场化改革，由于对地方财政影响太大，迄今为止进展甚慢。

2. 融资政策

近年来监管层面对房地产融资高杠杆的风险管理愈加严格，2020 年 8 月，旨在压降房企信贷杠杆的“三道红线”监管新规落下。所谓“三道红线”，指的是针对所有的开发商划出的三个标准，分别是：①剔除预收款后的资产负债率大于 70%；②净负债率大于 100%；③现金短债比小于 1。由此房企负债总量被全面监管，新增负债规模也被严格控制，依靠大举并购、高杠杆扩张来实现弯道超车的时代自此终结。除了“三道红线”，在 2020 年底，央行和银保监会联合发文，分五档设置了各类型银行的房地产贷款余额占比和个人住房贷款余额占比“两个上限”。

2021 年 4 月 12 日财新发表文章《房地产回归实业》，详述“三道红线”政策对房地产行业的影响。在这些政策出台之前，中国房企的发展主要由

"三驾马车"驱动——高周转、高毛利、高杠杆（"三高"模式）。土地和资金是房企的两大"命脉"。开发商利用杠杆资金拿地，开工销售获得回款，继而再加杠杆投入新项目。房企规模由此越滚越大，千亿销售收入的门槛一旦突破，即以千亿为基数翻倍增长，因而品牌龙头房企呈现一定的"赢家通吃"特征。"三道红线"直指房地产行业长期存在的高负债问题，意在控制房企融资规模、降低金融风险，改革至今已初见成效。另外，"三道红线"基本确定了房企负债总量的增长空间，一般而言，房企规模越大，其可以增加的负债绝对量越大。一些自身规模不大却负债高企的房企，生存空间最为逼仄，房企的利润空间也进一步收缩。

3. 税收政策

与房地产有直接关系的税，包括耕地占用税、土地增值税、契税、房地产税、城镇土地使用税、城市维护建设税等。本处只具体讲解一下土地增值税、契税和房地产税。

土地增值税以增值额为计税依据，其主要的征税对象就是土地及其建筑物，所实行的税率为4级超额累进税率，在30%至60%之间，所征收的税率主要取决于土地增值率。

契税以转移土地、房屋使用权的行为为征税对象，以成交价格为计税依据。转移土地、房屋权属时，承受的单位和个人为契税的纳税人。

现阶段我国的房地产税还处于试点阶段。

2003年，党的十六届三中全会提出"条件具备时对不动产开征统一规范的物业税"，第一次释放出对个人住房保有环节征税的信号，随后这种税三次易名，从最初的物业税到房产税，再到2013年党的十八届三中全会正式确定为房地产税，按照"落实税收法定原则"的要求，开征房地产税要立法先行。目前房地产税进入改革试点阶段，2021年5月选取代表性城市进行试点，稳步推进房地产税立法。2021年5月15日《中国经营报》发表文章《房地产税的未来改革效应不止于楼市》，文章认为，房地产税和我们通常理解的房产税并不等同，房产税是以房屋为征税对象，以房屋的计税余值或租金收入为计税依据，向产权所有人征收的一种财产税，它属于房地产税的一种。也就是说，房地产税是指向房地产产业链各个环节的征税改革。之所以推进房地产税改革，是因为从目前国内房地产业的税收、收费、土地出让金等方面来看，不仅名目繁多，而且容易产生不规范现象。同时房地产税有助于对房地产行业的长效调控，因为房地产税涉及土地、房屋等各环节，这将提升土地和房屋交易成本，也就会遏制开发商炒地、部分投机者炒房等行为，推动房地产市场的理性发展。

2021 年 5 月 24 日财新发表文章《房地产税加速 哪些城市可能先行》，报道了房地产税试点改革释放出来的税制调整方向，房地产税的税制要素主要包括税基、税率、减免范围和征收方式，以及税收用途等。房地产税将按照评估值来征收，在制度安排上会有一些税收优惠，比如设置一定的扣除标准等，作为地方税种，其收入归属地方政府，中央会在税率、免征额等方面给予地方政府较大授权；在开征顺序上，根据各地情况会有先后。此外，该报道还提到开征房地产税最根本的是会改变政府土地出让行为。让土地的经济属性增强，地方可以根据市场变化调整土地供给总量。目前在总供给不足的情况下，土地供给减少、地价抬高，是矛盾的显著表现。一旦施行房地产税，地方政府为了得到增量税收，只能通过多出让土地来实现，这和以往可以通过少出让土地来实现收入增长形成明显反差。

4. 购房政策

（1）购房资格。

每个城市都有针对购买新房、二手房、商品房的资格规定，例如在北京买房，除了要有充足的资金外，还需要具备相应的购房资质。一般政府调控楼市，除了从住房贷款和公积金入手之外，还会选择宽松或从严的购房资格。2021 年 3 月 18 日中国经营网发表文章《西安楼市调控再加码：骗取购房资格 5 年内不得买房》，针对西安房价连涨 55 个月的问题，政府上调了二套住房的首付比例，并重点关注了购房资格核验，对弄虚造假骗取购房资质和违规“代持”购房，提出了严厉打击，甚至提出对失信购房者采取“五年内不得购房”的措施。

（2）住房贷款。

个人住房贷款是指贷款人用自有资金向借款人发放的用于购买住房的商业性贷款，该贷款必须以所购房屋为抵押。借款人是指具有完全民事行为能力的自然人。[1] 按照中国人民银行的口径，金融机构的住户贷款分为消费类与经营类。其中，消费贷款分短期和中长期，居民中长期贷款以购房按揭为主。

---

① 中国人民银行. 个人住房贷款管理办法［S］. 银发〔1998〕190 号文，1998.

根据抵押物新旧程度可将个人住房按揭贷款分为个人一手住房按揭贷款和个人二手住房按揭贷款两类；根据贷款资金来源可将个人住房按揭贷款分为公积金贷款、商业贷款和公积金组合贷款。[①]

（3）住房公积金制度。

国务院2002年颁发的《住房公积金管理条例》中对于住房公积金有着非常明确的定义和用途说明。住房公积金是“国家机关、国有企业、城镇集体企业、外商投资企业、城镇私营企业及其他城镇企业、事业单位、民办非企业单位、社会团体及其在职职工缴存的长期住房储金”。

2020年3月2日财新发表文章《住房公积金：完善还是取消?》，详细介绍了住房公积金的发展及优劣。中国住房公积金制度的建立，始于20世纪90年代的城镇住房体制改革。在此之前，城镇职工住房基本由单位建造，职工只需付少量租金即可居住，被视为福利，因而缺乏住房消费的动机和能力。如何解决住房投资和消费的融资来源，是当时的核心难题。后借鉴自新加坡的住房公积金制度，旨在通过强制性储蓄，让企业和个人共同缴存，汇集起来为购房职工发放低息贷款，提高居民住房消费的意愿和能力。这一制度最早于1991年在上海市率先试点，1994年国务院印发《关于深化城镇住房制度改革的决定》，提出在全国范围内全面推行住房公积金制度。此后对缴存、支付、使用及管理等做出统一规定，初步构建起制度体系。

不过，在公积金制度推行早期，主要不是用于职工购房，而是用于住房建设，为单位住房、安居工程、经济适用房建设发放了大量贷款。直到1999年《住房公积金管理条例》出台，住房公积金的使用范围才明确从购买、建造、翻建、大修自住住房以及偿还购房贷款本息等情形，逐步转向个人购房。

经过20多年的发展，截至2018年末，住房公积金缴存总额达到145899.77亿元，扣除提取总额后的缴存余额为57934.88亿元，分别比上年末增长16.86%、12.23%。快速发展的同时，住房公积金制度因覆盖面不足、使用效率低等问题，长期受到诟病，关于取消还是保留公积金的争议一直存在。

（4）违规贷款。

除了对居民购房、按揭贷款等问题进行报道，我国房地产业在销售环节

① 郑点点．我国个人住房按揭贷款操作风险及其防范研究［D］．成都：西南财经大学，2018.

存在许多违规操作，例如炒房、违规贷款等。2021 年 6 月 2 日《经济观察报》发表文章《广深严查融资担保、小额贷款公司“赎楼贷”“贷款担保”等业务》，对深圳市 9 家主要从事赎楼担保业务的融资担保公司被监管部门约谈进行了报道。2021 年上半年，广深等地严查融资担保、小额贷款公司等资金违规流入楼市等问题。个别小贷公司基于银行出具的经营贷同贷书等文件向其客户发放贷款，供其客户资金周转，提前使用未来经营贷资金，但其客户将上述资金用于偿还住房按揭贷款，再利用经营贷资金偿还小贷公司贷款，实现用经营贷替换住房按揭贷款的真实目的，使银行信贷资金违规流入房地产市场。

第六章

公司财报报道

公司财报报道主要是指围绕公司财务报表进行分析解读的新闻报道，一是通过对财报以及其他资料进行汇总和分析，了解和掌握各公司、各行业经济的发展情况；二是通过监督上市公司信息披露，检查、监督各公司是否遵守国家的各项法律、法规和制度，合理合法进行经营活动。

本章第一节首先介绍财报关注的主要指标，包括通用指标和特色指标；第二节总结三种财报报道的组稿思路；第三节讨论其他公开资料对报道做出的贡献；第四节通过解析一篇调查性公司财报报道，便于读者从具体报道对应理解财报报道的主要环节；第五节选取几大媒体，分析其在公司财报报道中的信源使用情况。

本章内容期待把握公司财报报道精华，使读者直观地了解到财报报道的主要内容和大致脉络，并从中学习到公司财报报道的写作技巧和分析方法，提高读者分析公司财报的能力。

第一节　财报关注主要指标

财务报表是企业所有经济活动的综合反映。对于上市公司而言，可以说是其成绩单：首先，财报是上市公司披露信息的重要环节，是记者与公众获取企业信息的最佳途径，绝大部分上市公司的财报信息相对完整，有助于我们快速了解和分析公司。其次，会计作为一种通用语言，具有可靠性、可比性。尤其是上市公司的报表经会计师事务所审计，通常被认为是可靠性较强的基础信息，公司的经营情况可能千差万别，但是财报可以提供可比的信息。

公司都需要在规定的时间内编制财务会计报表并审计。根据《公司法》第一百六十四条的规定，公司应当在每一会计年度终了时编制财务会计报告，并依法经会计师事务所审计。财务会计报告应当依照法律、行政法规和国务院财政部门的规定制作。

财报对于了解一个公司的重要性不言而喻，而年报则是一家公司财报中最值得细细研读的。不仅是因为年报更完整、详细，而且根据证监会公布的《公开发行证券的公司信息披露内容与格式准则》（2021 年修订）第 2、3 号中对于年报和半年报内容与格式的规定，只有年报必须要经过审计，所以年报更真实，通常被认为是具有最高分析价值的财务报表。但不是所有财报都可以查看，非上市公司的财报一般不公开。

根据有关规定，上市公司必须披露定期报告。定期报告又包括年度报告、半年报、第一季报、第三季报。财报披露时间如下：

年报披露时间：每年 1 月 1 日至 4 月 30 日；第一季报披露时间：每年 4 月1—30 日；半年报披露时间：每年 7 月 1 日至 8 月 31 日；第三季报披露时间：每年 10 月 1—31 日。

年报的披露时间大致为每年的 1 月到 4 月份，具体时间由上市公司自主决定，其中选择 2 月、3 月份披露年报的公司最多。

除了上市公司官方网站可以查看上市公司财报，还有三个官方指定网站能查看上市公司财报，分别是巨潮资讯网（http：//www. cninfo. com. cn/new/index）、上交所官网（http：//www. sse. com. cn/disclosure/listedinfo/announcement/）及深交所官网（http：//www. szse. cn/disclosure/listed/fixed/index. html）。

根据证监会的《公开发行证券的公司信息披露内容与格式准则第 2 号——年度报道的内容与格式》（2021 年修订），公司的年报正文中一般包括以下几个部分的内容：①重要提示、目录与释义；②公司简介与主要财务指标；③管理层讨论与分析；④公司治理；⑤环境与社会责任；⑥重要事项；⑦股份变动与股东情况；⑧优先股相关情况；⑨债券相关情况；⑩财务报告。在最后的财务报告部分，需要披露经审计的财务报表，其中与新闻报道相关的主要是两张表：资产负债表、利润表，另外的现金流量表和所有者权益变动表也会用到，只不过重要性略低。此外附注也需重点看，很多时候附注对于发现公司的问题有关键性作用。另外，公司年报正文中的一些其他部分也会披露新闻报道常常使用到的数据，比如在“公司简介与主要财务指标”部分，会以数据列表方式交代总资产、营业收入、归属于上市公司股东的净利润、归属于上市公司股东的净资产、经营活动产生的现金流量净额、净资产收益率等，在“管理层讨论与分析”部分，会报告公司当期内的主要经营情况，包括按照行业、产品、地区、销售模式等报告营业收入构成，也会披露主要销售客户和主要供应商的情况，以汇总方式披露公司对前5名客户的销售额占年度销售总额的比例，对前5名供应商的采购额占年度采购总额的比例，等等。这部分的数据相比财务报表来说更为丰富与细致。

一、直接指标

财报数据众多，内容繁杂，本部分只选取几个可以直接从财务报表中读取的常用指标作为代表进行讲解，而下一部分主要讲解比值指标。

（一）净利润

净利润是指企业当期利润总额减去所得税后的金额，即企业的税后利润，可以从企业的利润表中直接读取，也可以从年报开始的主要财务指标中读取。它是一个企业经营的最终成果，净利润多，企业的经营效益就好。比如2021年3月24日第一财经发表文章《腾讯公布2020年财报：经调整净利1227.42亿，超预期增长30%》，指出腾讯净利润同比增长30%，表示其公司发展较好。

（二）营业收入

营业收入包括主营业务收入和其他业务收入。在利润表中可以直接读取营业总收入的数额。主营业务的相关明细则可以在上面谈到的“管理层讨论与分析”部分读取。

主营业务收入指企业在从事销售商品、提供劳务和让渡资产使用权等日常经营业务过程中所形成的经济利益的总流入，具有经常性的特点。如旅游服务业中的门票、餐饮、商品销售等收入。其他业务收入是指企业主营业务收入以外的所有销售商品、提供劳务的收入及让渡资产使用权等形成的经济利益的流入，其不经常发生。如旅游服务业中的固定资产出租、废旧物资出售收入等副业收入。

值得注意的概念是营业外收入，其不在营业收入的范围内。营业外收入是与生产经营过程无直接关系、应列入当期利润的收入，具有偶发性的特点。

如接受捐赠、政府补助、债务重组利得等收入。营业外收入也可以在利润表中直接读取。

比如2021年3月26日《证券日报》发表文章《中手游公布2020年财报：营业收入超38亿元，经调净利大增32.1%》，财报显示中手游科技集团有限公司营业收入38.20亿元，同比增长25.8%，从财报可以看出五大业务表现亮眼。其通过坚持自身的发展战略，已经取得了优异的成绩。凭借对IP游戏生态的持续深化，有望保持其好成绩。

此外，因为主营业务收入的日常性和主要性，更能代表公司的业务水平和发展方向，因此也是公司财务报道中重要的分项内容。比如2021年8月19日《上海证券报》发表文章《三大主营业务收入齐增 腾讯二季度净赚340亿元》，表示三大主营业务中，金融科技及企业服务业务收入同比增长40%至419亿元，增幅高于增值服务业务11%和网络广告业务23%，并分析了业务增长推动原因。

（三）现金流

现金流是维持公司正常运营所必需的资金。需要注意的是，有些公司虽然净利润很多，但现金流却不一定好。原因可能是利润多以应收账款的形式存在，但应收账款不一定都能收回来，所以现金流（可以从现金流量表中的“现金及现金等价物的净增加额”项读取）这一指标也是需要注意的，现金流量表中的现金流又分为经营活动产生的现金流量净额、投资活动产生的现金流量净额、筹资活动产生的现金流量净额等几个部分。比如2021年8月7日《中国经营报》发表文章《中国光大绿色环保经营性净现金流连续4年为负 2021年上半年净利润同比下滑15%》，提醒近年来中国光大绿色环保业绩整体保持增长，但是其经营活动所产生的现金流量净额持续为负，4年间经营活动所产生的现金流量净额合计为-11.48亿元，其利润质量可见一斑。

（四）费用支出

公司费用支出中比较重要的有销售费用、管理费用和财务费用，一般称为企业“三费”，可以在利润表中对应找到这三项，后来又增加了一项研发费用。销售费用是指公司在销售商品过程中发生的费用；管理费用是核算公司为组织和管理生产经营所发生的管理费用；财务费用是核算公司为筹集生产经营所需资金而发生的费用。如今互联网等高新技术企业的研发费用也被频频提及，是指研究与开发某项目所支付的费用。

二、比值指标

比值指标通常反映了财务报表各项目的关系，通过计算同类项目之间，或者不同类但具有一定依存关系的项目间的比例，来揭示它们之间的内在结构关系，比如盈利能力、偿债能力、营运能力等。

（一）盈利能力

盈利能力是指公司获取利润的能力，常用指标有毛利率、净利率、净资产收益率等。

1. 毛利率

毛利率的计算方法是：（营业收入-营业成本）/营业收入。是指公司扣除直接成本之后剩余的利润占总收入的百分比，而其他的支出（包括费用、股息等）都没有计算在营业成本之内，这意味着毛利率高是公司可以继续有较高的销售费用、财务费用等的基础，所以毛利率是衡量公司盈利能力的良好指标，它是可以快捷有效地比较公司与公司、公司与行业平均水平的指标。我国可以从 2021 年以后的公司年报“管理层讨论与分析”一节获得公司毛利率数据，而港股则是直接在损益表中列示毛利率。比如财新在 2021 年 4 月 29 日报道《疫情影响伊利业绩 2020 年营收净利增速均放缓》中关注到，伊利 2020 年毛利率 36.2%，同比下降 1.2 个百分点，并分析其原因为原奶成本上升，但由于伊利自有牧场供应能力及奶源控制力较强，所受影响较同业略低。

2. 净利率

净利率是扣除所有成本、费用和企业所得税后的利润率，可以通过利润表中的净利润项目除以营业收入项目计算得出。与毛利率相比，净利率主要是在毛利率的基础上减去其他期间费用和损益，是单个产品的最终纯利所得。净利率和毛利率常用来反映公司的获利能力。比如 2021 年 4 月 19 日国信证券发表文章《国信证券——恒立液压 2020&21Q1 财报点评：盈利能力大幅提升，液压泵阀加速成长》，总结恒立液压 2020 年毛利率和净利率分别为 44.10%和 28.79%，同比分别增长 6.33 个百分点与 4.81 个百分点，盈利能力显著提升。

3. 净资产收益率

净资产收益率（Return on Equity，ROE），指的是上市公司的净利润与净资产之间的比率，反映了上市公司运用自有资本的效率。它可拆解为净利率、总资产周转率、权益乘数这三个数据之乘积。净利率表示的是公司盈利能力，总资产周转率反映了公司资产运用效率，权益乘数体现公司负债程度。所以，ROE 反映了企业在盈利、运营、杠杆使用上的综合能力，是分析企业基本面的关键数据。ROE 可以在 2021 年以后的年报“公司简介与主要财务指标”一节中获取。比如 2021 年 5 月 7 日《券商中国》发表文章《太赚了！ROE 平均 21.2%，最高可达 70%，这样的行业哪里有？来看 31 家保险资管去年业绩榜》，《券商中国》记者据年报数据估算，31 家机构 2020 年整体 ROE 达到 21.2%，但不同机构之间 ROE 存在较大差距。报道中表示，业界对于 ROE 的关注可能是由于该指标与机构的市场化程度存在一定关系：在 ROE 高的前提下，公司达到了股东要求的回报水平，更易推进配套的市场化措施。根据报道中保险资管机构的情况可以看出，ROE 较高的机构市场化程度也较高。

（二）偿债能力

偿债能力是企业偿还到期债务的承受能力或保证程度。常用指标有流动比率、速动比率、资产负债率等。

资产负债率又称负债比率，是公司负债总额与资产总额的比率，即公司在全部资金来源中从债权人方面取得数额的比重。资产负债率反映的是公司的长期偿债能力。比如财新在 2021 年 4 月 30 日报道《苏宁一季度营收下滑近 7%，扭亏转盈至 4.56 亿元》中提到，2021 年第一季报中显示，苏宁易购的资产负债率为 66.63%，相比 2020 年末增加了 2.86%。

值得注意的是，公司的资产负债率并非一定是在 100%以内的。比如《北京商报》2021 年 5 月 11 日报道《17 天 15 板！这只股票资产负债率却高达 17834.55%，还有 31 股已资不抵债》，报道中以 *ST 节能近 17 个交易日走出了 15 个涨停板为新闻由头，关注了其股价飙涨的背后，公司基本面并不乐观：*ST 节能 2020 年年报显示，其负债总额约为 23.94 亿元，而资产总额仅 1342 万元，资产负债率达 17834.55%，在 A 股排名第一。另外，报道还基于 Wind 的统计数据发现，剔除暂停上市股、退市股，沪深两市还有 31 股资产负债率超100%。

（三）营运能力

营运能力是以企业各项资产的周转速度来衡量企业资产利用的效率。周转速度越快，其经营效率越高。重点常用指标有存货周转率、应收账款周转率等。

1. 存货周转率

存货周转率是公司一定时期销货成本与平均存货余额的比率。其中销货成本（销售成本）一般来说是利润表中的本期“营业成本”项，而平均存货余额则为期初存货与期末存货的平均数。存货周转率是反映存货的周转速度的主要指标，即存货的流动性及存货资金占用量是否合理，促使公司在保证生产经营连续性的同时，提高资金的使用效率。提高存货周转率，可以提高企业的变现能力。比如2020年11月14日自媒体“每日财报”发布文章《啤酒三季报全部出炉，高端赛道上有人欢喜有人忧》表示，截至第三季度末，燕京啤酒存货38.41亿元，占总资产比例近20%，啤酒行业的存货周转天数一般为80天左右，燕京啤酒存货周转天数为182.86天，存货周转率仅为1.48次。

2. 应收账款周转率

应收账款周转率是公司在一定时期内赊销净收入与平均应收账款余额之比。赊销净收入可能不在财报中披露，可以以销售收入净额替代；平均应收账款余额为期初应收账款与期末应收账款的平均值。应收账款周转率越高，其收回账款越快。反之，则说明资金过多留滞在应收账款上，影响正常资金周转及偿债能力。比如2021年8月16日《证券市场红周刊》报道《华铁应急高增长背后：应收账款持续大幅增长助推营收，重要子公司出表粉饰利润》，表示华铁应急应收账款高企，截至2021年上半年末，应收款项余额高达16.6亿元；从近年年报数据看，其应收账款占营收的比重从2018年末一路飙升，到2021年年中达到156.3%。说明公司营收并未带来多少现金入账，营收质量极差。又比如，自媒体“面包财经”2020年4月23日对于《冰川网络：利润增长含金量不高，应收账款周转率持续下滑》的报道中提示，公司应收账款周转率持续下滑，2019年公司应收账款周转率为12.45次。该报道中的赊销净收入是以利润表中的“营业收入”项替代的。

三、会计报表附注中指标的使用

附注是为了便于会计报表使用者理解会计报表的内容而对会计报表的编制基础、编制依据、编制原则和方法、主要项目等所做的解释。下面举例介绍新闻报道中通常对附注的关注要点。

（一）应收账款

附注中有对应收账款的账龄分析。比如2021年3月29日《每日经济新闻》发表文章《中国银河去年净利增长38%，基金投顾业务爆发式增长，国泰君安尚欠1亿保荐费》称，记者查阅年报后发现，银河证券在财务报表附注中，披露了一笔应收国泰君安的账款，其账面价值为1.08亿元，账龄已达到3年以上，其欠款性质为应收证券承销手续费及佣金。

（二）所得税费用

所得税费用是指公司经营利润应交纳的所得税。比如2021年5月6日锦缎公众号发表《以三一重工、比亚迪、隆基为例：打开上市公司最后一道财务黑箱》，作者以三一重工的2020年报为例，在所得税费用的附注栏里，用两种方法估算利润表里的所得税费用，最终结果相差近一倍，提示投资者应综合行业和公司财务等情况判断上市公司。

（三）备抵账户

在会计报表中会单独列示各种备抵账户，主要包含各种减值准备项目（固定资产、无形资产、商誉等）、累计折旧等。比如2021年4月21日《经济参考报》发表《15.7亿资产减值后再输血 汤臣倍健加码澳洲项目惹争议》，汤臣倍健在回复采访时称，在半年报、年报财务附注部分，公司均有披露广州佰盛等重要子公司的主要财务信息，并在定期报告充分提示“商誉减值风险”。

（四）相关会计估计变更

公司据以进行估计的基础发生了变化，对会计估计进行变更。2021年2月24日中国经济网发表《星期六控股股东减持违规 实控人张泽民夫妻收警示函》，中国证券监督管理委员会广东监管局发现该公司未将4年以上存货预计售价的变更认定为会计估计变更，也未在2019年财务报告附注中披露。

（五）折旧率

附注中有固定资产原价和累计折旧的项目注释，要分类披露其期初数、本期增加、本期减少和期末数。2021 年 2 月 11 日国泰君安发表文章《“港股绞肉机”风云录之二：公司治理缺失导致的“绞肉机”》，分析了雨润食品如何粉饰财务报表推高股价，相比同行业公司附注中的固定资产折旧率，雨润食品的固定资产折旧率要低很多。

四、特色指标

还有一部分公司在财报中会披露和自己业务密切相关的运营指标，这些指标具有较强的行业性。

（一）互联网公司

互联网公司会披露日活跃用户数量、月活跃用户数量、付费用户、每用户平均收入、付费用户的平均付费值等指标。

1. 日活跃用户数量

日活跃用户数量（Daily Active User，DAU），通常统计一日（统计日）之内，登录或使用了某个产品的用户数（去除重复登录的用户）。受统计方式限制，互联网行业使用的日均活跃用户数指在统计周期（周/月）内，该 APP 的每日活跃用户数的平均值。

2. 月活跃用户数量

月活跃用户数量（Monthly Active User，MAU），指一个月之内网站、APP 等月活跃用户数量（去除重复用户数）。MAU 数量的大小反映用户的活跃度，但是无法反映用户的粘性。通常 DAU 会结合 MAU 一起使用，这两个指标一般用来衡量服务的用户粘性以及服务的衰退周期，常用于反映网站、互联网应用或网络游戏的运营情况。

3. 付费用户

付费用户指为了产品花钱的人，是互联网企业盈利的主要来源之一。除了衡量付费用户规模外，付费率也是衡量的一个方法，即付费用户占活跃用户的比例，一般说的是日付费率，计算方式是当日充值人数除以当日活跃人数。

4. 每用户平均收入

每用户平均收入（Average Revenue Per User，ARPU），计算方式是某时间段内的收益除以活跃用户数。数值越高，就代表用户在这段时间内为应用带来的变现收入越多，是评估应用变现有效性的指标。

5. 付费用户的平均付费值

付费用户的平均付费值（Average Revenue Per Paying User，ARPPU），计算方式是某时间段内收益除以应用付费人数。这个指标衡量的是某时间段内平均每个付费用户为应用创造的收入。

2021 年 5 月 21 日《21 世纪经济报道》发表文章《虎牙反击疲软：月活停滞，用户付费减少，收入环比负增》称，记者通过 2018 年以来公司的 MAU 指标回答了虎牙的竞争表现和进击海外市场的表现：从总 MAU 来看，2020 年第一季度各平台加总 MAU 达 1.51 亿，虽然数值创新高，但环比增速是 2018 年第二季度以来的新低；从移动端的 MAU 来看，该季度移动端 MAU 的高增是由于疫情带来移动端娱乐需求的暴增，而上季度移动端 MAU 出现上市以来的首次环比负增长更值得注意。数据显示，公司的季度付费用户数增加到 610 万，创出新高，而直播业务用户的 ARPPU 值环比下降了 18.9%，即增量但不增收。与虎牙类似，腾讯音乐的第一季度月 ARPPU 值环比下降约 20%。这说明，疫情增加了直播用户的粘性，但削弱了用户支付能力。

（二）银行

银行会披露资产管理规模、不良贷款率、拨备覆盖率、贷款收息率、表外资产的计提、客户数、手续费及佣金收入、理财产品规模等。银行类的特色指标常常出现在对银行的报道中。

1. 资产管理规模

资产管理规模（Asset Under Management，AUM）是用来衡量金融机构资产管理业务规模的一个指标，西方金融机构所使用的 AUM 指标一般是指按照公允价值计量、由金融机构所管理的客户资产总值；国内银行的 AUM 指标一般是指个人客户在银行的金融资产。公司的 AUM 值越大，代表其在行业里地位越高，而 AUM 的增长来自于老客户投入资本的增长和新客户的发展，以及资产市场价值的增长。

2021 年 4 月 19 日《21 世纪经济报道》发表文章《零售金融 2020 终极

PK：国有行分化，股份行“洗澡”，银行业决战 AUM》，从中可以看出，国内银行的 AUM 主要是指零售客户总资产：工行 AUM 达 16 万亿元，在所有上市银行中遥遥领先，股份制银行中招行 AUM 总额逼近 9 万亿元，远远领先于其他股份制银行。

2. 不良贷款率

不良贷款率是指银行业金融机构不良贷款余额占各项贷款余额的比重。不良贷款是指在评估银行贷款质量时，把贷款按风险基础分为正常、关注、次级、可疑和损失五类，其中后三类合称为不良贷款。金融机构不良贷款率是评价金融机构信贷资产安全状况的重要指标之一。

3. 拨备覆盖率

拨备覆盖率是指实际上银行贷款可能发生的呆、坏账准备金的使用比率，主要反映银行对贷款损失的弥补能力和对贷款风险的防范能力。不良贷款拨备覆盖率是衡量商业银行贷款损失准备金计提是否充足的一个重要指标。比如 2021 年 4 月 11 日“环球老虎财经”发表文章《“绩优生”宁波银行的 2020 年，坚持本源为股东创造价值!》称，宁波银行 2020 年不良率 0. 79%，连续 11 年低于 1%；拨备覆盖率 505. 59%，位列上市银行第一，也是唯一一家拨备覆盖率超过 500%的上市银行。

4. 表外资产回表

表外资产回表，2020 年 7 月央行宣布将资管新规过渡期延长至 2021 年底，并鼓励采取新产品承接、市场化转让、回表等多种方式有序处置存量资产，2021 年是资管新规过渡期的最后一年。银行表外资产的回表步伐也在加速，多家银行均在年报中披露了为理财回表计提不良拨备的情况。

五、报道特点和意义总结

财务报表可以全面反映公司的财务状况、经营成果和现金流量情况，但单纯阅读财务报表上的数据并不能直接、全面地了解公司的财务在同行业中的优劣，因此，只有通过汇总与筛选数据，通过各种指标与同行业公司进行横向对比，或者与公司自身进行纵向对比来发现问题，才能更深入地了解公司真正的财务状况。

因为上述的指标都是重点关注指标，所以一篇财报报道通常会涵盖上述多项指标，全面地对公司进行分析。比如2020年3月28日新华网发表文章《营收、毛利润、净利润大幅增长 碧桂园2019年业绩持续领先》，表示2019年碧桂园盈利表现亮眼，营业收入、毛利润、净利润分别同比增长约28.2%、23.6%和26.1%。此外，现金余额创新高，财务杠杆保持低位。碧桂园自2016年以来连续第四年实现净经营性现金流为正，达146.7亿元。债务方面，截至2019年12月31日，碧桂园需于一年以内偿还的短期有息债务仅占总有息负债的31%，且现金余额对于短期有息负债的覆盖比例高达2.3倍，短期偿债无忧。同时，碧桂园自上市以来连续12年将净借贷比率保持在70%的红线以下，净负债率也远低于Top30房企的平均水平。盈利大增之余，碧桂园连年向投资者派发丰厚的股息，全年派息总额124.38亿元，占公司股东应占核心净利润的31%。此外，2019年碧桂园基本每股盈利1.85元，同比增长14.9%。多项数据突显了其强大的经营管控能力。

第二节　财报报道思路

本节总结了财经媒体进行财报报道时的三种主要思路：一是聚焦单个公司发布的财报，关注其业绩表现；二是对比两家或几家行业内具有代表性的公司财报，关注巨头之间的此消彼长；三是统揽一篮子同行业公司的财报，此时的关注焦点不再是通过财报洞悉单家公司的运行状态，而是通过多份财报总结行业的发展现状。

财报分析报道根据公司展开，每家公司可能有自己的问题，每个行业也有自己的特点。因此在宏观、金融、行业等几类财经报道中，财报报道每篇的特殊性较强，更需要具体问题具体分析，本节只总结其中的主要思路和较常提到的点以供参考。

一、单篇财报分析

针对单篇财报进行分析、关注单家公司的运行情况是最常见的财报报道形式。本部分归纳了一般单篇财报分析报道的基本要件，即结果总结、原因分析、影响几何。

其中，原因分析应为一篇财报报道的核心，决定了报道是否深刻、是否全面，最见记者的分析功力。一方面，记者在拿到一份财报后，除了获知营收与净利润显示的大体经营状况外，还需要根据经验研判得出最值得关注的数据变化；另一方面，一篇优秀财报分析报道的逻辑应是层层深入而非平面化的，不仅要呈现原因，还有原因背后的原因；从整体数据到具体数据，从数据端到业务端，从内部业务到外部环境……抽丝剥茧，形成完整的逻辑链条，把握数据与数据之间、数据与业务之间的联动关系。例如 2021 年 11 月 23 日财新发布报道《快手三季度日活回升亏损同比扩大 401.4%》，指出快手营收增长主要是由于运营数据下降趋势得到遏制，具体表现为日活用户 3.204 亿人同比增长 17.92%，而实现日活增长主要得益于公司近半年来的两次组织调整以及持续进行的推广营销和拓展海外业务，但这又带来销售费用的提升，导致快手净亏损缺口扩大。

需要指出的一点是，本部分内容中例文的引述方式和其他部分略有不同。虽然本章开篇提到财报报道每篇的内容差异性较大，但其成稿思路基本上比较统一，即从结果到原因的分析。因此以下引述的例文主要是为了详细展示某一话题的具体应用，即某个话题在该篇报道中体现得比较典型，并不代表该报道的主要内容或者框架，因为一个公司业绩表现的成因一定是复杂且多元化的。

（一）结果总结

营收和净利润、净亏损能最为直观地体现一家企业在报告期间的运行情况，通常作为一篇财报报道的逻辑起点，也经常作为财报报道的标题内容。除陈述绝对值以外，增速等相对值也值得关注。比如 2021 年 5 月 11 日澎湃新闻在其搜狐号上发表《2020 下半年营收盈利创新高，海银财富经营效能大幅提升》，表示海银财富 2020 年下半年财报显示期间总营收达 8.69 亿元，同比增长 40.7%。由此入手分析营收增长的原因，即公司在疫情期间顺势加快开启数字化转型，增加了客户的认可度和对企业的品牌认知，实现了营收增长。

（二）原因分析

1. 点明最显著原因：营收侧、净利润侧分析

从营收数据和净利润、净亏损数据出发，寻找造成如此结果的原因，一般分为营收侧分析和净利润侧分析。营收侧分析主要看公司的营收结构，即

细察增长点和亏损点是什么，来自于哪块业务。如财新 2021 年 11 月 27 日发布报道《拼多多三季度营收、用户增长再放缓股价暴跌》，指出分业务来看，拼多多网络营销服务及其他收入仍为支柱。第三季度，该项收入为 179.47 亿元，同比增长 44%。交易服务收入 34.77 亿元，同比增长 161%。自营业务收入同比下降 79%至 8210 万元；又如 2019 年 3 月 28 日艾媒网发表《财报解读丨海通证券净利润下滑近四成，55%营收来自子公司》，发现 2016 年海通证券子公司收入首次超过母公司，此后两年海通证券的子公司业绩表现持续强劲，子公司营收贡献占比超五成。

此外，海外业务也经常作为一家公司的增长点或亏损点出现，比如 2021 年 8 月 20 日自媒体人刘旷发表《虎牙财报：告别高成长，出海觅食》，表示从数据看虎牙国内游戏直播瓶颈已现，但来自海外的营收同比增长了 200%，同时虎牙在电竞赛事上也在进步，这些都为其接下来的持续发展奠定了重要基础。同时已经纳入腾讯财务报表的虎牙，接下来或将有机会获得来自腾讯集团层面的更大支持，开辟新的第二增长曲线。

净利润侧分析的具体参考项目则主要来源于三张表中的利润表。利润表的结构是多步式，首行为营收，尾行为净利润（暂不考虑每股收益），因此中间的一系列项目即为净利润的主要影响因素，其中常见的有营业成本、费用、投资收益等。比如财新 2021 年 11 月 23 日发布报道《小米三季度手机销量同比下滑 总收入增速放缓》，指出小米净利润下降主要是受被投上市公司公允价值波动影响。按公允价值计入的投资收益由去年同期的 34 亿元，转为当期的亏损 20 亿元。排除一次性影响后，当季小米的调整后净利润为 51.76 亿元，同比增长 25%。

财报报道中常关注的费用主要有研发费用和销售费用两种。销售费用如 2021 年 11 月 18 日财新发布报道《百度三季度广告业务增长放缓 投资亏损拖累业绩表现》，指出在除去一次性收益的 Non-GAAP 口径下，百度第三季度录得 51 亿元的净利润，同比下降 27%，环比也下降 5%。利润水平下降主要是由于费用激增，其中研发费用同比增长 37%至 62 亿元，销售和行政费用同比增长 55%至 73 亿元。

2. 深入剖析：数据—业务—外部环境

（1）数据端。

除了上述提到的营收、净利润/净亏损、营业成本、费用和投资收益等，财报中还有其他一些值得关注的财务数据，如现金流、利润率等。2021 年 10

月 30 日，财新发布报道《苏宁易购三季度亏损 41 亿元 收入创近 10 年新低》，指出 6 月以来持续的流动性严重不足使得苏宁核心业务电器 3C 的库存商品规模创历史最低值，销售规模急剧下滑，带来了经营业绩的大幅度亏损，毛利额大幅下降。前三季度，苏宁易购经营活动产生的现金流量净额为 -44.56亿元，同比减少了 83.43%。2021 年上半年，苏宁的零售主业已严重受到流动性危机的影响，营收同比减少 20.96%，至 936.06 亿元，净亏损 34.52 亿元，亏损额扩大了 1972%。

财报还会给出一些报告期内公司的业务数据。不同行业有各自需要关注的独特业务数据：如前面讲到的电商类公司的日活、月活、商品交易总额（Gross Merchandise Volume，GMV）等；平台汇集的资源数如房源数、商户数等。2020 年 8 月 14 日投资者网发表《房多多 Q2 财报：活跃商户、房源规模双增长创新业务驶向蓝海》，分析 2020 年第二季度的财报显示房多多的商户及房源规模持续扩大，房多多搭建产业 SaaS（基于互联网的软件服务），连接商户的能力不断增强，SaaS 将在经纪行业数字化转型中起到关键作用，有望驱动房多多在新房业务中获得更大的市场份额。

餐饮类企业通常需要关注实际售价和门店总数等数据，售价又具体地表现为客单价、单件售价的变化等。2021 年 12 月 10 日，财新发布报道《瑞幸三季度亏损大幅收窄 单杯平均售价持续上涨》，指出第三季度瑞幸通过减小折扣力度带来咖啡实际售价的提升。根据财报计算，瑞幸在第三季度的饮品单杯平均售价约为 15.2 元，相比上半年提升了 0.7 元，2019 年第四季度这一数据为 9.7 元。此外，截至三季度末，瑞幸的门店总数为 5671 家，其中自营店 4206 家，加盟店 1465 家，两类门店环比各增加了 200 家左右，开店速度有所回升。2020 年，瑞幸以闭店为主，当年净减少了约 600 家自营店。2021 年逐渐恢复扩张，但目前自营店数量仍不及其最高峰的 4500 余家。

对投行等银行来说，很重要的一个指标即杠杆率。2020 年 3 月 20 日界面新闻发表文章《杠杆率提升、收入结构大改、资管承压中信证券年报，投射出这几大重要变化》称，中信证券杠杆率提至 4 倍，居行业第一，在业内券商中是最高的，体现了其极强的用表能力，但与国际一线投行 11~12 倍的杠杆率相比仍有差距。

（2）业务端。

各项数据表现是公司业务动向的结晶。从数据端分析走向业务端分析，就是要剖析公司最近的哪些业务举措导致了这些数据结果。常提到的业务举措有以下几种。

组织架构整合。包括业务条线重整、管理层人事变动等。比如2021年11月26日财新发表《社区团购等新业务拖累业绩 美团三季度经营亏损101亿元》，指出近期美团进行了架构调整，专门成立了零售决策小组，并整合美团优选、快驴和美团买菜等业务，统一交由美团优选负责人陈亮负责；除了自营零售业务，美团保留原到家事业群的美团闪购业务独立运营，并加强与零售渠道合作。此举提高了美团在零售方面的组织能力，尤其是跨不同业务线的资源整合。

产品或业务升级。2020年11月15日财联社发表《拼多多首次季度盈利背后发生了什么？这些市场动作正在发生》，指出公司的第三季度财报显示，GMV增速趋缓。报道解释了拼多多为何在放缓百亿补贴力度的情况下，依然能够保持GMV的正向增长，因为拼多多调整百亿补贴的品类与方向，将日用品与农产品囊括进补贴范畴。2021年3月23日《钱江晚报》发表了《从〈斗罗大陆〉到〈赘婿〉，阅文发布2020财报，下半年版权营收环比增280%》，业绩报告显示，阅文IP开发能力提升，全年对外授权约200个IP改编权，版权运营收入下半年达27.3亿元，较上半年环比增长280%。阅文表示会与行业内的合作伙伴展开充分合作，为实现IP的长期价值增长共同努力，打造IP行业生态，从IP的长期价值创造中获益。

战略和定位转向。2021年5月25日《证券日报》发表文章《从财报看阿里健康战略走向：布局医疗健康服务平台》，记者注意到阿里健康发布2021财年业绩公告相较于往年有一个重要变化，或可管窥其下一步的战略走向，即将互联网医疗与消费医疗板块合一，升级为“医疗健康服务业务”。同时阿里健康董事长兼CEO朱顺炎此前在采访中表示：“互联网医疗服务本质是普惠服务。”业绩公告披露的日均在线问诊服务量、支付宝医疗健康频道年度活跃用户数和核酸检测在线预约服务目前已覆盖城市数可以表明阿里健康正在不断扩大医疗健康服务领域。2021年2月19日《中国基金报》发表文章《百度2020财报解析：人工智能第一股成色几何?》，通过AI生态亮眼的成绩分析百度已经从一家传统互联网搜索巨头进化成为一家AI生态型公司。

收购与并购影响。2021年8月19日“和讯财经”在《并购增厚上半年业绩万邦达营收、净利均翻番》文中表示，万邦达的业绩高涨和并购有关。

通过控股惠州伊斯科，将新材料（碳五、碳九系列石油化工产品）的生产与销售纳入公司主业，实现资产的多元化配置。

（3）外部环境。

将企业放在宏观的经济大环境下，分析外部因素对企业业绩的影响，主要包括上游供应链、消费端和法规监管等方面。

供应短缺，原材料价格上升。2021 年 4 月 30 日，《第一财经日报》在《苹果二季度销售额增五成 芯片短缺或致损失数十亿美元》中指出，虽然 5G 手机升级需求推动了该公司的销售和利润，但该公司首席财务官卢卡·梅斯特里（Luca Maestri）预计，在第三财季中，芯片短缺可能使公司损失 30 亿~40 亿美元的收入。苹果公司 CEO 库克（Tim Cook）曾表示，供应链的挑战将主要影响 iPad 和 Mac 电脑。

消费端变化，如市场需求、社会风潮等。2020 年 11 月 14 日，自媒体“娱乐硬糖”发表《腾讯音乐 Q3 财报背后：音乐消费已经成为一种新潮流》，通过腾讯音乐娱乐集团最新财报中在线音乐付费用户的增长数据，可知长久以来人们免费听歌的意识正悄然发生转变，对付费音乐的接受程度越来越高。

政策利好或法规监管风险。政策利好方面：2021 年 11 月 19 日财新报道《京东三季度业绩超预期 预计宏观环境挑战将延续至 2022 年上半年》，写到关于市场关注因苏宁发展不利和“二选一”废除带来的利好可以持续多久，京东集团总裁徐雷回应称，京东过去时尚家居等品类的发展不如预期，随着国家对“二选一”的重视以及京东的能力打造，预计该业务将实现增长提速。监管风险方面：2021 年 11 月 22 日财新报道《知乎三季度净亏损 2.7 亿元月活破亿》，提到关于分析师关注的《个人信息保护法》施行后的监管问题，知乎 CEO 周源称监管的方向是促进行业合规和可持续发展，知乎一直和主管单位保持密切沟通，其实在合规化改造升级方面已进行过一段时间，更规范的行业是新常态，对行业长期更好。

（三）影响几何

财报将公司报告期内的业绩表现告知投资者，为其未来投资提供最新指引，对公司而言自然会影响股市表现和其他融资渠道的通畅程度，因此关注财报公布后的股价变化以及衍生出的对评级与估值的影响是财报报道的常规动作。2021 年 8 月 18 日“美股研究社”发表《腾讯音乐财报发布当日盘后股价涨超4%，8月以来获40多家投资机构加仓》，关注了腾讯音乐2021年第二季度财报公布后其股价上涨的情况，指出我国数字经济蓬勃发展的宏观背景引发了资本市场的关注与看好。2021年11月25日财新发布报道《阿里健康上半财年净亏2.83亿元 市值两日蒸发近百亿》，指出已有机构下调阿里健康评级。摩根大通报告称，将阿里健康评级下调至“中性”，目标价由29港元降至9港元。该机构表示，相信阿里健康估值溢价主要来自其有望成为一站式网上医药服务平台，但因行业监管的转变，料其估值溢价不会在短期内复原。

一些逆向波动更易获得关注，这是因为过往的经营业绩已成事实，资本市场有时候更为关心上市公司未来的业绩增长弹性和确定性。如2021年4月30日《21世纪经济报道》发表《巨亏18亿但股价冲击涨停 天齐锂业财务费用同比少7亿》，表明出现这一“背离”走势的关键来自市场预期，通过分析天齐锂业发布的年报发现，其财务费用下降，并且主营业务仍然处于盈利状态，这些经营、财务上的“拐点”符合资本市场的期望。

二、巨头对比

此类财报报道一般会选取两家或几家行业内具有代表性的公司，通过分析财报，对比其业绩、业务、定位等方面的异同。在财报的分析思路上，基本与第一部分的单篇财报分析重合，但此类报道的重点转移到了如何在几家有联系、有共性的公司中勾勒出各自的不同，以及造成这种差异的原因。虽然现在同为行业巨头，但通过财报可以起底其不同的增长故事，以及管窥未来差异化的发展方向。

2021年8月20日“一点财经”发布报道《新一轮零食竞争开启：三只松鼠向左，良品铺子向右》，对比了三只松鼠和良品铺子的财报，总结出三方面的不同：首先，三只松鼠的重点在利润，良品铺子在营收和利润方面的努力则相对均衡，因为三只松鼠2020年以来实行“聚焦坚果”战略，缩减存货量单位、优化品类结构，营收自然增长有限；其次，三只松鼠的业绩呈现明显的周期性，而良品铺子的业绩周期性没有那么明显，这是因为三只松鼠以线上为主，受每年“双十一”、“双十二”、春节大促影响较大，而良品铺子起自线下，后来线上线下并重；最后，在经营思维上，三只松鼠更求稳，这导致其与营收比更追求利润，在新品牌发展、新渠道上略显迟缓，而起源于线下的良品铺子一直以来营收、净利发展相对均衡，营收还有更多增长空间，因此展现明显的市场进攻意图，仍继续以规模发展为前提，在新品牌、新渠道发展上更“卖力”。

三、统览行业

此类财报通过分析同行业数家公司的财报，洞悉行业的发展现状。与第二种思路的区别是，此时不再关注某家具体公司的运行状态或发展异同，而更多关注其中的共性，上升到行业层面。下面以一些具体行业举例。

保险业。2020 年 3 月 26 日新财富发表《四大险企 2019 财报齐亮相，多赚了 1000 亿，估值却创新低，投资人在愁什么?》，指出 2019 年财报显示四大寿险公司创下历史最佳业绩，然而估值却都处于历史底部。报道通过寿险的负增长引出寿险改革的关键作用，即平安自 2018 年来持续推动的寿险改革是判定平安走势乃至解读整个寿险行业未来发展的关键。

银行业。2021 年 4 月 27 日《上海证券报》发表《银行股为什么又“香”了?》，指出银行股“吸金”能力爆发，原因在于银行坚实的业绩基本面向好。虽然会一时被市场遗忘，但有价值的公司终究会被市场接受和认可。

生物医药业。2021 年 4 月 29 日《经济日报》发表《生物医药行业研发投入位列前茅》，观察到新冠肺炎疫情给全球医疗行业带来考验的同时，也促使生物医药类企业进一步加大了研发投入，为未来创新药的高速发展奠定了基础。

房地产业。2020 年 4 月 9 日《中国房地产报》发表《2019 年 TOP50 房企财报大解析：它们是行业中“最硬核”企业》，从营业收入、净利润、总负债以及净资产收益率等方面对已披露 2019 年业绩报告的 TOP50 上市房企进行分析发现，2019 年房企营收均值增速呈现下滑、上涨、下滑波浪曲线态势，净利润均值增速则呈现出倒“U”型态势，房企利润率普遍下行，营收方面“增收不增利”，平均资产负债率与 2018 年基本持平，为 80.05%，而业绩目标从之前的规模冲刺转化为降速增利，不少房企下调了业绩增速目标。

乳业。2021 年 4 月 26 日《第一财经日报》发表《今年奶粉生意增长更难 乳企急寻第二战场》，表示 2020 年奶粉上市公司财报业绩增速集体放缓，在本轮存量竞争上，对渠道的争夺成为下一轮的热点。

第三节 其他公开信息资料

财报不是完整涵盖公司各方面信息，当我们不能从四张会计报表或者财报的其他信息中发现公司问题、佐证相关报道时，就需要查阅其他公开信息资料。

一、审计意见

审计意见主要指审计机构对公司财报发表的审计意见，具体是指注册会计师对于所审财报是否符合会计准则，以及是否在重大方面公允地反映了被审计者的财务状况、经营成果和现金流量而发表的意见。会计师事务所的意见往往是评价公司财报的重要依据。一般分为四种审计意见：无保留意见、保留意见、否定意见和无法表示意见。后三者也被称为“非无保留意见”。

无保留意见即注册会计师认为财务报表在所有重大方面按照适用的财务报告编制基础编制并实现公允反映时发表的审计意见。

保留意见指注册会计师认为财务报表整体是公允的，但是存在影响重大的错报，或者注册会计师无法获取充分、适当的审计证据以作为形成审计意见的基础，可能产生的错报影响重大但不具有广泛性。比如：公司在一项应收账款的确认上存在重大错报，而其他方面都没有问题，此时审计报告出具的应该是保留意见。

否定意见是注册会计师认为错报单独或者汇总起来对财务报表的影响重大且具有广泛性。

无法表示意见意味着注册会计师无法获取充分、适当的审计证据作为形成审计意见的基础，但认为未发现的错报（如存在）对财务报表可能产生的影响重大且具有广泛性。

可以简单地理解为，无保留意见表示公司编制的财务报表没有问题；保留意见表示公司编制的财务报表部分存在问题；否定意见表示公司编制的财务报表不可信；无法表示意见代表注册会计师没有获得证据，无法判断该财务报表有没有问题。

审计意见非常重要，人们阅读财报的前提是财报的信息是真实的，不然无法依据其中数据客观判断企业信息。阅读审计意见后，记者可以简单地知道财报哪些数据是存疑的，进而可能挖掘出公司有关风险或粉饰财报的痕迹，对公司的问题进行报道，实现财经媒体对上市公司的监督作用。比如 2020 年 4 月 30 日《每日经济新闻》发表的《ST 德威近 10 亿票据逾期：独董不保证财报真实性，审计机构无法表示意见》中，独董称不保证财报真实性，而审计机构对年报出具无法表示意见的审计报告，原因有两点：一是逾期未兑付的票据（商业承兑汇票），二是仍未解决的违规担保，2021 年 9 月 12 日公司涉嫌信息披露违法违规一案已由证监会调查完毕。

二、管理层的讨论与分析

财报中“管理层的讨论与分析”是上市公司年报第三部分的内容，要求管理层对业务经营信息、财务报告数据、报告期内发生和未来将要发生的重大事项进行讨论与分析，以帮助投资者了解其经营成果、财务状况及未来可能的变化。其中要求报告公司在报告期内：①所处行业情况；②从事的业务情况；③核心竞争力的重要变化及对公司产生的影响；④主要经营情况，包括但不限于：主要经营业务，造成本期公司利润构成或利润来源的重大变化的非主要经营业务，资产及负债状况，创业板、科创板公司尚未盈利的原因及影响，公司面临的重大风险，投资状况，重大资产和股权出售，主要控股参股公司分析，公司控制的结构化主体情况；⑤对未来发展进行展望，包括但不限于：行业格局和趋势，公司发展战略，经营计划，可能面对的风险等。应当从业务层面充分解释导致财务数据变动的根本原因及其反映的可能趋势，而不能只是重复财务报告的内容，另外也需要保持业务数据统计口径的一致性与可比性。这部分内容对于财务报表是很有帮助的补充。

其他情况下管理层讨论与分析的获得途径有以下几种。

（一）业绩说明会

上市公司可在年度报告披露后召开业绩说明会（年度报告说明会），由公司管理层出席。鼓励纳入“沪深 300 指数”的主板上市公司召开业绩说明会，可通过现场、网络、电话等方式进行。会前，上市公司向所有投资者提前公开征集问题；会后，公司应当立即整理出完整的会议记录。会议记录或会议实况录音录像资料应当通过公告或（和）公司网站挂网的形式向全体投资者公开。通过业绩说明会可以从管理层对投资者关心内容的解答中，了解公司所处行业状况、发展战略、生产经营、财务状况、风险与困难等。比如2021年3月31日，华为举办发布会公布2020年度业绩情况，会上华为轮值董事长胡厚崑对华为手机业务、芯片、汽车等问题一一做出解答。

引用业绩说明会中管理层的发言是公司财务报道较为常用的方法，比如2020年8月25日《21世纪经济报道》发表《信也科技发布2020 Q2财报：业绩表现稳健，“平台与科技赋能”大战略初见成效》，除了财报数据分析，报道也引用了信也科技CEO章峰在业绩说明会中的关于信用风险控制、客群上浮战略、科技赋能等内容的发言。

（二）分析师会议

分析师会议是公司向利益相关者提供公司信息的众多方式之一，主要目的是使机构投资者及时全面了解公司的经营状况，并对发展前景充满信心。分析师会议的流程主要是公司高管解读财报并回答分析师提问，消除投资者的疑虑，明确市场的预期，使投资者可以准确把握公司的实际情况。比如2020年11月20日红钻财经发表《Q3分析师会议上，拼多多高管详解了多多买菜的一切》，列出部分财报数据，并介绍各家券商分析师都将问题聚焦在了拼多多新推出的多多买菜业务上。最后也附上了分析师会议的实录。

（三）新闻发布会

新闻发布会作为企业公关重要手段之一，可以积极塑造正面的企业形象，有沟通大众、传播资讯的作用。通过新闻发布会，可以进一步了解公司发展情况和业务板块，比如2021年3月21日和讯网发表《中企纳川集团成功上市 新闻发布会在北京举行》，发布会现场有纳川集团董事长关于建筑企业融资难的问题和中企纳川集团通过上市审核的成功原因的发言，以及中企纳川集团运营总监公布的集团发展战略规划。

（四）路演活动

路演是指在公共场所进行演说、演示产品、推介理念，及向他人推广自己的公司、产品、想法的一种方式。公司路演活动是公司为了展示自身品牌和产品，吸引意向投资机构和潜在合作伙伴的关注，所进行的推介活动。比如2020年10月27日，蚂蚁集团董事长井贤栋、CEO胡晓明、首席财务官韩歆毅、数字金融总裁黄浩参加网上路演，就蚂蚁集团经营状况、竞争格局、合作生态、风险控制、未来规划等问题答投资者问。

（五）媒体采访

关于公司管理层的媒体专访是记者请公司高管就专门性的问题进行解答，以获取独家新闻的方法，话题包括企业发展规划、当前的变革、未来的远景等，可以从中获得更详细的公司情况。比如2020年6月27日《中国证券报》发表《最新独家专访四连板！这家公司“牵手”钟南山任职企业意欲何为?》，以*ST雪莱与钟南山担任董事长的广州呼研所医药科技有限公司签订了战略合作协议为新闻由头，讨论了这一事件对公司经营业绩的影响，采访了*ST雪莱董事长施新华，其表达了对于公司2020年业绩扭亏为盈的信心，还说明了公司的产业规划调整和发表定增新规的重要性。

（六）企业峰会、论坛、沙龙等活动

这些企业会议常常围绕某个专题，由领域内的权威人物进行对话交流，以促进该领域的交流与发展。参会人员除经济学家、业内专家、会议的常务理事会员等，还有企业高层，如董事长总裁也会出席。围绕主题从国际国内经济环境变化、行业发展方向、政策导向等方面进行多维度、有深度的解读与研讨，比如世界互联网大会、全球企业家论坛、国际金融论坛、行业峰会等等。

三、公司公布的其他信息资料

（一）招股说明书

招股说明书是股份公司公开发行股票时，就募股事宜发布的书面通告。招股说明书是关于公司所在行业、公司治理、商业模式、资本运作等的系统材料。主要内容包括：公司状况、公司经营计划、公司业务现状、股本和股票发行、公司财务状况、公司近几年年度报告书等。招股说明书是发行股票时必备的文件之一，需经证券管理机构审核、批准，也是投资者特别是公众

投资者认购该公司股票的重要参考，通过阅读招股说明书，可以了解行业状况和分析公司投资价值。2021 年 10 月，证监会发布《公开发行证券的公司信息披露内容与格式准则第 46 号——北京证券交易所公司招股说明书》，对于北京证交所的招股说明书格式和披露准则进行了说明。

2021 年 1 月 28 日《金融投资报》发表《东瑞股份二度“奔 A”胜算多大?》，记者注意到东瑞股份已是二度冲刺 IPO，通过对比 2017 年招股书和最新招股书，发现东瑞股份业绩较不稳定。此外，与头部企业的扩产项目比，东瑞股份扩产项目的建设期较为落后，届时如何消化如此大的产能也成问题。

（二）临时报告

临时报告是上市公司持续信息披露义务的重要组成部分，在发生重大事项时需向投资者和社会公众披露信息，即上市公司按照法律、法规规定的内容和格式，将可能对公司和信息使用者产生影响的事件随时予以披露的报告文件。比如 2021 年 2 月 24 日《新京报》发表《股价一年暴涨 25 倍富途证券是否存在估值泡沫》提到，富途证券在提交给美国证券交易委员会（SEC）的临时报告中对 2019 年第一季度业绩进行大幅修改，引起媒体怀疑富途证券涉嫌粉饰报表，虚增利润。

根据 2021 年最新颁布的《上市公司信息披露管理办法》，发生可能对上市公司证券及其衍生品种交易价格产生较大影响的重大事件，投资者尚未得知时，上市公司应当立即披露，说明事件的起因、目前的状态和可能产生的影响。这些重大事件包括：《证券法》第八十条第二款规定的重大事件，公司发生大额赔偿责任，公司计提大额资产减值准备，公司出现股东权益为负值，公司主要债务人出现资不抵债或者进入破产程序，公司对相应债权未提取足额坏账准备，新公布的法律、行政法规、规章、行业政策可能对公司产生重大影响，公司开展股权激励、回购股份、重大资产重组、资产分拆上市或者挂牌等 19 项内容。

（三）问询函回复

年报审核是上市公司监管的重要方式，证监会审核公司年报，然后集中在 3—6 月份向公司出具年报问询函，内容涉及财务数据、公司治理事项、其他重大事件等。年报问询函中会要求公司对问询事项在指定日期前提交书面解释，部分公司会因多种原因延期回复，需提前披露延期发布日期。年报的真实、准确、全面，对投资者做出投资决策影响深刻，有的问题经过问询和回复，上市公司可以让市场更好地了解到自身价值，让投资者对上市公司的真正价值做出准确判断。年报问询中发现的问题和线索，不仅对公司合规运营起到指导作用，而且对投资者也是一种预警信号，有时也会牵出公司存在的风险，甚至是隐匿的违法违规案件。媒体会关注监管部门向上市公司发出的问询函情况，比如《经济参考报》2021 年 5 月 20 日发表《近 300 份问询函直击上市公司年报疑点》，记者统计了截至 5 月 19 日沪深交易所发出的、与 2020 年年报有关的近 300 份问询函所关注的问题，发现这些问题涉及财务真实性、大股东资金占用、违规担保、高管薪酬、独董履职、内部控制等方面。

除年报问询函外，证监会还会发布监管关注函、意见函、其他问询函等多种监管函件，在进行公司财报报道时，也可以关注这一方面。

四、公司财报报道总结

这部分的报道中需要注意的问题是，公司会有宣传自身企业的需求，财报发布后是一个常见的时机与窗口。我们发现，在上文的个别案例中，会存在多家媒体刊登相同或相近题目及内容的报道的情况，即媒体（包括自媒体）发布疑似企业公关软文的内容。因此记者在报道的时候需要给予注意，提高警惕。

第四节　报道案例分析

本节选择了《每日经济新闻》对德威新材的独家调查性报道，报道独家揭秘公司实际控制人周建明与上市公司多家应收票据方之间的关系，揭开了造假悬疑，从而引发证监会对该公司违法行为的调查。从德威新材的票据问题屡屡被交易所问询发现问题，到记者实地探访，针对该公司控制人与上市公司多家应收票据方的隐秘关系，通过一系列全面、系统、深入的调查，从海量信息中挖掘与核实报告、档案等证据，梳理杂乱的线索，发现更深层次的信息，在调查中揭示了该公司利用票据等造假行为。同时在报道中以相关方为主线，分析各个利益团体之间的关系，把真相呈现在大众面前。作为典型的调查性新闻，该报道可以为公司财报报道提供一定的参考。

一、报道内容概括

报道分为两个部分，分别是《德威新材 13.8 亿应收票据调查（上）：有供应商时任负责人是实控人兄弟，有的屡作债务担保》和《德威新材 13.8 亿应收票据调查（下）：供应商背后现多位重名者，重组期间未披露交易方诉讼》，对德威新材应收票据疑云作了详细叙述。[①]

（上）重点报道了德威新材四大逾期未兑付供应商与公司的隐秘关系，记者深入调查发现，有供应商时任（2019 年）法定代表人/负责人是德威新材实际控制人的兄弟；有供应商年报登记地址是德威新材控股股东办公地；有供应商自愿拿出设备为德威新材实际控制人债务提供担保；还有供应商为实际控制人债务做担保，借款更是经供应商账户到了实际控制人处。

（下）指出了德威新材的应收票据方曾经的年报登记地址在德威集团办公地，以及德威新材应收票据方及预付款方背后股东、高管现多位同名者。通过一纸裁决书，揭开了德威新材控股股东、实控人同供应商的债务担保问题。

二、报道内容分析

截至 2020 年 6 月 30 日，德威新材应收票据账面余额为 13.8 亿元，票据问题屡屡被交易所问询。记者通过应收票据这一财报重点指标和被交易所问询这一项发现德威新材财报背后可能隐藏的问题，决定进行挖掘。尽管德威新材回复公司与出票人没有关联关系。

第一步，从公司业绩和应收票据入手。根据财报数据，发现德威新材 2020 年前三季度业绩惨淡，实现营业收入 7.04 亿元，同比下滑 18.19%，净利润亏损 6429.68 万元。通过对比年度财报，发现 2017 年以前，德威新材每年的应收票据波动并不明显，但是从 2017 年开始，德威新材应收票据金额突

---

① 两篇文章的原文链接：https://m.nbd.com.cn/articles/2020-12-07/1565949.html；http://www.nbd.com.cn/articles/2020-12-07/1565946.html.［2021-11-10］.

然大增。此外，企业信用为商业汇票背书，不少上市公司对该类汇票慎之又慎，德威新材收到的是可能产生坏账损失的票据。2019 年，公司计提坏账近 3 亿，对应的计提坏账比例为 20%。

第二步，调查问题数据的相关方。德威新材应收票据今年逾期未兑付已超 4 亿，重点就是未兑付的应收票据“大户”和德威新材之间的关系。

票据大户之一：乾威电气，其时任负责人是上市公司实控人的兄弟。通过查阅德威新材招股书、中国裁判文书网、国家税务总局太仓市税务局出具的欠税公告，发现乾威电气曾是德威新材实控人周建明之弟周建良控制的企业；新增乾威电气与周建明控制的德威集团和德威新材同被列为被告；乾威电气欠缴个人所得税 38.1 元，而乾威电气法定代表人或负责人一栏为周建良。

票据大户之二：德都实业，其年报登记地址曾在控股股东办公地。通过查阅德都实业近几年的年报和实地探访，发现德都实业 2019 年年报登记地址与德威集团办公地重合。

票据大户之三：正威科技，曾为上市公司实控人的债务做担保。通过实地探访采访员工和查阅裁判文书网的民事判决书与执行裁定书，提出了科正新材料、正威科技这两大应收票据方为何愿意对德威集团、周建明的过亿债务担保，为何华能企业要按照周建明的指示先把钱打到正威科技的疑问。

票据大户之四：科正新材料，与德威新材在保理业务上有交集。通过查阅年报和年报问询函回复，发现 2019 年下半年，科正新材料的资金链出现短暂断裂，没有足够的资金及时归还所欠德威保理（德威新材子公司）的保理款项，德威新材预计科正新材料的经营状况有可能还不能完全好转，德威保理对期末应收保理本息款 5030.67 万元全额计提坏账准备。

除了以上四个应收票据“大户”和德威新材之间关系的挖掘之外，报道还发现了以下几个上市公司的问题：

第一，新增票据方欣科化工，否认是票据出票人。通过查阅年报和采访欣科化工的股东和执行董事杨宝根，发现欣科化工不是票据出票人，报道提出了真实的出票人是谁，是否也有足够的兑付能力的疑问。同时，杨宝根还向记者表示知晓德威新材资金有问题。

第二，德威新材实控人周建明曾为公司供应商菲尔普斯借款做担保。这一部分，通过查阅年报、年报问询函回复、工商资料和法院公布的执行裁定书，发现秦伟是菲尔普斯的两大股东之一，是扬州德威设立时的法定代表人，且曾经是该公司的总经理，是周建明参股的苏州广昌和投资有限公司的董事长兼总经理。广昌和工商资料显示的地址和在2015—2018年年报中菲尔普斯登记的通信地址都是德威集团所在地。此外，菲尔普斯也卷入了周建明、德威集团的金融借款纠纷。

第三，供应商背后现多位重名者。这一部分，通过实地探访、拨通年报中登记的电话、查阅招股书、年报问询函回复、第三方查询软件提供的企业信用报告、工商变更记录、检索中国版权保护中心网站、国家企业信用信息公示系统，发现德威新材应收票据主要出票人过往通信地址与德威新材子公司一致，且在商标和软件著作权上有交叉。部分出票人还与德威集团及实际控制人的民间借款相互担保。此外，上述企业背后股东、高管现多位同名者。

第四，重组交易方诉讼未披露。这一部分，通过查阅民事判决书、拟收购公告、德威新材的重大资产购买暨关联交易报告书（草案）、工商变更登记、采访律师，发现德威新材未在重大资产重组期间披露实际控制人和交易方的过亿经济纠纷。

三、报道特点和意义总结

（一）主题选择得当

这是一篇典型的调查性报道，主题与公共利益密切相关，德威新材作为一家上市公司，在资本市场上，其业绩状况关系着众多投资者的利益。通过德威新材不合理的企业数据发现问题，从而进行挖掘，引起相关部门的关注和重视，减少公司经营的灰色地带。

（二）相关方梳理，脉络清晰

报道梳理了德威新材计提坏账的应收票据方和应收账款方，抓住主线，层层深入，厘清他们之间的隐秘关系，相关方虽多，但脉络清晰，重点突出。

（三）证据扎实，采访全面

在针对性调查与德威新材计提坏账的应收票据方和应收账款方的关联方基础上，多方寻找信源，力求涵盖利益相关方，实现交叉验证。在信源的选择上，兼顾了权威性和全面性，既有数据公告和相关文书查阅，如查阅检索年报、招股书、税务局发布欠税公告、工商变更记录、法院公布的执行裁定书、中国版权保护中心网站、国家企业信用信息公示系统等，也有针对不同利益群体的采访，包括公司股东、保安、员工、律师等，实地探访公司登记所在地。调查数据报告和记者深入调查相辅相成，从各个角度为报道提供确凿的证据。

（四）逻辑分析严谨，表述准确

作为一篇调查性财经报道，报道首先提出质疑——相关方和德威新材的关系，后通过调查所得证据，一步步梳理相关方和德威新材的关系，指出关系并不是公告所描述的轻描淡写。同时有理有据，并不绝对，如发现供应商背后现多位重名者时，表示目前尚无法证实上述重名者分别是同一个人，保持理性基调。

（五）有平衡报道、核实求证的意识

对报道所涉及的相关方争取获得他们的声音，对所报道的事实做到认真仔细核实，比如致电德威新材和其他相关方表达进一步核实信息的诉求，虽然回复寥寥，实地探访相关方年报登记地址，查找公示和签名等。

（六）系列报道

从2020年12月调查（上）、（下）开始，揭秘德威新材与上市公司多家应收票据方之间的关系，在报道中提前预警了10亿商业承兑汇票逾期的可能性。ST德威被发现违规担保后，报道六问质疑公司形同虚设的内控制度、中介机构理应尽到的“看门人”责任等。2021年4月德威发布年报和第一季报后，报道《ST德威近10亿票据逾期：独董不保证财报真实性，审计机构无法表示意见》，对德威新材做了系列深度报道。

四、报道影响

报道独家揭秘公司实际控制人周建明与上市公司多家应收票据方之间的关系，埋藏在“地表以下”的问题被扒开。随后，交易所就报道内容下发问询函，德威新材承认违规担保。

后续，ST德威自2021年4月29日开市起被实施退市风险警示，股票简称变更为“*ST 德威”。9 月 12 日，*ST 德威收到《行政处罚及市场禁入事先告知书》，公司涉嫌信息披露违法违规一案已由证监会调查完毕，证监会查明德威新材涉嫌违法的事实如下：菲尔普斯、苏州乾威、德超制冷、伊泰诺是德威新材的关联法人；公司为掩盖关联方资金占用，2018 年年报、2019 年年报和 2020 年半年报信息披露存在虚假记载；2018 年年报、2019 年年报和 2020 年半年报存在重大遗漏；重大诉讼事项信息披露存在重大遗漏。证监会拟决定对其采取责令改正、给予警告并处 200 万元罚款的处罚。此外，公司董事长实控人以及时任的财务总监也分别收到了高额罚款和证券市场禁入的严厉处罚。

对德威新材的调查报道一是履行了媒体的社会责任，发挥舆论监督功能；二是事关公众的经济利益，对违规公司问题的调查切实保护了广大投资者的权益。

第五节　信源总结

一、研究方法

本节内容通过构造周抽样，选取 2020 年 11 月 4 日、11 月 14 日、11 月 24 日、12 月 4 日、12 月 14 日、12 月 24 日，2021 年 1 月 3 日为一个构造周。从综合媒体的财经版块、专业财经媒体、财经自媒体三个类型当中，一共选取了 75 篇公司相关的报道。

其中，综合媒体的报道共 18 篇，主要来自澎湃新闻的财经版块；专业财经媒体报道共 32 篇，包括《经济日报》、《第一财经日报》、《21 世纪经济报道》、财新、财联社等；来自自媒体的文章共 43 篇，包括面包财经、蛇眼财经、人言财经、美股情报局等。

二、信源分布

（一）信源数量

75 篇公司财报报道中一共引用了 464 条信源，平均每篇引用信源 8.81

条。从图 6-1 来看，各媒体在引用信源数量方面存在明显差异，其中《第一财经日报》平均每篇公司财报报道引用信源数量最多，达到 16.80 条，澎湃新闻平均每篇报道引用信源数量较少，只有 3.50 条。究其原因在于，《第一财经日报》、《21 世纪经济报道》等财经媒体在报道公司财报过程中，当进行企业之间的对比或者探讨行业情况时，需要引用多家财报或者各类证券等进行数据的对比分析。其他报道多聚焦于为投资者提供投资建议，内容侧重于一家企业的财报分析，故单篇报道引用信源数量较少。

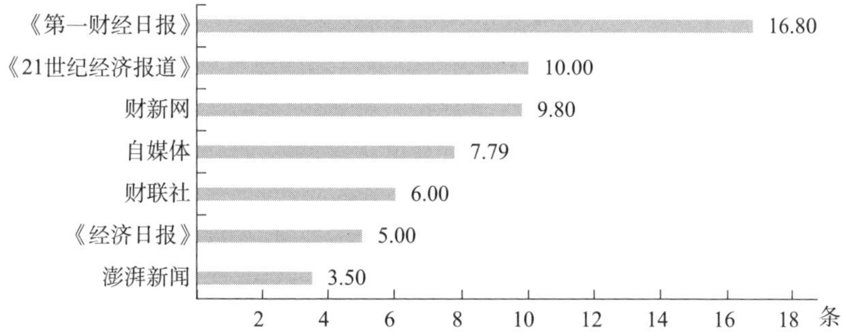

图 6-1 引用信源数量分布

（二）四类信源整体分布

在所有信源类型当中，分为公开信源、一手信源、匿名信源、国际信源四类。公开信源指的是此前公开发布、媒体可直接获取的信源，比如公开数据、公告、公众人物的公开发言以及其他媒体的报道等；一手信源指的是媒体亲自采访的、国内的信源；匿名信源即未直接点明身份的信源；国际信源指的是非中国本土的信源。

在这四类信源当中，由于公司财报报道的大量信息来源依靠企业发布的财报、各类证券公司和研究机构报告，因此引用量最多的信源是公开信源，共有 559 条；其次是综合性媒体和专业财经媒体采访公司管理人员、消费者，或者邀请学者、第三方机构研究员和分析师等一手信源，共 51 条。公司财报报道对于匿名信源以及国际信源的使用较少，两者加起来只占 7%。具体见图 6-2。

从具体媒体来看，各家媒体中公开信源都占了绝大多数。除自媒体外，其他媒体均有涉及一手信源，其中《21 世纪经济报道》对一手信源的采访相对较多。值得注意的是，在本次样本中，《经济日报》与澎湃新闻的公司财报报道均来自公开信源而没有一手采访。这可能是由于《经济日报》与澎湃新

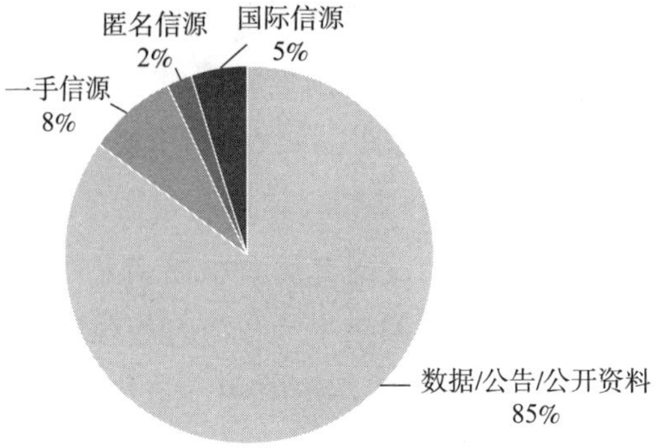

图 6-2 四类信源分布图

闻相比于其他几家专业财经媒体而言，更侧重于普通受众，因此在报道中对公司的关注主要集中在政府监管、社会民生影响（如欠薪）等各个层面，而在财报方面的信息需求仅依靠公开信息即可满足。

《21 世纪经济报道》、《第一财经日报》和自媒体都有一定数量的匿名信源。对于国际信源的使用也比较有限，这说明国内财经媒体对公司财报报道的视野相对来说局限在国内，对于国际公司的深度分析不多。另外，对于部分国际互联网公司（如谷歌、亚马逊、Facebook、奈飞等）的报道被部分国内媒体归属于科技版块，并不是典型的财经报道的内容。四类信源在各媒体中的占比见图 6-3。

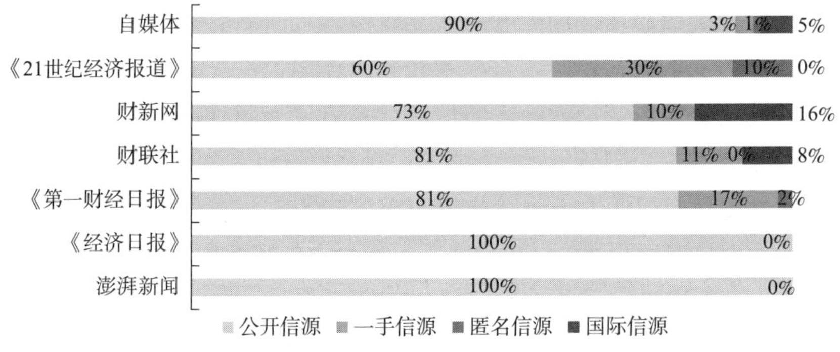

图 6-3 四类信源在各媒体中的占比

三、不同类别的信源使用

在报道风格和主要议题方面，综合财经媒体的财经版块和专业财经媒体之间相差不大，因此两种媒体在信源类别的选择上较为一致，在此处合并为机构媒体进行分析。自媒体主要使用的是公开信源，因此只在“公开信源”这一小节中讨论。

（一）公开信源

公司财报报道的公开信源可以细分为政府机关、行业协会、第三方数据平台/研究机构、人物此前公开发言或采访、公司相关财报/公告以及此前相关媒体报道6类。

1. 机构媒体的公开信源使用

机构媒体在公司财务报道中，来自公司相关财报以及公告的信源占比最大，其次是第三方数据平台以及研究机构的数据与信息，再次是来自人物此前的公开发言以及采访。这三类数据与分析公司财务、了解公司状况息息相关，对报道有较好的佐证，因此占比共计九成以上。公司报道在公开信源上较少使用政府机关、行业协会和此前媒体的相关报道。具体见图6-4。

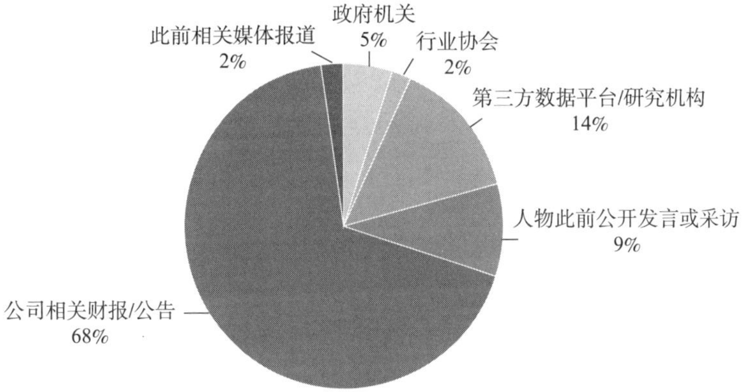

图6-4　机构媒体对公开信源的使用

具体来看，政府机关和行业协会的具体信源来源取决于具体的公司财务报道，多与该企业所在行业、经营范围有关。第三方数据平台/研究机构信源方面，主要来源于发布各上市公司相关数据的各类权威数据平台，如Wind数据、艾媒咨询、同花顺iFinD数据等。人物此前公开发言或采访多为公司人员、学者和研究员，公开的会议发言包括中央经济工作会议、国务院新闻发布会等。具体见表6-1。

表 6-1　机构媒体的公开信源使用举例

信源类别	信源举例
政府机关	国务院、教育部、证监局、国家医保局、卫健委、国家药监局、证监会、人民法院、国家统计局、中国互联网络信息中心、深交所、上证所信息平台
行业协会	乘联会、中汽协数据、轮胎分会
第三方数据平台、研究机构	Wind 数据、艾媒咨询、前瞻产业研究院、同花顺 iFinD 数据、中指研究院数据、贝壳研究院、天眼查 APP 数据、各类证券（华金证券、华西证券、国信证券、安信证券、中信证券、东吴证券等）
人物此前公开发言或采访	公司人员、行业从业者、注册会计师、投资金融资深从业者、证券分析师、研究院人员

2. 自媒体的公开信源使用

自媒体在写作公司财务的分析性文章时，在公开信源的引用上与机构媒体较为一致：来自公司相关财报或公告占比最大，其次是第三方数据平台和研究机构的数据和信息。获取自人物此前公开发言或采访、政府机关和行业协会的信源同样占比较少。具体见图 6-5。

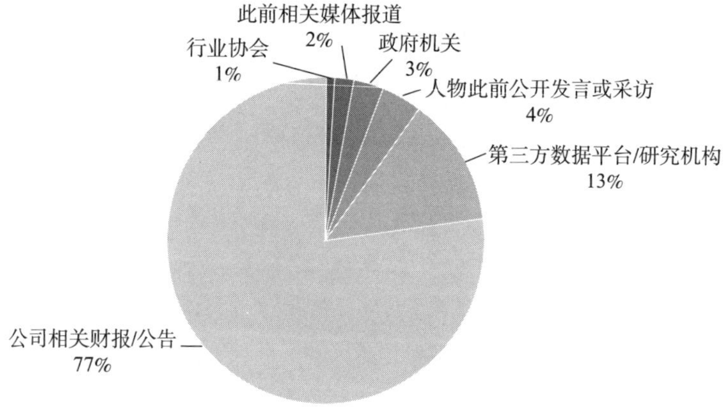

图 6-5　自媒体对公开信源的使用

（二）一手信源

一手信源具体分为相关领域官员，公司或银行、券商的首席经济学家或分析师，学者或第三方机构研究员，消费者与公众、投资者四类。其中占比最大的是公司与分析师，达 54%。这主要是因为媒体通常就势采访公司管理人员和分析师。其次占比较大的是学者或第三方机构研究员，主要是因为媒体邀请其来对公司状况进行分析，提高报道的权威性，或者在使用第三方机构报告后，邀请第三方机构研究员发表观点。消费者与公众、投资者的一手信源也占部分比例，对于公众的采访比较容易获得，观点主要用来核实该公司经营效果。

相关领域官员在财报报道方面信源占比较少，这是因为财报报道对象通常为一家公司，相关领域官员的言论通常用来引导舆论，比如风险提示、政策推广等，为了减少对该公司的倾向性，一般谨慎发表言论。一手信源具体分布见图 6-6。

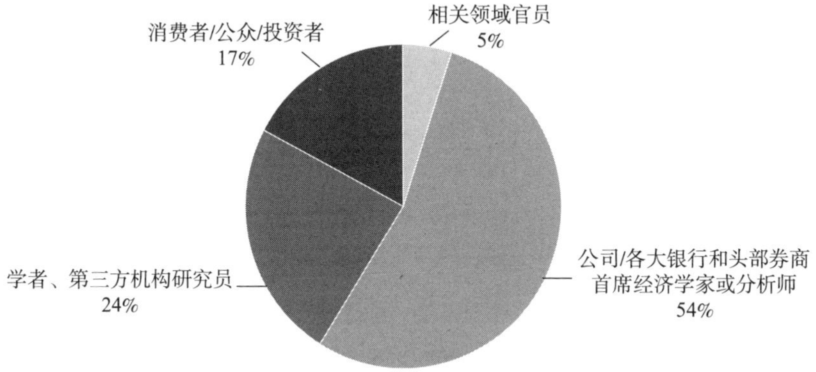

图 6-6 一手信源具体分布

信源选择和具体行业相关，通常依据其报道企业的行业来选择采访对象，具体举例见表 6-2。

表 6-2 一手信源举例

信源类别	信源举例
相关领域官员	中国交通运输协会邮轮游艇分会（CCYIA）常务副会长
公司/各大银行和头部券商首席经济学家或分析师	光大银行金融市场部分析师、公司供应商、公司商务负责人
学者、第三方机构研究员	中国银行研究院研究员
消费者/公众/投资者	投资人士、消费者、行业创业者

（三）匿名信源

匿名信源中，数量较多的是业内人士、公司、银行和券商的首席经济学家或分析师，占匿名信源 91%。此外，学者、第三方机构研究员、会计师匿名信源占比为 9%。具体见图 6-7、表 6-3。

具体表述上，通常以“分析师表示”“相关负责人指出”“在业内看来”等形式出现。

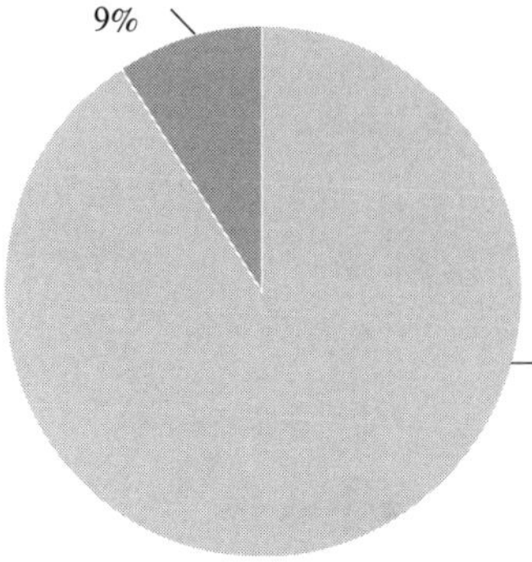

图 6-7　匿名信源具体分布

表 6-3　匿名信源举例

信源类别	信源举例
业内人士、公司、各大银行和头部券商首席经济学家或分析师	沪上一家中型券商策略分析师、安信证券分析师、一家邮轮公司相关负责人、邮轮业资深人士
学者、第三方机构研究员、会计师	华南一家会计师事务所会计师

（四）国际信源

国际信源共计 36 条，涉及 18 篇报道，通常是因为财报报道的企业是外国企业或引用国际数据报告。

表 6-4　国际信源举例

信源类别	信源举例
国外官方人员/委员会	美国证券交易委员会、美国国际贸易委员会、法巴首席财务官
国外公司；各大银行和头部券商首席经济学家或分析师	外国公司首席执行官、瑞士信贷集团分析师、高盛公司
国际数据平台	惠誉国际评级研报、IDC 数据、Euromonitor 统计数据、IDG 数据、弗若斯特沙利文报告、Statista 数据、Gartner 统计数据、Alphawise 数据

四、机构媒体和自媒体对比

在公司财报的报道中，一部分机构化自媒体和专业财经媒体差别不大，部分原因在于分析公司财报的机构化自媒体的从业人员有些为资深媒体记者，在内容产出上运作规范，提供内容较专业。在这方面机构媒体与自媒体也有一些内容合作，比如机构化自媒体面包财经和新华财经合作打造的栏目“读财报”“看新股”，解读上市公司财报和新股、次新股，内容和形式都贴近专业财经媒体。

个人自媒体与专业财经媒体的不同之处在于能否持续产出深度内容。同时，部分财经自媒体涉嫌违规，主要集中于胡评乱议我国经济政策、以爆料为名进行渲染炒作、转载时进行断章取义等。立场中立客观、文章内容有理有据、数据来源经过核实是财经媒体要坚守的底线。

信源方面，除了自媒体因缺少采访权而导致一手信源和匿名信源极少之外，传统媒体和自媒体的信源发布占比较为一致，公开信源占比最高，这是因为财报报道就是在公司的公开信息基础上进行分析的报道。但在公开信源的部分，机构媒体由于其采写规范和信息质量要求，相比自媒体更为“面面俱到”，会通过采访公司人员、消费者、专家等进行佐证，报道较之自媒体更注重平衡不同立场观点的信源。传统媒体与自媒体四类信源分布对比见图6-8。

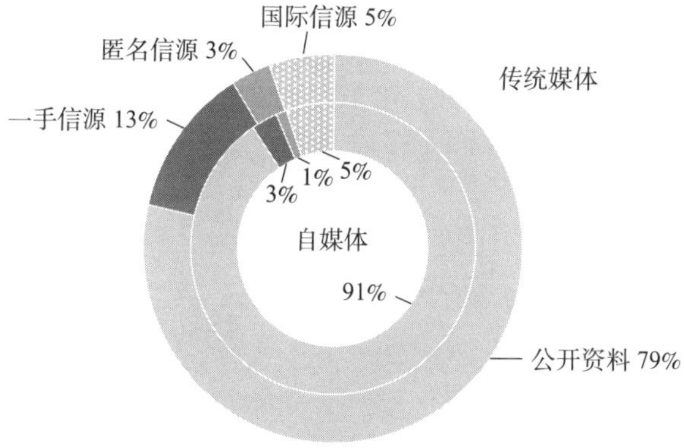

图 6-8 传统媒体和自媒体四类信源分布对比图

在报道话题上，自媒体多为个人分析，常聚焦于一家公司，内容多为评估公司的投资价值，风险提示和行业分析较少；传统媒体更关注社会责任，履行监管之责，风险提示和行业分析时有涉及。报道形式上，自媒体更为活泼，有时候以单一的问答或者图表等形式来进行分析；传统媒体通常为文字和图表结合。

第七章 基金报道

基金报道是金融领域新闻报道的另一重要组成部分。基金，广义是指为了某种目的而设立的具有一定数量的资金。主要包括信托投资基金、公积金、保险基金、退休基金、各种基金会的基金。日常所提到的基金主要是指金融领域证券投资基金。根据投资对象的不同，可分为货币基金、债券基金、混合型基金、股票基金四大类。根据我国《公开募集证券投资基金运作管理办法》第三十条规定，80%以上的基金资产投资于股票的为股票基金，80%以上的基金资产投资于债券的为债券基金，仅投资于货币市场工具的为货币市场基金，80%以上的基金资产投资于其他基金份额的为基金中基金，投资于股票、债券、货币市场工具或其他基金份额并且投资的比例不符合前面几项的为混合基金。根据发售方式可以分为公募基金和私募基金，公募是向不特定的多数投资者发行，私募是向少数特定的投资者发行。

以股票为投资对象的基金是投资基金当中的主要种类。公募股票基金的功能是将大众投资者的小额投资集中为大额资金投资于不同的股票组合，是股票市场的主要机构投资者。近30年股票市场的变动，使散户对于自身直接投资股票的信心下降，而基金市场却逐渐受到认可，越来越多的“日光基”出现。“日光基”指的是一天就将筹集资金份额卖完的基金。这说明了投资者的热情并没有消退，只是转变了投资方式，让更加专业的投资经理代替自己管理资金，这让一些基金投资“新手”或在股票市场亏损的投资者也能够参与到资金市场的运转当中，获得高额回报。

基于以上，本章节以股票基金为主来介绍基金新闻报道，部分内容也涉及债券基金等其他基金投资形式。

第一节　报道议题

新闻报道的基本功能是为读者提供消除其不确定性的信息，尤其是在金融领域，政策的变化、市场的波动、公司的实际操作等变动都对投资者的投资预期和投资规模有重要影响。

当聚焦到基金市场上时，上述变动的主体细分更精确：政府方面，证监会、中国人民银行出台和基金投资管理相关的文件；机构方面，各大基金公司、基金经理对自身管理的基金组合有何调整、重仓股是否发生了改变；放眼整个基金市场的收益情况如何；等等。以上因素都是政府、基金公司、投资者等多方主体所关注的，因此在实际报道中，这些变动的因素可以成为新闻采写工作者发现、挖掘、表现新闻事实的着眼点和侧重点。

一、基金市场整体动态

（一）基金类别占比

货币基金、债券基金、股票基金、混合型基金四大类别基金各自在市场上的占比，能够反映出市场的投资趋势。在实际中，股票基金以及由股票和其他产品混合搭配的基金（即混合基金）统称为权益类基金，权益类基金的收益不能得到稳定保障，因此具有一定风险，但回报率相比于其他类型的基金较高。债券基金和货币基金的收益相对稳健，但收益规模远不如权益类基金。在一段时期内的市场规模由不同类别的基金组合而成，一方类别占比的增加必然导致其余类别的占比缩水。占比情况能够反映出当期的市场情况以及相关行业的发展态势，其所引起的投资者投资趋势也是值得重点关注的。

《国际金融报》在 2020 年 8 月 31 日发表报道《权益基金爆款多债券基金大缩水》，其中提到，截至 8 月 27 日，共有 25 只首募规模超百亿的爆款基金，其中有 23 只属于权益类基金，这其中还不包括募集阶段超过百亿的产品。但另一边收益相对稳健的债券型基金却没能在这个夏天“笑到最后”，一部分债券型基金份额出现了大幅度缩水，甚至进入了清算程序。泰石投资董事总经理韩玮在采访时表示固收类基金可以加大可转债配置比例来追求超额收益。

（二）收益率

衡量基金收益重要的指标之一是基金投资收益率，即基金证券投资实际收益与投资成本的比率。投资收益率的值越高，则基金证券的收益能力越强。《经济参考报》在2021年1月4日发布报道《2020年权益基金平均收益超54%，89只收益翻番》，报道中根据银河证券基金研究中心发布的数据，2020年主要基金类型平均业绩分别为：标准股票型基金收益率54.99%，混合偏股型基金收益率59.57%，长期纯债债券型基金收益率2.69%，普通债券型基金（可投转债）收益率4.02%，货币市场基金收益率2.02%。

在基金报道中通常采用对具体某一类型的基金或某基金经理旗下的基金组合在一段时期之内收益率的整体情况、涨跌幅、基金市场波动、损益背后的原因进行分析，以及对未来市场基调做出预判，从而为散户投资者提供亏损说明。

2020年6月8日，《国际金融报》发布报道《超八成债基收益告负债券牛市终结?》，报道概述了2020年整个5月超过80%的债券型基金收益率十分堪忧，多只可转债基金占据着债券型基金5月收益亏损榜单前列，甚至一部分亏掉了一季度赚取的所有收益。其中市场利率的波动是影响债券型基金收益下行的较大因素，10年期国债的收益率相较上个月回调了17个基点。但根据业内人士的分析，最重要的是把着眼点放在货币政策的拐点上，历史经验说明债市拐点和货币政策拐点接近，再加上经济已经度过了最低迷时期，货币政策也度过了最宽松的阶段。

对于中小投资者最关注的信息“我为什么亏了钱”，一方面从基金的股票池内板块的配比来解释，另一方面从投资者自身原因出发来看待。

首先是基金自身的原因。2020年11月24日自媒体“全球财说”发表分析文章《交银施罗德基金权益团队遭遇尴尬，昔日爆款业绩缘何节节败退》，交银施德罗旗下的两只老基金“交银成长30”和“交银经济新动力混合”的年内净值增长率不到50%，原因主要是对2019年着重倾斜科技板块的思路进行调整，地产、银行、保险等板块均进入重仓股票池中，但2020年整个地产板块低迷，这步调整成为年内的“最大败笔”。

其次，中小投资者的盲目跟投也是造成亏损的重要原因。2021 年 1 月 20 日《上海证券报》发表报道《基金销售巨头数据揭秘：基金很赚钱为何基民收益大打折扣》，指出 2020 年“天天基金网”平台上用户权益类持仓的平均收益率仅 19. 19%，大幅低于权益类基金 42. 15%的平均涨幅。归根结底，频繁交易、追涨杀跌是影响投资者收益成绩的重要因素。

（三）分红

基金分红和股票分红不同，对于股票来说，如果上市公司不分红，资金就会一直留在上市公司自身的账户中，并不属于股民；但基金不同，基金因市场行情较好所获利的资金就体现在基金不断增长的净值中，其本来就属于基金投资者，基金投资者可以随时赎回，把收益变现。因此，如果一个基金持续分红而非利用分红进行再投资，那么就意味着基金公司需要提前卖出股票来换取现金分红。由此带来的影响一方面是如果市场当期在上涨，那么就会导致基金仓位变低，基金净值下降；另一方面投资者如果需要用分红去购买基金还要再支付申购费、托管费和管理费，会影响投资者利益。所以通常来说，对未来市场上升趋势不太看好的时候会选择分红。

在报道中，需要对基金分红的背景进行了解，即分红总规模的同比增减情况、分红的主要基金类型、分红背后机构的考量以及投资者在面对基金分红时需要注意和谨慎之处。

《北京商报》2020 年 6 月 8 日发布报道《公募基金分红暴增，债基仍是“红包主力军”》，报道了 2020 年上半年最后一个月，虽然市场波动明显，但公募基金分红力度不减反增，同比规模增加了近九成。就具体类型而言，债券型基金成为分红主体。在市场动荡的情况下，机构在这个时候分红考虑的是帮助投资者短期先“落袋为安”，同时也有利于缩减基金规模控制风险。但投资者需要注意的是在挑选基金产品时，过去的分红不是唯一的衡量标准，关键还是要看产品的累计净值是否在稳定增长以及基金经理手下的其他产品是否行情良好。

（四）仓位

基金仓位是指在一篮子的基金组合产品中，基金投入股市的资金占基金所能运用的资产的比例。与此同时，市场下跌时混合型基金风险也相对较小。

仓位的变动能够反映出国内经济的增减态势，映射出相应有潜力的投资板块。

《国际金融报》在2020年8月17日发表报道《基金高仓位运行千亿资金候场》，虽然整个8月大盘持续震荡，但新发基金活力十分高涨：当月新发权益类基金份额接近千亿份，接下来，这部分基金建仓后，将会有千亿资金流入场内。当月偏股混合型基金和普通股票型基金仓位较为稳定，在公募和私募两个类型当中，公募仓位仍处于较高位置，在公募基金保持高仓位的同时，私募基金也看好市场不断加仓。业内人士认为，随着国内经济复苏节奏加快，长期来看，未来市场走势大概率还是会继续向上。

在对仓位的介绍报道中，又会涉及基金公司的持仓偏好，是否存在加仓、减仓、建仓等情况。2020年11月14日财联社发布《索罗斯旗下基金Q3持仓股更新：清仓美国银行、高盛》，文中提到第三季度索罗斯持仓总市值为40.84亿美元，上一季度总市值为44.82亿美元，环比下降约9.7%。从持仓偏好来看索罗斯偏好金融、IT以及可选消费板块；在加仓方面，霍顿房屋、通用汽车等可选消费股票排在前列；建仓迪士尼；等等。

（五）新发基金

1. 规模与领域

中国基金市场不断发展，不断有新基金发行为其注入活力。发行新基金一个重要的原因是为了完善基金公司的产品线，以此来满足投资者多元、个性化的投资需求。另外，这也是跟随当下火热产业不断与时俱进，优化产品设计，为基金公司带来更大的收益。因此新发基金通常大概率会更符合市场的需求，也更容易受到投资者的追捧。

《经济参考报》在2020年6月3日发表报道《年内新发基金规模超8000亿元，医药消费成布局重点》，总结了2020年上半年新发基金总额创下历史新高，首募总规模超8000亿元。从新发主题基金产品来看，医药主题基金、科技主题基金、消费主题基金是各大公募基金公司基金布局的重点。

2020年12月18日，《21世纪经济报道》发表报道《公募基金新发份额突破3万亿，爆款基金持续“刷榜”冲刺规模大决战》，其中指出年末市场虽然存在震荡，但投资者对明星基金经理的认可度依旧不减。12月中旬，招商银行主代销的“睿远稳见专户”系列在首发当日50亿额度被一抢而空，上演“一日售罄”。华夏基金也发布公告称公司旗下的华夏鼎清债券基金首募规模就达到了106.4亿元。

2. 新老基金对比，为投资者从多角度分析基金市场状况

2020年是中国资本市场诞生30周年，也是公募基金行业发展的第22年。同时，股市的火热行情也是基金发行的助推器。2015年第二季度、2017年第三季度、2018年第一季度、2019年第四季度以及2020年第四季度股市大幅上涨时，都是权益类爆款基金的密集发行期。从这个角度出发，报道会重点关注新基金与海量的老基金相比有哪些特点，投资者应该如何选择，通过解释这些来对投资者进行理性引导。

《经济日报》在2020年5月3日报道《新基金和老基金该如何选》，通过分析可参考信息的丰富度、新基金封闭期内流动性、认购费等方面，对新老基金的差异进行说明，报道提出对于新基金而言，如果在市场下跌或者震荡期成立，那么基金经理就可以根据市场情况建仓，选择相对低点；而老基金由于仓位较高，可能承担的市场风险会比较大。反之，如果基金成立在牛市中，那么新基金建仓期仓位较低，可能会跑输老基金。为投资者在选择新基金还是老基金的问题上提出稳健性的建议。

二、基金公司

（一）公司公告

基金公司发布的公告不仅是重要的信源渠道，其本身也是能够提供重要官方内容的信息，使投资者了解公司动态。如在2021年4月27日，《国际金融报》发表报道《临近五一假期，多只货币基金“闭门谢客”》，前海开源现金增利货币、中海货币、泰信天天收益货币、鑫元货币等基金发布了2021年劳动节假期前暂停申购等投资业务的公告。同日，富国富钱包货币、中欧骏泰货币、工银安盈货币等基金暂停代销渠道申购等业务。上述基金公司均在公告中称，这是为了保障基金平稳运作，保护基金份额持有人的利益。

（二）基金公司面对市场波动的操作

当下中国进入改革深水期，多方不确定性因素频加，作用于基金市场则会造成基金价格的波动与不稳定。基金公司一方面考虑自身收益与行业声誉，另一方面考虑手中掌握着众多中小投资者的零散资金，如果大幅亏损会造成

社会恐慌，就会根据行情的波动做出相应调整。调整的具体手段，如限制申赎回避波动、中长期投资选择定开基金等，都直接关系到投资者的实际收益，是十分具有新闻价值的信息。定开基金指的是定期开放申赎时间的基金，其申赎开放时间根据各基金规定各不相同，一般为每季度一次、半年一次、一年一次、两年一次、三年一次。

2020 年 6 月 22 日，《国际金融报》发表报道《股债市场波动加剧，基金公司花式避险》，其中提到面对基金市场在疫情过后的波动以及一系列不确定性因素，基金公司为了减少投资者损失，避免频繁交易追涨杀跌，推出了众多封闭式、定期开放式和设置最短持有期限的基金产品。

2020 年 9 月 21 日《国际金融报》的报道《不以规模论英雄多只基金主动“瘦身”》，其中提到，A 股的结构性行情和 7 月份以来的反弹行情让公募基金的赚钱效应十分喜人，随之而来的是资金的大量涌入。如今越来越多的基金公司在面对规模上的诱惑时更加理性，无论是对老基金的限购，还是对新基金的配售，一般都是以保护持有人利益为出发点，有时候是基金经理认为无法管理更多的资金，有时候是原有客户不希望收益被摊薄，第二种情况在新发基金中尤为多见。

（三）从年报观察盈利状况

随着基金公司季报、半年报和年报的披露，可以对基金公司和整体基金业的盈利状况进行分析。其中净利增幅主要分为横向和纵向两方面分析。

从横向来看，在整个基金业中和其他机构进行对比。《经济参考报》在 2020 年 9 月 1 日的报道《58 家基金公司上半年净利合计逾 140 亿》，其中提到在上半年的半年报披露后，大中型基金公司上半年营收情况稳健攀升。截至 2020 年 6 月底，旗下华夏基金实现营业收入 23. 83 亿元，净利润 7. 48 亿元，相比 2019 年的 19. 12 亿元和 5. 94 亿元分别增长 24. 63%和 25. 93%。银华基金、华安基金等多家机构净利增幅同样超过 20%。

从纵向来看，基金公司的净利取决于其在过去一段时间内的市场操作以及推出的绩优产品，同样在上篇报道中，部分中小基金由于推出在市场上较为稳健的产品，也取得了不错的业绩，多家机构净利润同比增幅超过 100%。

（四）基金公司人员变动

基金公司高管离职的内部因素大致可以分为三种：一是经营压力，二是公司内部激励机制不健全，三是股权不合理造成治理结构存在问题。外部因素则主要是信托、券商、私募扩张，高级管理人员短期缺乏。此外，正常退休或升任更高职位也成为变动的原因。通过基金公司管理层人员的变动可以梳理该基金公司在其领导期内的产品多元度、资产管理规模等业绩表现，这也是基金报道的视角之一。

2021 年 4 月 28 日，《中国基金报》发表报道《官宣了！又一家基金公司总经理变更》，通过梳理 2021 年前四个月各大基金公司的人员变动，发现 90 位基金高级管理人员变更，涉及 54 家基金公司。新疆前海联合基金的原总经理王晓耕在 4 月 15 日因个人原因离职，在其接手管理期间，前海联合虽在业内比较低调，但实际发展速度比较快。阐述了前海联合在王晓耕任职期间的发展情况，并通过采访现任总经理关注公司未来的发展方向。

不可否认的是，基金公司总经理的频繁变动会对公司的发展产生重大影响。人才的不稳定带来的直接表现是一个基金公司管理规模的不可持续，其旗下的基金收益缩水也是常见的现象，进而可能导致人心浮动，使基金经理无法安心做投研，极易产生“转换战场”的想法，频繁更换基金公司，从而不断往复形成恶性循环。

界面新闻在 2021 年 4 月 14 日的报道《七年四换总经理，规模离顶点缩水近半，信托系的嘉合基金如何实现万事兴?》中，报道了在 2021 年 4 月 6 日，嘉合基金发布高级管理人员变更公告，总经理徐进因个人原因离任，由董事长郝艳芬代任总经理。此时距徐进上任刚刚 9 个月。公司成立至今已四次更换总经理，旗下基金经理从 2020 年 6 月至 2021 年初更是曝出离职潮。根据第三方数据平台的信息，2016 年 30.87 亿元的公司管理规模为其历史最低，此后的 2018 年、2019 年都有不同程度的缩水。在 2020 年结构性牛市让公司基金资产规模重上百亿元，但季度增速并不稳定。

（五）基金经理

由于基金市场中的信息偏差，大部分基金投资者会选择跟随基金经理的选基思路走，其中一部分基金经理由于管理过的基金长期业绩优秀从而更受投资者追捧。这样的基金经理，往往是从业时间较长、经历了多轮牛熊周期的公募老将。因此，基金经理的调仓换股往往成为投资者关注的焦点。例如 2021 年 4 月 21 日《中国基金报》发表报道《冯明远、赵诣、袁芳、杨浩又一批明星基金经理持仓曝光》，分别对四位基金经理的持仓份额（重仓股）、持仓偏好等信息进行公开。

此外，也可以通过解读基金经理的季报来积累基金经理的理念信息。基金经理季报的内容通常包含三个板块，第一，对过去一个季度基金调仓情况的汇总与总结；第二，其主要的投资思路和对未来市场的展望；第三，基金经理手中所管理的基金规模变化、基金业绩。

需要注意的是，随着大众投资者对明星基金经理的过度崇拜和吹捧，导致明星基金经理圈有向“饭圈”过渡的倾向。例如易方达基金的基金经理张坤。张坤在 2008 年加入易方达基金担任基金研究员，在 2012 年正式成为基金经理接手基金管理，在 2021 年底，管理的基金产品一共有 5 只，总计管理规模超过 1200 亿元，是公募历史上第一位突破千亿的基金经理。在微博上，崇拜张坤的基金投资者自发组成了“易方达张坤全球后援会”，并且以“坤坤勇敢飞，ikun 永相随，坤坤不老，蓝筹到老（蓝筹股，指的是长期稳定增长的、大型的、传统工业股及金融股）”作为后援会的口号。其背后所体现出的是基民群体的年轻化以及其理财需求的激增。在报道基金经理时需要把握好理性尺度，不对其使用过度赞扬、惊诧、吹捧的词汇和表述，从而避免影响投资者的理性决策和判断。

三、基金政策与法规

（一）宣传、解读基金政策

2020 年 9 月 2 日《北京商报》发表报道《上半年规模陡增近五成，基金销售尾佣如何“限高”》，其中指出，随着公募基金半年报披露完毕，可以看出上半年基金产品的管理费收入将近 400 亿元，同时，基金公司给代销渠道的客户维护费用（即尾随佣金）同样水涨船高。以恒越基金为例，在管理费收入达到 58. 57 万元的同时，客户维护费就高达 50 万元。为此，8 月 28 日，证监会下发了《公开募集证券投资基金销售机构监督管理办法》及配套规则。管理办法中明确设置了客户维护费的上限，其中，对于向个人投资者销售所形成的保有量，客户维护费占基金管理费的约定比率不得超过 50%，这或许能够给目前客户维护费占比较高的基金公司带来一定利好。

但文中同样提到，在日常销售过程中，一二线基金公司向销售渠道支付的尾随佣金较低，部分中小基金公司支付的尾随佣金往往高达70%~80%，而当前采取50%上限的方式可能会进一步促进销售资源向头部基金公司集中，中小基金公司将面临进一步挑战。

（二）基金销售机构违规揭露

2020年5月28日北京商报网发表报道《违规频现：多家基金销售机构遭“拉黑”》，报道了在2020年5月，扬州国信嘉利、利和财富、朝阳永续以及景谷基金4家基金销售机构因为存在内部控制、人员管理、账目不清以及适当性管理存在风险等问题而被当地证监局暂停办理基金销售业务。同时借用某公司内部人士的观点指出，当今基金行业发展迅速，私募基金领域由于信披、销售方式的特殊性存在虚假宣传、夸大承诺、私募基金公募化等乱象。

第二节　基金违规事件报道

一、基金领域法律法规

基金领域的法律法规所规范的主体是以公募基金和私募基金来进行划分的。随着监管法规的不断出台，促进了行业的长期健康发展，基金管理更加规范，投资者的权益也得到了保证。以下对基金市场领域中较为重要的两部法律进行介绍。

（一）《中华人民共和国证券投资基金法》

在我国的基金市场运行当中，《中华人民共和国证券投资基金法》（以下简称《证券基金法》）是效力最高的法律。

20世纪90年代末，中国出现了“基金投资”，深圳市于1992年率先批准设立了国内首只封闭式基金“天骥基金”，在后续的十年间，涌现出大量的基金。但在这一阶段，基金在市场交易中存在法律关系不清、大量投向非上市企业股权难以估值的领域、资产质量不高等问题。为规范基金市场，《证券基金法》在2003年由十届全国人大常委会第五次会议通过，自2004年6月1日起实施，并于2015年在第十二届全国人民代表大会常务委员会第十四次会议上进行了修正。《证券基金法》主要对基金管理人、基金托管人、基金服务机构、基金行业协会以及公开募集基金行为做出规定。

例如《证券基金法》第二十条规定公开募集基金的基金管理人及其董事、监事、高级管理人员和其他从业人员不得侵占、挪用基金财产。中国证监会于2019年5月27日在官网发布对于丰利财富（北京）国际资本管理股份有限公司（以下简称北京丰利）的处罚决定书（〔2019〕43号）。决定书中披露了北京丰利挪用丰利经证及丰利久赢两项私募基金产品4240万元，以此为私募基金产品长安丰利24号补资。决议责令北京丰利改正，并处以100万元的罚款。

《证券基金法》是一部总纲性的法律，无论公募基金还是私募基金都需要遵循其中的规定，对于基金领域的新闻报道也具有极高的参考价值。

（二）《私募投资基金监督管理暂行办法》

我国私募基金发展历程从整体上来看是一个自下而上的过程，在经过早期萌芽阶段、快速发展阶段后，渐渐地规范性法规才接连出台，迎来了规范化发展的阶段。2012年6月6日，中国证券投资基金业协会（以下简称“中基协”）正式成立，是基金行业相关机构自愿结成的机构组织，从此，私募基金的监管体系进入新的阶段。证监会对私募基金实行统一监管，中基协履行行业自律监管职能，负责私募基金的登记备案。从2013年后，行业规范性文件不断出台。2013年出台修订后的《证券投资基金法》首次将非公开募集资金纳入法律监管范围，明确了私募基金的法律地位，我国私募基金从此走上了合法化发展道路。

2014年7月11日证监会发布《私募投资基金监督管理暂行办法》（以下简称《暂行办法》），其中对合格投资者单独做出规定，明确规定投资者需要具备与私募基金规模相匹配的风险识别能力和风险承担能力。个人净资产不能低于1000万元，个人的金融资产不能低于300万元，个人近三年平均年收入不能低于50万元。

除《暂行办法》外，中基协在私募基金市场运行过程中还出台了许多协会自律规则，例如《私募投资基金管理人登记和基金备案办法（试行）》

《私募投资基金募集行为管理办法》等等。在2020年9月，证监会出台《关于加强私募投资基金监管的若干规定（征求意见稿）》，这是继《暂行办法》后第二部行业内部规章。

二、违规类型

（一）基金违规销售、宣传

1. 银行代销基金

根据中基协发布的2021年第一季度销售机构的公募基金销售保有量规模前100名的名单，银行系机构销售保有规模占半数以上。银行代销基金一方面是由于银行可以通过代销基金业务来带动手续费收入的增长；另一方面，投资者之所以会选择在银行购买基金是因为更加看重银行线下网点和操作系统的便捷度，以及对银行的高度信任感。

但在基金火爆销售的背后却隐藏着灰色地带，银行代销基金时经常采取饥饿营销、承诺收益率等方法误导销售，形成潜在的投资风险。

2019年2月25日，证监会发布《公开募集证券投资基金宣传推介材料管理暂行规定（征求意见稿）》，第十五条规定基金宣传推介材料应当使用准确清晰的语言表示，不得使用“业绩稳健”“业绩优良”“名列前茅”“位居前列”“最大”“最好”“最强”“唯一”等表述；“欲购从速”“申购良机”等片面强调集中营销时间限制的表述也被禁止使用。

2021年1月14日《证券日报》的报道《银行代销基金乱象调查：饥饿营销套路多理财经理违反适当性推介》中提到，在部分银行的宣传材料上，仍然出现“业绩亮眼”等宣传推介文案。并且在推荐基金时并未根据投资者的资产规模进行适配性分析，一味地追求“规模”和“数量”。

此外，部分银行所谓的“理财经理”并没有基金从业资格，对基金知识的掌握并不完备，也是财经媒体报道银行代销基金乱象的关注点之一。

2. 互联网基金平台为促销，巧立名目送红包

早在2013年3月15日证监会就发布《证券投资基金销售管理办法》（以下简称《管理办法》），其中第八十二条规定基金销售机构不得“采取抽奖、回扣或者送实物、保险、基金份额等方式销售基金”。2018年3月26日《北

京青年报》的报道《互联网基金违规销售乱象：巧立名目送红包、送份额》中披露，由于基金销售的龙头机构已经将大部分的基金公司“包揽”走，剩下的一些互联网基金平台、P2P 网贷公司为了吸引投资者，推出“买基金，送红包”的手段，主要形式是学习基金基础知识后赚取奖学金、赠送基金体验奖励（例如在平台上绑定账号后即可免费获得年化收益率20%的基金体验）等等。

“送红包”等形式的风险在于：基金属于金融产品，特别是基金对应的是股票市场，风险较高，投资者随时可能出现亏损，一些赠送的基金份额当中可能隐藏高风险的基金产品，加之使用支付宝等第三方平台的部分投资者，对基金的认知较为缺乏，在基金份额红包的诱导下不能明确风险，盲目购买基金份额，十分容易出现风险问题。

此外，根据 2021 年 5 月 27 日经济观察网发布的报道《公募基金直播发红包要注意了！中基协发布直播四方面规范建议》，在 2020 年疫情期间，基金管理人原有的传统营销模式无法正常开展，为与银行渠道经理、机构客户、直销客户等进行及时有效的沟通，基金管理人通过语音会议、视频路演、网络直播等各种线上模式开展营销活动。在直播中发放现金红包、实物抽奖等营销手段也被应用到基金直播当中。为了加强监管，5 月 27 日晚间，中国证券投资基金业协会发布《公募基金直播业务专题讨论会会议纪要》，规定发放的红包不得与具体基金产品宣传推介等销售活动混同，并且发放的红包也不能定向用于交易满减抵扣、费用抵扣，或指定其与单一基金产品挂钩。这一规定及时将“基金直播销售”的“红包”乱象制止，净化了基金销售环境，保护了投资者的合法权益。

（二）基金发行

1. 产品不备案

产品不备案在 2018 年前的私募行业中是一种十分普遍的违规现象，指的是私募基金产品在募集资金完成后并没有在期限内向中国证券投资基金业协会备案。要求私募基金备案的原因是在私募基金尚未被纳入监管体系之前，私募基金的管理人员鱼龙混杂、良莠不齐，操作运行手段不具有统一合规性，有些机构甚至从事公开募集、内幕交易、以私募基金为名非法集资等违法违规活动，危害投资者合法权益。

2013 年 6 月 1 日正式实施执行的《中华人民共和国证券投资基金法》将私募证券投资基金纳入监管。2014 年 2 月 7 日，中国证券投资基金业协会发布的《私募投资基金管理人登记和基金备案办法（试行）》第十一条规定，“私募基金管理人应当在私募基金募集完毕后 20 个工作日内，通过私募基金登记备案系统进行备案”。

随着市场情况的变动，中国证券投资基金业协会在 2019 年 12 月颁布的《私募投资基金备案须知》当中的第十一条对私募基金产品的备案规定做了更进一步的规定，“私募股权投资基金（含创业投资基金）和私募资产配置基金应当封闭运作，在备案后不得开放认/申购（认缴）和赎回（退出）。已备案通过的私募股权投资基金或私募资产配置基金，可以在满足条件的前提下进行扩募”，并且防止先备后募、备小募大，扩募的认缴出资额不能超过备案时认缴出资额的 3 倍。

基于以上，在 2019 年《私募投资基金备案须知》出台后，私募基金产品不备案的现象大大减少。

2. 挪用基金财产

随着股市的震荡，基金越来越受到投资者的重视，叠加互联网技术的赋能，专攻渠道端的基金销售机构为销售业务做出了明显的贡献，也正是因为这一背景，一些机构的基金销量十分亮眼。但随着愈加严格的监管，基金销售机构内部的违规行为也逐渐被世人所知。内部控制、人员管理以及适当性管理等方面存在的风险让人们能够更加理性地看待“明星销售机构”。

根据《私募投资基金监督管理暂行办法》，私募基金管理人、私募基金销售机构不得向合格投资者之外的单位和个人募集资金，不得向不特定对象宣传推介，不得向投资者承诺投资本金不受损失或者承诺最低收益，对投资者的风险识别能力和风险承担能力进行评估，私募基金管理人、私募基金托管人、私募基金销售机构及其他私募服务机构及其从业人员从事私募基金业务，不得侵占、挪用基金财产。

2020 年 5 月 27 日北京商报网发表的报道《违规频现多家基金销售机构遭“拉黑”》中提到，2020 年 5 月，江苏省证监局披露信息，扬州国信嘉利没有将基金产品的风险评价方法及其说明向基金投资人公开说明，形成了“信息偏差”，有可能造成盲目投资。其次，公司资金长期被股东挪用，公司的财务资金、管理人员长期和股东混合，在很大程度上增加了基金销售机构的资金流动性风险，同时，缺乏专业的管理人员也极易导致在经营管理中忽略风险点。此外，扬州国信嘉利还存在没有定期评价内部控制的有效性、公司高管实际发生变更但却没有将变更方案向监管机构备案等问题。

2019 年 12 月 30 日《每日经济新闻》发表《产品不备案还挪用基金两私募“踩红线”收罚单》，报道深圳前海汇能金融控股集团（以下简称前海汇能）发行私募投资基金后，汇能深业泰然观澜玫瑰苑物业并购了前海汇能担任基金管理人的契约型私募基金，分别募集了资金 1.501 亿元和 2.302 亿元，共计 3.803 亿元，后前海汇能将上述基金财产全部转移至关联公司深圳前海汇能天宝投资管理企业（有限合伙）银行账户。

三、基金参与“伪市值管理”

2014 年 5 月 9 日，国务院颁布《关于进一步促进资本市场健康发展的若干意见》，明确提出“鼓励上市公司建立市值管理制度”。从本质上来说，市值管理是公司建立的一种长效组织机制，致力于追求公司价值最大化，为股东创造价值，并通过与资本市场保持准确、及时的信息交互传导，维持各关联方之间关系的相对动态平衡。①

但实际中上市公司却将“市值管理”操作成“管理市值”。2021 年 5 月 9 日私募大 V 叶飞在微博上爆料称，他受中源家居委托寻找接盘方拉升股价，做“市值管理”，但接盘方接手后股价下跌，上市公司和盘方却拒不认账，导致接盘的公募基金和券商资管出现较大损失。叶飞所称的“市值管理”是一种“伪市值管理”，指上市公司或股东利用外部机构的资金操纵股价以达到某些目的，与“老鼠仓”的概念类似，即庄家在用公有资金拉升股价之前，先用自己个人的资金在低位建仓，待公有资金拉升到高位后个人仓位率先卖出获利，是一种搭便车行为。

在“伪市值管理”的模式中，接盘方往往是公募基金或券商资管机构。一种模式是公募基金同券商资管一起接盘上市公司股票，最终根据拉升股价的多少来收取费用；另一种模式是公募基金向盘方交出自己的股票池，但公募基金的股票池在本质上应该保密，盘方在股票池中选中认可的股票后买

① 莞棋. 市值管理不是管理市值［N］. 青岛日报，2021-05-27（013）.

入，公募基金进而拉升股价，根据盘方赚取费用的比例向公募基金分配利益。

2021 年 5 月 24 日《财新周刊》发表报道《A 股上演“皇帝的新衣”，市值管理黑幕揭开》，对“叶飞爆料事件”做出深度报道。文章首先对事件进行概述，其次对“伪市值管理”这一条灰色产业链做出了剖析，结合“叶飞爆料事件”介绍了市值管理的模式；并且通过匿名信源“一位业内人士”的表述告知读者，在“伪市值管理”产业链中，为了保护双方利益，掮客——即在本次事件中叶飞所扮演的角色——会和接盘方签订一些保底的协议，但这些协议通常不能够“拿到明面上来”。因此，如果接盘方协助上市公司拉升股价后，上市公司拒不付款，接盘方只能选择私下讨债，这也是此次“叶飞爆料事件”的起因。最后通过一手信源展示当下对“伪市值管理”的监管困境，即证据比较隐蔽难以搜集、如何定性接盘方——公募基金经理的行为等等。该篇报道从“事件概述——背景情况——监管困境”三个层次逐渐深入，对基金参与市值管理做出了全面的解读。2021 年 5 月 17 日《新京报》的评论文章《叶飞“爆料门”：别让“市值管理”成割韭菜的工具》中，也同样采取了类似的报道思路。

另外一种报道模式可以参考 2021 年 5 月 21 日“钛媒体”发表的报道《“叶飞爆料门”始末：以前用镰刀割，现在用联合收割机了》。该篇报道更加侧重于从时间维度上对事件进行梳理，首先，对中源家居的历年股市情况做出了简单的介绍，通过呈现“过山车”般的历年股价，可以得出“从 2019 年至今，该股出现过 4 次暴跌行情，且在暴跌行情出现之前，中源家居无一例外地出现过大幅上涨”这一结论。进而参考叶飞单方面在微博上的表述，梳理这一次“叶飞事件”从始到末的流程，语言表述较为浅显易懂。其次，对叶飞本人的背景进行介绍，其在 2015 年因涉嫌操纵股市而被处以罚款。最后，以对于“伪市值管理”这一灰色地带做出监管的相关法律作为结尾。

将上述两种报道模式综合起来看，先从多角度分析事件的发生、起因背景、监管等方面，再在每一个部分下的主体做出时间维度上的梳理分析，找到本次事件和以前年度中可能存在的关联点。这一报道模式可以为基金违规的报道提供一些思路上的借鉴。

四、基金违规报道总结

总体来看当下的基金行业，违规现象已经较 2017—2018 年有所减少，仍普遍存在的是银行代销、夸大宣传等问题，严重性并不突出。其他类型的违规报道，如产品不备案、私自挪用基金资产等，基本上集中出现在 2018 年左右。2018 年《资管新规》出台后，将公募产品的经验推广到整个资产管理行业，例如净值产品即按份额发行，并定期或不定期地披露单位份额净值的产品；打破刚兑即禁止金融机构，如银行、信托、券商等为了增加客户黏性而在资管产品亏损或达不到预期收益率的时候按照预期收益给投资者进行兑付，等等一系列规定，对私募加强了管制；《证券基金法》修订后也对基金行业违规操作加大了惩罚力度，以上问题在媒体报道中出现的频率也大幅下降。因此，从另一个视角来看，也能够说明当下我国基金行业的监管逐步趋严，制度设计愈加合理和完善，投资者的权益进一步得到了保障，行业的发展也渐渐趋向明朗。

第三节　报道逻辑框架与特色

基于以上两节，将基金领域的报道视角细化，可以看到：首先，报道可以着眼于基金市场中各关键要素和指标的变动，例如基金的收益率、现金或基金份额分红、仓位变动等等，指标要素的变动很大程度上直接影响着基金市场的收益或亏损以及市场运转是否健康良好，这部分新闻信息也是政策制定者、基金管理者、投资者三方最关注的领域。其次，市场上要素指标的变动除了受国家经济发展态势和特定领域经营成果的影响外，还可能受制于“背后”基金公司对市场波动的预判和调整措施，如人员的变动调整。再具体到实际应用中，即各个基金经理对手中所掌管基金或基金组合仓位配比、基金类型的选择。

如图 7-1 所示，基金领域的新闻报道，可以从宏观到微观的不同层次关注该领域的新闻事件：基金市场的哪些政策法规出现了变动，这些变动又体现在哪些指标上，进一步，基金公司和基金经理对各自所持有基金产品有何动向，这些动向最终会如何影响基金投资者的收益。

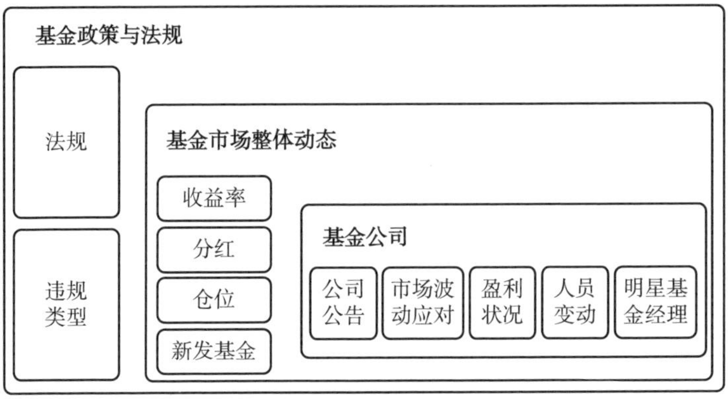

图 7–1　基金新闻报道议题

当跳出关键议题重新审视基金领域的新闻报道，可以发现一些与其他领域不同的独特现象。例如在一年当中的哪个阶段，各大基金公司会出现“聚集式”扩大既有基金规模的行动，基金经理从哪些方面来介绍会更加全面等等。了解和掌握基金报道领域的特色，能够帮助新闻采写者从更细致的角度去观察市场动态，使新闻报道更加细致周全，以及避免出现错误。

一、各类基金年底“冲刺”

年底（基本上从 10 月开始）是基金报道的高峰期，在年底基金通常会以全年的收益率为指标进行“排位赛”，来对过去一年各个爆款基金、明星基金经理、基金机构的表现做出复盘。

绝大多数基金公司都会在年底做最后努力，因为每年基金公司 KPI 考核周期都是到 12 月 31 日，时点规模是管理团队业绩的重要体现。一般来说，年底基金经理冲规模都会利用固收产品，主要是中长期纯债基金。因此从 10 月开始需要格外关注各个基金的动态。

例如 2020 年 12 月 14 日《中国基金报》发表报道《基金公司冲刺“年终规模战”!》，其中上海一家头部基金公司的基金经理认为，现在基金公司的产品发行还是会根据市场情况来布局，所以不会盲目为了短期规模发产品，更考虑长线布局。因此下半年以来，“固收+”产品开始站上“风口”，“固收+”是一种投资策略，由两部分组成，一部分是固定收益部分，以此来保障证券收益的稳定性，通常选择风险系数较低的投资品种，例如货币基金；而“+”的部分大约占比30%，主要用于提高收益，风险系数一般较高。这种结合可以在平衡风险的前提下博取收益。三季度以来，共有14只基金产品发行规模在百亿元以上，其中5只是“固收+”产品。除了“固收+”产品以外，定开债基金也助力壮大规模。“定开债基金”全称是“定期开放申赎的债券基金”，一般设置最短半年，最长三年的封闭运作期，在封闭期内不允许投资者申购赎回，基金经理可以在这个期间内不考虑申赎压力，尽全力投资。当封闭期结束后，则会有少则2~3天，多则一个月的开放期供投资者集中申购赎回。在新基金发行市场中，在发的偏债混合型基金多达21只，等待发行的偏债混合型基金有11只。无论是“固收+”还是“定开债基”，其目的都是在控制风险系数的前提下，追求相对较高的收益，所以此类产品在市场上也越来越常见。报道通过采访基金公司从业者，说明了近年来部分基金公司加大了对于非货基金规模的考核权重，因此在冲规模的过程中，基金公司加大了对“固收+”、定开债等非货币型基金的推广力度。对于基金公司而言，不断提升的规模会对公司盈利带来正面影响，叠加业绩考核的诉求，岁末冲规模是较为正常的现象。

二、专访业界专家做预测性报道

基金新闻报道中存在预测性报道的类型，预测性报道以理性、前瞻的眼光，向读者或受众提示、分析未来市场变化和板块红利，能够对投资者的投资行为起到导向作用。主要包括两个方向。第一个方向是对后市整体进行预判。例如2021年4月23日《证券时报》发表专家评论《明达资产董事长：未来10年私募基金财富管理可与公募基金平分秋色》，明达资产董事长刘明达表示，在后地产时代，整个社会财富已经达到了巨大的总量。在房住不炒的前提下，整个财富结构会出现新的格局。在未来十年中，私募基金会慢慢赶超上来。第二个方向是对某一板块的走势做出展望。如2021年4月27日《中国证券报》发表专家评论《金信基金孙磊：“美丽经济”崛起医美板块蓄势待发》，采访了金信基金投资部经理孙磊，其在采访中表示尤其看好医美板块。主要逻辑是医美板块规模增速大、渗透率低，当前处于国产代替进口品牌的过程当中，以及国内上市公司已经做好布局。

需要注意的是，金融领域的投资本身具有较高的风险，加之新闻媒体自身传播的广泛性、自身的权威性以及受众对专业领域的信息偏差，如果预判错误会导致不可估量的后果。因此预测性报道一般不由记者直接进行预测，而是通过采访基金公司主管或基金经理来发出。例如2021年4月28日《中国证券报》发表专家评论《前海联合基金：行情驱动力或转向盈利驱动看好四大领域投资机会》，2021年4月10日《21世纪经济报道》发表专家评论《独家对话KKR杨文钧、季臻：中国“买入重建”机会出现亚洲多元化投资提速》，2021年4月28日第一财经发表专家评论《创金合信基金曹春林：新能源车行业景气度在延续》等等。由此可见，国内媒体在进行预测性报道创作时十分谨慎。

但放眼国外财经媒体，会因不同媒体的风格和定位而对预测性报道有不同的写作态度，文中会较多地采用一手信源的观点。但整体来看，预测性报道数量依旧不多。

以《巴伦周刊》和《华尔街日报》为例。2019年8月14日《巴伦周刊》发表分析性文章《黄金投资再次“闪光”，基金或是更好的选择》，文中提到，在2019年8月左右，黄金价格飞升至每盎司1500美元，创下六年新高后，相继将财富顾问公司The Wealth Consulting Group首席执行官吉米·李（Jimmy Lee）的观点“黄金是一种投资组合多样化和对冲通货膨胀的手段”，和其他对黄金持批评态度的观点“黄金对投资组合是一种累赘”同时呈现，进而跟进“利用黄金基金进行多样化投资”和“押注金矿公司股票”两个预测性观点。但从整篇文章的内容来看，较大部分依赖于一手信源的观点，因此预测观点的表述并不激进。

在2021年4月16日《华尔街日报》的分析性文章《ETF或给比特币投资带来大发展》中，通过分析ETF的近期发展态势做出预测。ETF英文全称是Exchange Traded Fund，即交易所交易基金，或称作交易所交易组合，对比普通基金的优势是，ETF一篮子股票组合可以随时通过创建和赎回份额的方式来应对任何折价或溢价的情况，这可以极大地增强其吸引力。加密货币的猛烈势头市场有目共睹，其中最引人注目的就是比特币。文章中提到，“近几个月以来比特币市场大幅增长，而且现在已有一些大型机构参与其中。VanEck、富达（Fidelity）等公司已重新向监管部门提出了开展比特币ETF业务的申请”。ETF除了具有随时创建和赎回份额的优势外，交易成本也更低，因此当ETF将目光放到比特币市场上时，将会给比特币市场带来更多的业务增长和全新的资本。

将《华尔街日报》的文章和《巴伦周刊》的文章进行对比可以发现，《华尔街日报》的报道中信源观点的占比较少，其更多的是根据市场行情和行业数据进行推测，报道者个人观点占比更大。这也说明在外国财经媒体的预测性报道中，媒体间风格差异比国内财经新闻媒体间的风格差异更明显。

第四节 信源总结

一、研究方法

本节对于媒体在基金报道中对于国内的公开信源（包括公开数据、公告、资料等）、媒体自采的一手的国内信源、匿名的国内信源以及国际信源四种类型信源的使用情况进行分析。

通过构造周抽样，选取了2020年11月4日、11月14日、11月24日、12月4日、12月14日、12月24日，以及2021年1月3日、1月13日、1月23日、2月2日、2月12日、2月22日、3月4日、3月14日共两个构造周，按照综合媒体财经版块、专业财经媒体以及财经自媒体三个媒体类型，选取样本日期当天相应媒体做出的基金相关报道，作为该部分的样本，对其信源做出分析。

最终，在综合媒体财经版块类别中抽取了来自澎湃新闻、《人民日报》的共计8篇基金报道；在专业财经类媒体中抽取来自财联社、《中国基金报》、《第一财经日报》、券商中国（证券时报旗下新媒体平台）、《21世纪经济报道》、《经济观察报》、财新、《国际金融报》的共计70篇报道；在自媒体类别中共抽取来自韭圈儿（微信号：jiucaishuo）、吴晓波频道（微信号：wuxiaobopd）的3篇文章。

二、机构媒体基金报道信源分析

（一）信源数量

在报道风格和主要议题方面，机构媒体中的综合媒体的财经版块和专业财经媒体之间差异并不明显，两种媒体在信源类别的选择上较为一致，在本部分统一进行分析。

经统计，来自机构媒体的 78 篇报道中，信源总数为 396 条，平均每篇 5.0 条。如图 7-2 所示，按不同媒体主体划分，在平均单篇报道中的信源数量方面，各机构媒体中，《人民日报》的《银行以企业专利权为质押——为创新型企业提供融资支持》这篇报道使用信源数量最多，为 14 条，远远高于其他机构媒体的平均值，也是所有机构媒体中使用信源数量最多的单篇报道；《21 世纪经济报道》、券商中国、《经济观察报》、《中国基金报》、《国际金融报》等平均每篇使用的信源数量约为《人民日报》的一半，而财联社与财新平均每篇报道使用的信源较少。

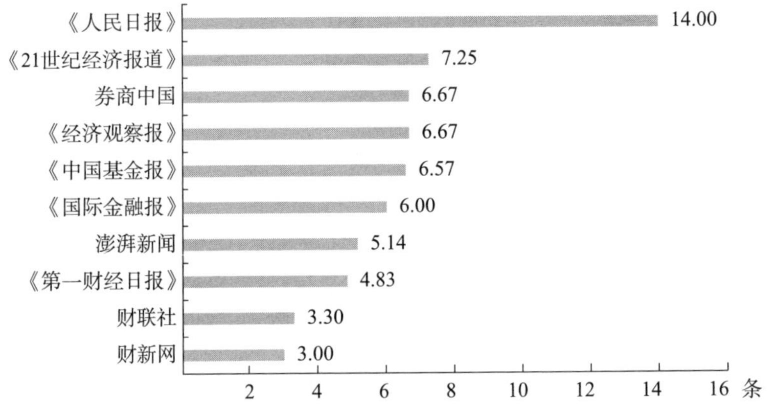

图 7-2 机构媒体基金报道中平均信源数

在基金报道中，机构媒体最多采用的是公开资料这一类信源，对于匿名信源的使用也比较频繁，而一手信源比较少，如图 7-3 所示。样本中的机构媒体对于“公开资料”这一类信源使用得最多，共计 200 条，78 篇报道中有 72 篇使用到了公开资料作为信源；共有 27 篇报道中包括了一手自采信源，共计 72 条；一半以上的报道使用了至少一个匿名信源，共计 92 条；国际信源只涉及 6 篇报道，均是对国外基金机构的管理人员或分析师的采访。

从媒体间的信源类别分布来看，个别媒体如《21 世纪经济报道》，侧重国际基金新闻报道，会较多地选取国际信源，比如在 2020 年 12 月 24 日发表报道《QE 不停，大宗商品买涨不止：对冲基金押注超级牛市周期》，针对“货币宽松政策 QE”效应日益显著，疫情过后全球经济复苏将对大宗商品的需求具有提振效果这一观点，采用了 6 条国际信源，其中既包括一手信源，例如“对冲基金 MKS PAMP 分析师 Sam Laughlin”，也有匿名信源，如“一位华尔街大宗商品投资型对冲基金经理”。机构媒体间基金报道信源类别占比情况见图 7-4。

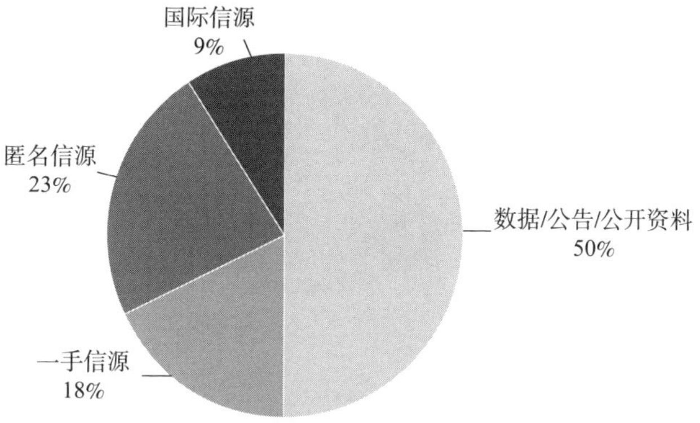

图 7-3 机构媒体基金报道中信源类别占比

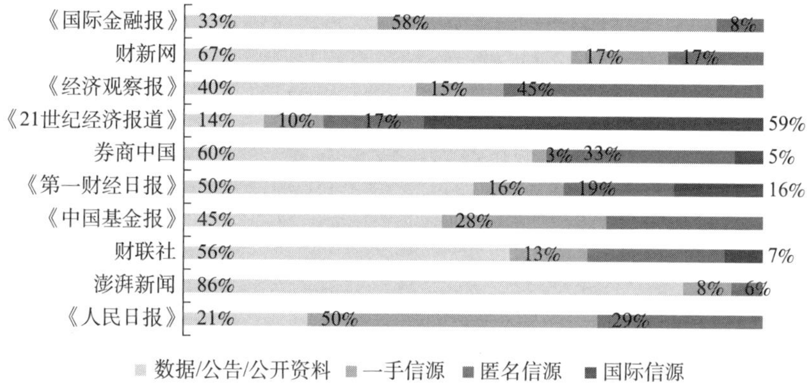

图 7-4 机构媒体间基金报道信源类别占比

（二）不同类别信源分析

1. 公开信源

在这一类信源中，来自企业或银行的公告、季报、年报等类别的数量最多，为 79 条；其次是获取自第三方数据平台（例如 Wind 金融数据库）的数据，说明这些数据平台已经成为基金报道记者依赖的重要信源；此外，也有一部分公开信源是来自政府机关的公告或公开资料，以及援引人物此前的公开发言或采访内容。在基金报道中，使用直接来自证券交易所、行业协会、学术研究机构的信息相对较少。具体见图 7-5、表 7-1。

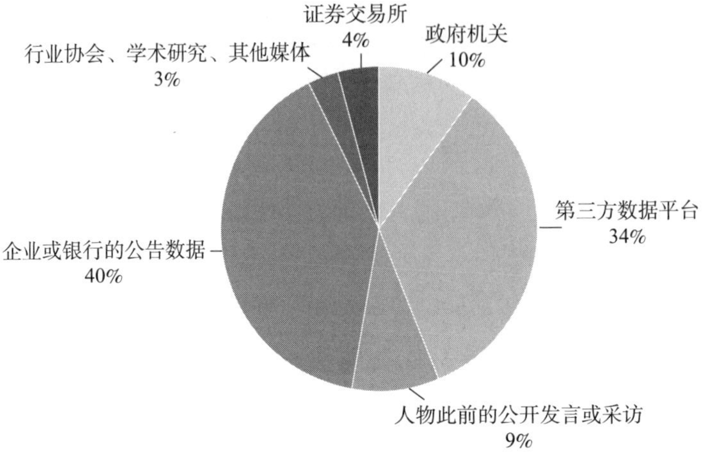

图 7-5 机构媒体基金报道中数据/公告/公开资料信源类别占比

表 7-1 机构媒体基金报道公开信源举例

信源类别	举例
政府机关	证监会官网、保监会、中国人民银行
第三方数据平台	Wind 金融数据库、CEIC、FactSet
人物此前的公开发言或采访	×××（基金经理）此前表示
公司公告、数据	鹏华基金公告、中金公司研报、基金三季报、基金公司招募书
行业协会	基金业协会、证券业协会
证券交易所	上证指数、深证成指、沪深 300 指、中证 500 指

基金新闻领域的记者较多使用第三方数据平台的数据来做进一步的分析和解读，如在 Wind 金融终端数据库中，可以查询到多品种基金信息，涵盖公募、私募、银行理财、信托、保险等。通过检索可以查询到某个基金的产品介绍、总规模、收益率、成立日期、所属基金公司、基金经理、投资类型、股票类基金的持股资金以及大部分读者较为关心的该基金过往收益情况等等。此外，还可以根据所选的维度进行比较分析，是一个数据信息较为全面的第三方机构平台。例如，2020 年 11 月 4 日财联社发布报道《上市 8 年后才显山露水，三季度增持基金最多、刘格菘百亿巨资持有的第一重仓股，究竟是何成色》，记者通过 Wind 数据平台查询得出“隆基股份被 739 只基金持股 515.36 亿元，位列基金三季报十大重仓股第四名”“广发基金、嘉实基金、易方达等 40 余家基金公司、69 只基金产品，持股占比超 9%”等数据。

同时，证券公司、企业、银行等机构本身所发布的公告也会成为基金报道的重要信源，比如机构对外发出的通知、年报、季报等，会涉及基金公司旗下基金仓位的变化、人员变动、对未来市场的展望等。在 78 篇机构媒体的报道中，采用了基金公司所发布的公告的报道有 43 篇（约占 55.1%）。例如，在 2021 年 1 月 3 日券商中国的报道《风格漂移拖累业绩！八成仓位押宝券商金融股，年度排位赛后这位基金经理遭公司解聘》中引用了金鹰基金发布的公告，宣布解聘该公司基金经理吴德瑄，其管理的金鹰中小盘精选混合基金由陈颖担任基金经理，原因是他所管理的基金在过去三年内亏损 20%。

2. 一手信源

在这一类信源当中，占主要比例的是来自各大基金公司的基金经理、分析师等，信源数量为 62 条。其他类别，如第三方机构研究员、普通基金投资者或民众以及相关领域官员的采访均较少。具体见图 7-6、表 7-2。

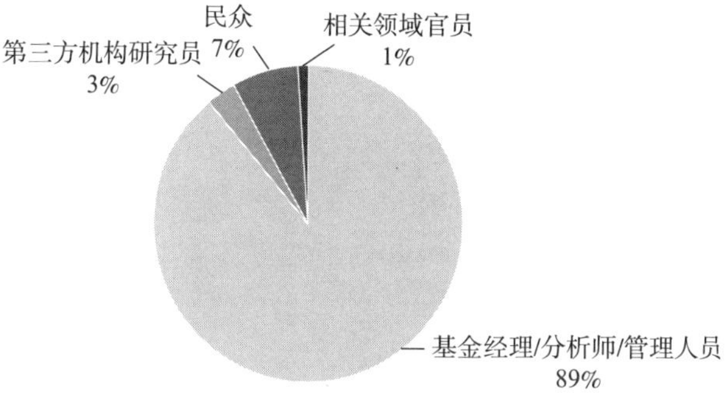

图 7-6　机构媒体基金报道中一手信源类别占比

表 7-2　机构媒体基金报道中一手信源举例

信源类别	举例
基金经理/分析师/管理人员	农银汇理基金经理
	德邦基金专户业务执行总经理
	中银新回报基金经理
	招商中证白酒指数基金经理
	博时卓越品牌混合基金经理
	创金合信消费主题基金经理
第三方机构研究员	新浪财经首席评论员
	中国社科院国家金融与发展实验室副主任

在基金报道领域，一手信源常常是管理某个基金的基金经理，主要的原因是他们有较为丰富的从业经验，对基金市场的变动比较熟悉。例如在2021年1月13日《第一财经日报》发表的报道《沪指时隔5年再上3600点 机构抱团会否成“灰犀牛”》中，在提到新能源板块时，采访了深圳诚诺资产管理公司合伙人兼研究总监，对于新能源板块的价值以及未来走势做出了“整体估值过高，市场的乐观情绪透支了行业的成长性”“目前的性价比对投资者来说已经很不友好”等分析与判断。

3. 匿名信源

由于金融领域信息的敏感性，部分受访者并不愿意向公众透露自己的身份，因此基金报道中的采访对象常常以匿名信源的形式出现，在本文的样本中，一半以上的报道都使用了至少一个匿名信源，其中多为来自金融机构或公司的人员。具体见图7-7、表7-3。

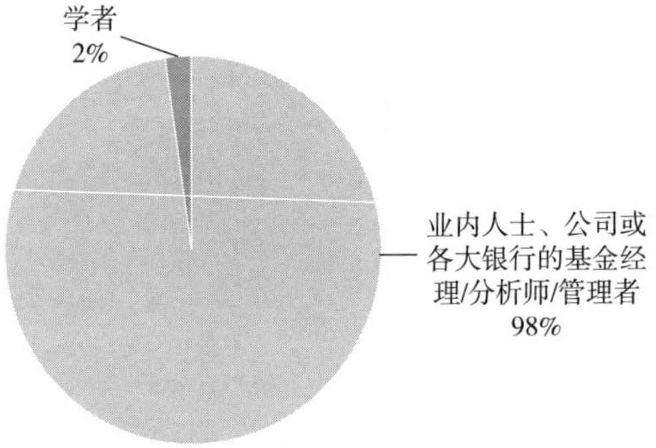

图7-7 传统媒体基金报道中匿名信源类别占比

表7-3 机构媒体基金报道匿名信源举例

信源类别	信源举例
业内人士、公司或各大银行的基金经理/分析师/管理者	北京一位绩优基金经理
	北京一位大型公募投资总监
	华南地区一位从事过基金销售的人员
	深圳一位基金公司人士

在表述匿名信源时，记者们选择的表述多是“××（地域）一位公募产品人士”“××（地域）一位基金公司人士”“××（地域）一位基金经理”“市场人士”“业内人士”等。

三、自媒体信源分析

在自媒体所采用的信源当中，由于采访权的限制，公开资料这一类信源占主要部分，少部分的一手信源也可能是自媒体的撰稿人据自身的人际关系所做的询问。

在公开资料当中，来自第三方平台的数据为主要信源；除此以外，也有来自企业公开发表的公告、行业协会以及证券交易所的信息。具体见图 7-8。

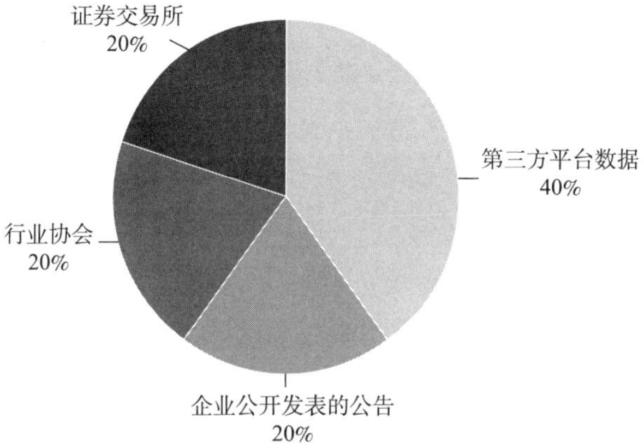

图 7-8　自媒体基金报道中数据/公告/公开资料类别占比

四、基金报道信源总结

总体来看，如图 7-9 所示，自媒体和和机构媒体在信源的采用中，公开资料的占比均最大，自媒体受限于采访权、资源等因素，信源种类较少，这也就决定了绝大部分自媒体在进行基金领域的信息传播时，不会与传统媒体一样对事件做过多的阐释或梳理，而是对一个基金领域的事件做解读、投资分析与“荐基”。同时，自媒体的“语态”，即话语体系和传播姿态也更加偏向社交化和娱乐化，经常出现当下网络上的流行语、在评论区和读者评论互动。这一方面是基于其所传播的平台多为社交媒体平台，如微信、微博等；另一方面也是由于较为知名的自媒体都有一批相对稳定的读者，黏性较强，且互动意愿强烈。

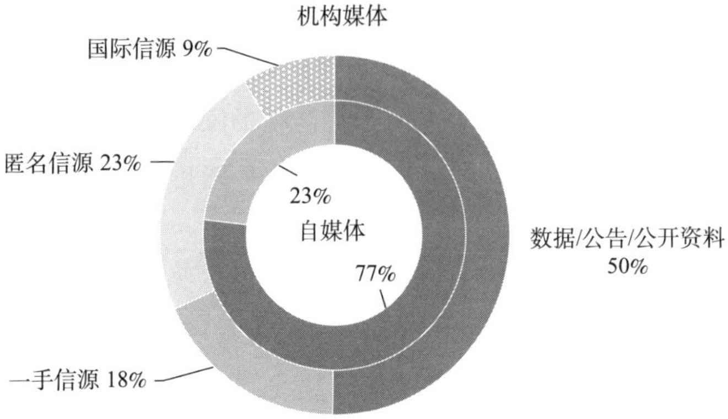

图 7-9　机构媒体和自媒体基金报道中信源分布对比

第八章

财新的财经报道

财新在国内的财经类媒体中，有以下三个特殊性：

首先，在新闻报道的内容生产上，财新以深度报道著称，擅长重大复杂事件的报道、采访较难采访到的人物，并做国际化广角观察。从报道版块和栏目策划来看，财新往往采取多角度、多层次的方式进行专题报道，以使读者对该事件或现象形成较为全面和深入的认知，这部分内容在本章的第二、三部分中有体现。从报道信源来看，多引用专家学者的观点交锋，而国际化观察则体现在，财新的“观点专题”和其他财经报道会拓宽视野，以西方的经验教训启迪读者，为其分析中国形势提供思路和专业观点。

其次，在经营方式上，财新是国内第一家全面实施新闻付费的媒体，其竞争力既来源于报道的专业性、深度性和客观性，以及数据可视化等报道形式的创新，也来源于研究报告和数据库的建设和信源的独家性。在一些深度报道中，财新可以采访到业内知情人士，以此获得一手的内幕消息。

最后，在用户定位上，财新针对政界、财经界、产业界、学界等社会精英。与《财经》杂志等其他国内针对社会精英的财经媒体对比，财新的特色更多体现在数据新闻和财经数据库的建设上。

与前面章节分版块、重视知识结构的论述不同，本章节是从单一媒体的报道特色、专题策划、热点选择的角度，更为全面、系统地呈现相对精英的财经新闻媒体是如何进行财经新闻报道的。具体来看，即财新如何设计和策划日常专题、年度报道以及具体报道的写作特点。

第一节　财新的报道图式分析

本小节以财新的经济版块为例，通过对其报道主题和新闻图式的分析，帮助读者把握财经媒体的内容结构设计，总结不同主题报道的文章结构，进而归纳同类主题报道的特点，以此提供撰写报道的思路。

从报道主题来看，经济版块的报道主要分为政策信息和宏观数据，其中兼顾地方经济和国际经济，这部分和一般媒体的宏观部分内容比较类似，偏向于整体经济政策与宏观数据，包括地方经济也一般是属于宏观版块的内容。

新闻图式（news schemata）即新闻的常规形式和常规范畴。梵·迪克的话语分析框架指出，新闻图式的范畴主要包含概述、主要事件、背景和评价，这些主要图式范畴在媒体事件报道中会展现不同的排列方式，虽然排列方式不同，但是它们将共同呈现一个报道的新闻话语形式。[①] 包括记者和读者在内的多数人都会不自知地通过上述形式制作和理解新闻。具体结构如图 8-1 所示。[②] 本小节对经济版块不同类型的报道分别进行新闻图式分析，最后提炼共同点。

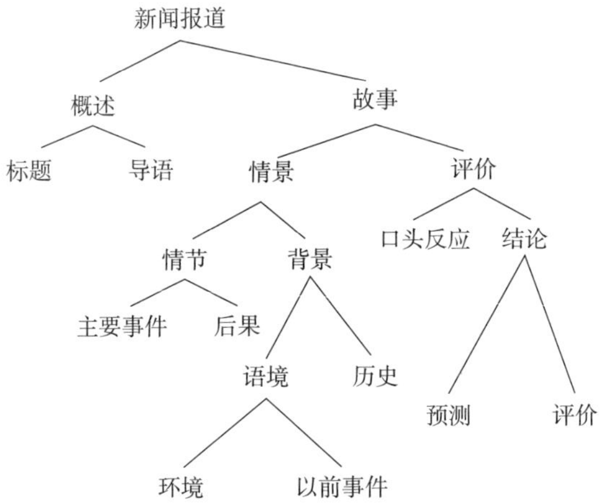

图 8-1　假设性新闻图式结构

一、政策信息类报道

财新政策信息类报道主题主要为：解释经济改革重点、新型城镇化改革和基本公共服务规划、人民币汇率制度安排、财政政策、税收立法和税制改革、贸易投资政策、区域性产业改革等。

---

① 周少康．《财新周刊》环境报道研究（2010—2019）［D］．浙江传媒学院，2020：18.

② （荷）托伊恩·A. 梵·迪克（Teun A. Van Dijk）．作为话语的新闻［M］．曾庆香译．北京：华夏出版社，2003：57.

在政策信息类报道中，本研究重点选取 2021 年 5 月 23 日的报道《央行刘国强：人民币汇率基本稳定央行将注重预期引导》，以分析这类报道的新闻图式，具体见表 8-1。

表 8-1 财新“央行稳定人民币汇率”报道的新闻图式

结构		报道
概述	标题	央行刘国强：人民币汇率基本稳定央行将注重预期引导
	导语	2021 年以来人民币汇率有升有贬，双向波动加大。对此，央行副行长刘国强表示，今年以来，人民币汇率在合理均衡水平上保持了基本稳定，汇率预期平稳，目前有管理的浮动汇率制度是适合中国的汇率制度安排，央行将注重预期引导，保持人民币在合理均衡水平上基本稳定
情节	主要事件	2021 年以来，人民币汇率有升有贬，保持了基本稳定
	后果	央行下一阶段将保持人民币汇率在合理均衡水平上的基本稳定
背景	以前事件	2021 年以来人民币汇率双向波动加大。2 月至 3 月人民币较弱，而进入 4 月之后，人民币汇率开始走强
评价	预测	未来人民币汇率双向波动成为常态
	评价	刘国强表示，浮动汇率制度在当前和未来时期是适合中国的

这篇报道的新闻图式结构包括概述、主要事件、背景和评价。从顺序来看，图式的各范畴排列方式有交叉，为“概述—主要事件—预测—评价—以前事件—后果”，文章重心在于阐释发言内容、人民币汇率走势及央行下阶段应对措施。标题简洁地呈现发言主体和发言主旨，概括人民币汇率的现状和未来央行举措。报道正文以倒金字塔方式先描述了央行刘国强答记者问的内容并直接预测未来人民币汇率的走势，其次引用分析人士对此的评价引入了前期人民币汇率双向波动加大的事实，进一步通过采访中信证券研究所副所长了解其原因，即美元指数和美债收益率波动以及中国对外贸易持续向好。文章最后引用了央行发布的官方报告对此现象的结果进行总结，再次强调央行下一阶段举措。

2021 年 5 月 12 日财新的报道《四部门召开房地产税改革试点座谈会透露哪些新信息?》，分“试点、立法孰先孰后”和“哪些城市可能率先试点”两部分展开，使报道重点突出，并解答了房地产税改革下公众关注的核心问题。文中对官方表述进行分析，在背景部分引入财政部部长刘昆的解读，在评价部分主要采访了北京大学法学院教授刘剑文、中国政法大学财税法研究中心主任施正文、北京大学经济学院教授刘怡，引用官方和学术界的专业观点对房地产税改革进行阐释，保证了文章的专业性和深度性。整体新闻图式完整，大致体现为“概述—以前事件—评价—预测—主要事件—以前事件—预测—评价”，重心在于评价部分，多通过学者和官员的观点对改革的重点和方向进行评价和预测。

2021 年 4 月 19 日财新的报道《6 月 1 日起十种财产行为税合并申报一表可报多税》，侧重解释新政策内容及其意义，背景信息很少，着重简并税费申报的申报范围、申报思路、操作流程和具体要求。新闻图式较完整，整体顺序为“概述—主要事件—以前事件—主要事件—后果—评价”。

通过新闻图式的对比，可以更直观清晰地把握不同类型报道的侧重点和撰写的思路，以指导读者了解财经报道的撰写策略。由上述三个事件的新闻图式对比可见，报道一《央行刘国强：人民币汇率基本稳定央行将注重预期引导》属于传递官方声音的汇率政策报道，报道的重心在于传递官方信号，篇幅着重在主要事件部分和评价部分（即评价、预测），且人民币汇率领域有相当一部分报道以重要政府官员发言为新闻由头，因此属于常规报道，惯用倒金字塔结构，主要事件开门见山。报道二《四部门召开房地产税改革试点座谈会透露哪些新信息?》和报道三《6 月 1 日起十种财产行为税合并申报一表可报多税》分别属于政策决策阶段和政策执行阶段的报道，因此报道重心和新闻图式顺序不同，报道二中的房地产税改革处于决策阶段，报道的目的在于传递政策精神，透露改革着力点，重心在于评价预测，考虑到房地产税改革是一个动态、长期的分步推进过程，且试点和立法顺序存在学界分歧，所以报道开头并不先写主要事件，而是从此前事件来展开，先简要提及房地产税改革的来龙去脉和关键性，突出新闻价值，如报道原文“此前谈及房地产税时，官方表述都是‘房地产税立法和改革’，‘试点’二字是首次出现，从 2011 年开始在上海和重庆试点的是房产税，并非房地产税”。与报道二的“房地产税改革”政策处于决策阶段不同，报道三中的政策属于执行阶段，政策内容涉及百姓执行操作（税费申报的申报范围、申报思路、操作流程和具体要求），因此报道重心在于主要事件部分，为读者呈现税费申报的方式和注意点。综上，政策信息类报道可以根据政策阶段、政策内容是否涉及百姓执行操作来划分为不同类型，此类报道在撰写中需要针对政策的不同特点、新闻价值以及传播目的，做到有的放矢，把握报道重心和报道结构。具体总结见表 8-2。

表 8-2 政策信息类报道

报道	政策特点	报道重心	报道开头的新闻图式	主要信源
《央行刘国强：人民币汇率基本稳定央行将注重预期引导》	传递官方声音的汇率政策报道； 具体政策内容无须百姓执行	主要事件部分和评价部分	概述—主要事件	政府官员； 专家学者； 政府文件
《四部门召开房地产税改革试点座谈会透露哪些新信息?》	政策决策阶段； 具体政策内容暂时无须百姓执行	评价部分	概述—以前事件	政府官员； 专家学者； 政府文件
《6 月 1 日起十种财产行为税合并申报一表可报多税》	政策执行阶段； 具体政策内容涉及百姓执行（税费申报的申报范围、申报思路、操作流程和具体要求）	主要事件部分	概述—主要事件	政府官员； 政府文件

二、宏观数据类报道

宏观数据报道，主要指针对国民经济核算数据、价格指数、财政税收数据、三大产业数据等一系列数据进行的描述、阐释和预测的报道。从财新的经济版块来看，宏观数据报道多以国家统计局、财政部等政府发布的数据、行研证券机构和经济学家的调研数据、财新指数为信源，重点关注 GDP、三大产业、财税收支、出口贸易、就业情况和消费价格等，自新冠肺炎疫情暴发以来，该部分报道较多围绕疫情后期的经济修复，其中还特别关注了后疫情时代的香港经济与就业状况。

除了官方数据以外，财新还创建了自己的数据库和经济指标，为用户提供了多元的数据查询资源，也为其报道提供了丰富且易得的数据源，成为其作为财经媒体的优势之一。用户付费开通“财新数据通”后，可以查阅“CEIC 全球经济数据库”，其中的具体数据以图表方式呈现，覆盖全球各大洲和各经济活动领域，各项指标包括国内贸易和家庭调查、销售、订单、库存和出货量、通货膨胀、生产、国民经济核算、政府和公共财政、外贸、国际收支、建筑及房地产业、人口和劳动力市场，在这些数据的基础上，财新进行进一步的内容加工，以实时消息、数据图解的形式报道，例如 2021 年 7 月 23 日财新的国际报道《数据图解特斯拉签镍供应协议，新能源车镍需求潜力大》体现了财新对国际问题的关注。该报道围绕“必和必拓最新财年镍产量8.9吨”、“镍境内外期现价格高企”和“淡水河谷Q1镍平均售价达每吨17630美元”三幅数据图展开，三幅柱状折线图分别呈现自2015年以来必和必拓和淡水河谷两家铁矿巨头的镍季度产销量与年度平均售价，以及2020年以来商务部镍生产资料的周度价格、沪镍主力结算价、LME镍期货结算价，数据来源均为“财新数据”，原始数据源则涉及必和必拓集团、中国商务部、上期所、伦敦金属交易所（LME）和淡水河谷公司，报道还引用了特斯拉CEO马斯克和必和必拓首席商务官潘文怡对镍需求与镍供应所发表的言论，以及中信期货针对欧洲和中国政策背景下新能源车市场对镍的需求量分析，报道预测“根据政策目标或复合增长率模型推算，新能源车市场有望成为镍需求的另一极”，而同期针对该事件的其他媒体报道则较简略，如2021年7月22日金融界只报道了两百多字的短消息《特斯拉与必和必拓达成镍供应协议》，36氪也仅转载消息，并未详细展开对该事件的分析。此外，财新传媒的数据产品还涉及深度与量化的研报、融资讯息和各类数据库，具体如表8-3、表8-4所示。

表8-3 “财新数据”的数据库

<table>
<tr><th>数据库</th><th>具体产品</th><th>产品内容</th></tr>
<tr><td rowspan="5">五大基础数据库</td><td>查公司</td><td>提供公司工商信息、股东高管图谱、对外投资、人事变更和相关报道等</td></tr>
<tr><td>查人物</td><td>提供人物关联企业、担任高管的企业、合作伙伴、个人履历和相关行业资讯等</td></tr>
<tr><td>查A股</td><td rowspan="2">提供股市指数趋势、行业财务分析、股市资讯和公司对比分析工具等</td></tr>
<tr><td>查港股</td></tr>
<tr><td>查上市债券</td><td>提供沪深债券趋势和上海银行间同业拆放利率</td></tr>
<tr><td rowspan="3">财新特色数据库</td><td>财新指数</td><td>提供财新PMI、中国新经济指数、中国数字经济指数、大宗商品指数、高质量因子指数、AI策略指数、基石经济指数和新动能指数的指数趋势、历史数据和指数特征</td></tr>
<tr><td>投资机会</td><td>提供不同国家、不同行业的融资项目和融资资讯</td></tr>
<tr><td>Smart Beta中国因子投资体系</td><td>提供风格因子的收益表现数据</td></tr>
<tr><td rowspan="4">专业债券数据库</td><td>信用债</td><td rowspan="4">提供债券基本信息、发行与上市、发行注册情况、发行招标信息、发行条款与配售明细等</td></tr>
<tr><td>利率债</td></tr>
<tr><td>可转债</td></tr>
<tr><td>资产支持证券</td></tr>
</table>

续表

数据库	具体产品	产品内容
专业金融数据库	保险公司	提供保险公司财务数据
	货币市场	提供人民币汇率与银行间同业拆借利率
	A 股舆情	提供上市公司舆情指数分布情况、指数榜单与相关新闻
其他数据库	查高校	提供中国高校省份分布、院校类型分布和高校主管部门分布情况

表 8-4 "财新数据"的研究报告

研究报告	具体产品	产品内容
财新智库	A 股 Smart Beta 月度报告	提供各项指标的数据信息、行业周报/年报、专题报告、重大事件点评、风险预警、投资业绩参考标准和指数化投资策略等
	万事达卡财新 BBD 中国新经济指数	
	中国大宗商品指数	
	财新中国 PMI 报告	
	财新高质量因子量化策略	
宏观经济	拿地情况	
	宏观经济	
	宏观专栏	
	排污许可证发证情况	
	中标情况	
	中小银行专栏	
	风险专栏	
行业分析	商贸零售	
	生物医药	
	生猪产业	

2021 年 5 月 17 日财新发表报道《香港财政司长：本地失业率将显著下降》。该文章的结构较清晰，新闻图式各范畴的顺序大致为"概述—环境—以前事件—主要事件—预测—评价"。整篇报道从香港特别行政区财政司司长陈茂波对于香港经济和就业的表态切入，围绕香港政府公布的 GDP、失业数据、各行业失业率、渣打银行的预测数据展开，以描述性内容为主。

2021 年 5 月 10 日财新发表报道《财新调查丨低基数推高 4 月价格指数 PPI 同比或达 6.5%》。这篇报道整体以数据为主，围绕工业生产者价格指数（PPI）变动的逻辑进行展开分析。根据价格传导规律，PPI 对居民消费价格指数（CPI）有一定的影响。PPI 反映生产环节价格水平，CPI 反映消费环节的价格水平。整体价格水平的波动一般先出现在生产领域，然后通过产业链向下游产业扩散，最后波及流通领域消费品。但由于 CPI 不仅包括消费品价格，还包括服务价格，CPI 与 PPI 在统计口径上并非严格的对应关系。文中的推导逻辑为，大宗商品价格持续高位运行，或推动 PPI 同比涨幅创新高，工业品价格上行可能推高 CPI 中的非食品价格，低基数和非食品价格上涨进一步导致 CPI 同比涨幅扩大。该文章的新闻图式完整，但顺序较混乱，呈现“概述—预测—环境—以前事件—预测—主要事件—以前事件—评价—环境—预测”，可见与预测相关的数据贯穿全文，主要事件并非文章主体，较大篇幅为延伸的背景部分，即通过前期的数据指标证明预测的合理性。主要事件的前文背景是 CPI 的影响因素与变动情况，主要事件的后文背景是 PPI 的影响因素与变动情况，将主要事件置于文章中心，呈现了价格传导规律的报道逻辑。

2021 年 5 月 7 日财新发布报道《4 月财新中国服务业 PMI 升至 56.3，高于 3 月 2 个百分点》。该报道聚焦于财新中国服务业 PMI，分析服务业市场在后疫情时代的恢复状况，并结合通胀压力和原材料价格对未来服务业进行预判，提示关注重点。这篇文章的新闻图式也很完整，顺序为“概述—主要事件—以前事件—环境—以前事件—评价—预测”，开头开门见山直接将主要事件作为导语的一部分进行概括，下文通过财新中国通用服务业经营活动指数（服务业 PMI）和财新中国制造业采购经理指数（制造业 PMI）的走势，预测未来制造业和服务业的恢复情况和政策导向。

三、总结：经济版块的报道特点

通过系统呈现经济版块下的政策信息类报道和宏观数据类报道的新闻图式，可以看到财新在政策信息类报道上注重事件后果和评价，即对于政策意义的揭示和政策操作的解读；在宏观数据类报道上，多通过主要数据延伸至其他相关数据，侧重数据披露以及产业前沿或市场状况的分析预测，因此报道并不聚焦于事件主体，且靠近开头的位置不一定是主要事件，报道的结构顺序并不从高层次信息（中心事件、中心事件当事人）依次向低层次信息（次要事件、背景等细节信息）展开，而是交替呈现，并强调背景性信息和预测，对于宏观数据情况的产生原因、影响因素和未来趋势进行报道，其中背景信息多为以前事件，即引用往期的环比或同比数据进一步推断论证当前和未来的数据情况。

从信源特征上看，政策信息类报道偏好引用政府发言、政府报告和专家学者的观点，而宏观数据类报道则多引用国家统计局、行研机构和财新数据库的信源。

第二节 财新的日常专题策划

本节重点关注财新日常专题中选题策划的角度，借此洞察财新在不同领域的关注重点以及作为财经媒体的策划角度。

财新的日常专题策划分为经济专题、金融专题、世界专题、商业专题、观点专题和政经专题，每个专题下收录不同话题的重要时事，涉及学术界、政策界、产业界和社会民众多方关注焦点，如高层论坛峰会、政策探讨、两会报道、行业现状和人物传记等，不同话题内会根据话题内容和性质划分不同栏目。与年终策划相比，日常专题策划收录的热点事件更多，除了突发事件外还关注长期存在的社会现象，换言之，通过分析财新对于年度论坛和常态话题的报道，如每年召开的达沃斯论坛、金融圈长期关注的人民币利率汇率问题等，总结这类特定选题的策划角度和规律，有利于为其他同类型的报道专题策划提供思路借鉴。

一、经济专题

近几年经济专题收录的话题多为区域经济合作或与国家经济发展有关的论坛峰会、国家战略建设、月度财新中国 PMI 指标、财政政策和货币政策等，也有财新媒体举办的峰会。截至 2021 年 4 月，2021 年经济专题收录的话题为“博鳌亚洲论坛 2021 年年会”和“中国发展高层论坛 2021 年会”，话题性质较接近，栏目设置也基本相同。一方面主要是政府重要领导人围绕论坛重点议题的发言内容；另一方面为各参会人员的展示和提议，以及政府官员对数字人民币国际化、欧美对抗式政策等国际疑虑和关键问题的回应。整体以文字性报道为主，视觉传播的内容较少，只有一则图片报道。

在融媒体时代下，5G、4K、数据可视化等媒介技术的发展使图文短视频丰富了财经报道的媒介形式，未来“视听报道”栏目可以提供短视频、直播、图片等多种报道方式，为用户提供现场近距离的直观了解，也可以以第一视角的视频带领用户深入会议，增强参与感和沉浸感。

二、金融专题

金融专题收录的话题包括国家金融政策解读、资本市场变动、人民币利率汇率走势、公司重大金融交易事件、数字货币国际化和金融峰会等。截至2021 年 4 月，2021 年金融专题收录的话题仅为“关于金融政策、房地产等问题郭树清的最新表态”一则，具体为央行党委书记、银保监会主席郭树清在国新办新闻发布会上再次警示房地产泡沫问题的有关报道，话题内部只设置了“聚焦”一个栏目，所有报道均为郭树清在新闻发布会上的讲话以及对记者问题的表态回应，每篇报道只聚焦单一角度，分别涉及房地产金融化问题、美国制裁问题、香港经济增速问题、银行保险业向实体经济让利政策、省联社改革、互联网平台金融创新监管、不良资产处置、欧美资本流动政策和银保机构信息科技投入情况，全面传递中央的金融工作信号和重要政策信息。

三、世界专题

世界专题关注国际大事，覆盖政治、经济、教育、体育等多领域，如各国疫情、诺贝尔奖、留学障碍、中美贸易战、美国大选、世界杯和重大国际会议等。截至 2021 年 4 月，2021 年世界专题收录的话题为“2021‘达沃斯议程’对话会”和“美国国会山骚乱”。

世界经济论坛年会也被称作“冬季达沃斯论坛”，每年的与会嘉宾包括各国政要、国际组织负责人、企业领袖、学术与媒体界人士等。考虑到新冠肺炎疫情可能带来的健康安全风险，2021 年的世界经济论坛年会推迟至初夏时节举行，2021 年 1 月先以视频连线的方式举办了高级别的“达沃斯对话”，邀请全球领导人分享他们对世界的看法。对于 1 月的对话会，财新传媒从不同维度进行了详细的报道，栏目设置主要根据采访对象和报道形式进行划分，分为“聚焦”“论坛报道”“近看达沃斯”“视听报道”和“相关报道”。“聚焦”栏目突出重点，只收录了三篇文字性报道和一篇视频，主要围绕中美日关系，分别为疫情和美国新政府上任的背景下，日本首相菅义伟关于日美同盟及其与周边邻国关系的发言、新加坡总理李显龙就中美互动的发言以及我国国家主席习近平的致辞，视频则围绕“团结”这一关键词，对即将结束议程的会议进行总结，其中包括印度总理莫迪就疫苗接种所分享的经验，以及财新传媒副总裁对于会上的人工智能伦理、数字鸿沟、生物多样化等热点问题的解析。“论坛报道”栏目则挑选了欧洲各国、美国、俄罗斯等主要国家的高级官员和防疫专家，对于公共卫生、气候挑战、经济模式和国际关系等重要议题的发言。“近看达沃斯”栏目和“视听报道”栏目都以视频的方式呈现报道内容，区别在于前者是财新传媒副总裁对于每日议程的实时跟进，主要解析专题讨论中的亮点，后者则记录各主题分论坛的现场情况。“相关报道”栏目则简要收录对话会开展前后的计划安排和统筹工作。

四、商业专题

商业专题收录的话题比较具体，主要聚焦商业领域中在国内外引起重大关注的新闻事件，如华为风波、瑞幸伪造交易额、当当公章纠纷、TikTok 在美国发展受阻等。截至 2021 年 4 月，2021 年商业专题收录的话题为“苏伊士大堵船冲击波”“就地过年面面观”，分别具体报道 3 月底引起世界范围内重大关注的苏伊士运河堵船事件和春节前后的就地过年群画像。

3 月底，贯通欧亚的全球最繁忙的海运通道苏伊士运河，因巨轮搁浅被迫封航，对全球航运及商业贸易产生重大影响。财新的栏目设置由浅入深，首先提炼了最受读者关注的消息，包括苏伊士运河为何是全球贸易的大动脉，堵船事件何以成为市场关注的热点，苏伊士运河背后产业链的全球化深度、其对于埃及政府的重要性等，使读者对于该事件能够一窥全貌。“最近进展”栏目则更为具体，多篇新闻详细报道了货轮在苏伊士运河搁浅、救援、脱困的情况，并报道了远洋航线船期、滞留船只等方面的事宜。“观点评论”栏目主要为深度分析，对于苏伊士运河背后的全球海运也面临的相关挑战、后续赔偿问题、对大宗商品市场的影响等进行分析。“视听报道”则与其他专题相似，图文并茂地对于该事件全貌进行刻画。

国内方面，2021年初为防控新冠肺炎疫情，国家发出就地过年倡导，财新就此话题进行深度挖掘，探讨就地过年这一史上少见社会现象对制造业产业集群、劳动力输出地、交通旅游、物流运输、餐饮消费等方面的影响，并描绘出就地过年人群的众生相。栏目设置与其他专题类似，分别为“聚焦”“相关报道”“观点评论”“视听报道”“官方政策”。该栏目所涵盖的内容比较丰富，对制造业、零售业、交通运输业、旅游餐饮业、影视业、住房业等多个行业进行大范围采编，侧重于分析就地过年现象对于经济的影响。其中较为特别的是“官方政策栏目”，不断更新官方对于人们返乡过年或就地过年的指导政策。

五、观点专题

观点专题所涵盖的内容较为多样化，主要是对于一个人物及其生平或一个社会话题进行深入探讨，时间跨度较大，报道往往持续一年以上，但更新时间并不固定，往往是在该领域内出现新闻时再增加相关报道。

人物方面，财新通常以人物的逝世或诞辰为契机，记载其在领域内所做的贡献、重要的思想观点、学术著作摘要、他人对其的述评与纪念、人物社会交往及趣事等，往期曾对胡耀邦同志、哈佛学者傅高义、文学评论家王元化、美联储前主席保罗·沃尔克等国内外著名人物进行刻画。如在悼念美联储前主席保罗·沃尔克辞世时，财新追溯了其传奇的一生，回顾了20世纪80年代美联储抗击通胀的历史，认为沃尔克的遗产将为前瞻通胀局势提供新的视角。该话题收录了一些即时的专家评论和过往的分析性文章，例如沃尔克逝世后第3天，财新发布工银国际首席经济学家程实的专家评论《沃尔克的遗产与通胀“破4”的前瞻》，该评论认为美联储“大通胀时代”的经验教训可以为中国正在面临的通胀风险提供镜鉴，作者通过对当下中国通胀形势的深入剖析，提出“通胀超预期延续和扩散的风险正在加大”“通胀的经济成本正在提速显现”和“中国货币政策将守住独立性底线”三个前瞻性观点，并分别引用沃尔克在领导美联储破解大通胀问题中所积累的经验和其提出的主要观点，针对性地对中国突破通胀挑战指引方向。另外两篇专家评论和分析性文章从公共服务和美国货币政策转向两个角度，对沃尔克毕生的贡献及其对中国的借鉴意义进行评论分析。此外，该话题还包括2015年至2017年有关沃尔克的报道，如2015年10月连载三篇《沃尔克中国之行》，对其当时访华参加“国际货币的崛起与衰落——对话金融巨人保罗·沃尔克”读书活动时发表的看法进行报道。由此可见，财新通过这种话题设置，希望读者能够形成对一个人物全方位的认识，并能基于国际视野把握货币通胀等类似的焦点议题，以西方的经验教训启迪读者，为其分析中国形势提供思路和专业观点，帮助其合理分析中国在新时代所面临的机遇与挑战。

社会话题方面，财新将众多有跟踪价值、关注度高的社会观点归类，并以专题的形式持续进行报道、转载，如人口政策、民法典编纂、国企改革、疫情观察等。这方面的专题大致为报道热点新闻和采摘领域专家针对事件的议论两个方面。如“国企改革进与退”话题针对2015年中共中央和国务院联合发布的《关于深化国有企业改革的指导意见》，就改革的重点难点和主要目标进行报道，并转载了众多专家评论，为读者提供更深层次、多维度的观点。

六、政经专题

政经专题为财新传媒所有专题报道中更新频率最高的一个，每月大约更新超过2个话题，涵盖了几乎所有重要的社会热点议题。这些议题主要可以分为两部分：一部分为就时事热点本身进行多角度的深度报道而形成专题，如2021年5月广受关注的甘肃山地马拉松越野比赛21人遇难事件、人口普查所引发的人口形势问题、全国两会等；另一部分则为以一个时间点或节日为契机，针对议题进行专题策划，并回应相关社会热点，整体偏向社会新闻，如“520”、母亲节、秋季开学日等。由于该专题的政经特色不如财新的政经版块有代表性，因此对于财新政经报道的重点阐释详见后文“特色报道”中的“政经报道”。

第三节 年度热点追踪报道

本节以财新2020年的年终报道为例，重点关注财新选题策划的角度。

财新以“难忘庚子年”为主题策划了《2020难忘20事》的年终报道，以H5形式推出，其中包括宏观篇、金融篇、商业篇、民生篇、法治篇、国际篇和新冠篇七个部分。该策划有别于日常专题策划和常规报道，选取了不同社会领域的重大事件，以总结回顾的方式，并以事件内部的时间脉络为线索，为用户梳理年度社会大事，以帮助用户把握大环境的变化发展以及行业风向与趋势，同时将相关报道及专栏的链接附在专题中，既体现了财新持续追踪报道的新闻意识，也利于用户更快速高效地阅读，了解事件详细过程。

本节将分析该年终策划的选题角度，同时结合专题内所附的报道链接，总结财新在持续追踪报道中关注的事件节点，一方面帮助读者拓宽财经报道的选题思路和专题策划思路，同时把握追踪报道的时机；另一方面通过年度大事的梳理为读者积累财经报道领域的典型事件，这些事件不仅呈现了财经领域的变革和商业巨头的迭代，还反映了国际关系与政府政策对于资本市场的影响，而政策视角恰恰是财经报道中不可忽视的，对于金融市场监管政策的敏锐把握，有利于及时传递监管风向和政策的关键要点，帮助企业和投资者规避风险问题，这也是财经报道的价值之一。

一、新冠篇

新型冠状病毒肺炎是2020年最大的“黑天鹅”，冲击着世界上所有人的生活，对全球经济、政治、社会格局产生剧烈影响。财新的新冠篇策划从不同维度就2020年新冠肺炎疫情进行提炼总结，该篇分为“武汉封城”“全球抗疫”“通航断流”和“疫苗之战”四个细分主题。具体见表8-5。

表8-5 “新冠篇”各子专题的重要报道

专题	关键节点	报道	主要内容	报道时间
武汉封城	2020年1月23日武汉封城	《武汉围城》	综合报道了武汉封城前后新冠肺炎疫情于武汉地区的发展情况，包括疫情被发现、传播的过程，医院抗疫情况等	2020年2月3日
	2020年1月23日武汉封城	《汉口火车站封站直击：部分旅客抢在最后关头离汉》	报道了汉口火车站封站前后火车站欲离汉旅客的众生相	2020年1月23日
	2020年3月28日武汉恢复正常运转	《武汉在春天苏醒》	武汉交通解封，社会恢复正常运转	2020年4月6日

续表

专题	关键节点	报道	主要内容	报道时间
全球抗疫	2020年2月末新冠肺炎疫情席卷全球	《新冠疫情全球燎原》	新冠肺炎疫情在全球多个国家传播态势严重，着重报道了韩国疫情现状	2020年3月2日
	截至2020年4月末全球疫情极为严重	《“大封锁”来袭》	各国采取不同程度的封锁措施来减缓病毒传播，全球经济活动全面停滞。文章引述IMF分析，讨论新冠肺炎疫情对全球经济的负面影响	2020年4月27日
	2020年10月欧洲疫情严重恶化	《欧洲又成全球疫情“震中”》	对进入秋冬季节后欧洲疫情状况进行综合报道	2020年10月30日
通航断流	2020年3月全球疫情加剧	《全球航空大断流》	新冠病毒大流行对航空业带来严峻挑战，国际航线运力严重收缩	2020年3月23日
	2020年年中美国疫情严重，中美航线大多中断	《漫漫回国路一票难求中美航线艰难修复》	中美被推至“断航”边缘，面临严重航权争端，寻找正常通航与防疫的平衡点	2020年6月15日
	2020年12月英国出现新冠变异病毒株	《英国出现新冠变异病毒株多国紧急断航》	受英国发现新冠变异病毒株的消息影响，多个国家相继宣布实施针对英国的旅行禁令	2020年12月21日
疫苗之战	2020年末多款疫苗开始使用	《疫苗将至》	对全球疫苗研发、使用现状进行深入分析，探讨了产能、储运、分发、大规模接种等问题	2020年12月14日
	2020年末多款疫苗开始使用	《新冠疫苗如何运往全球》	报道了新冠疫苗在全球范围内的运输、存储情况，重点介绍冷链、保障运输的手段	2020年12月14日
	2020年末国产疫苗开始加速使用	《新冠疫苗重点人群接种进行时：基层如何准备?》	新冠疫苗全国范围重点人群接种加速，文章报道了国务院联防联控机制的发布会内容，介绍了新冠疫苗研发和接种情况	2020年12月23日

新冠篇的专题编排主线为时间顺序，从地区过渡到全球，关注新冠肺炎疫情防控中的重要话题，如疫情在国内外的发展状况、中外在疫情下的交流、疫苗这一对抗疫情武器的开发与使用进展等。在专题内部，财新关注重要事

件的最新进展以及突发情况，并做到实时更新。如在“全球抗疫”子专题中，三篇典型文章跨度从年初的3月到年末的10月，报道了新冠肺炎疫情在多个国家的传播态势，对于不同国家抗击疫情的态度进行报道，如韩国率先通过快速检测追踪及隔离疑似病例的策略压制疫情，并保证经济活动未中断，这一策略后被众多国家效仿；意大利等老龄化较为严重的国家新冠肺炎病死率则一度趋近10%，医疗机构不堪重负；德、法、英等国家出于经济和社会政治制度考量防疫策略谨慎，导致年末疫情恶化。同时，财新通过访谈专家、深度调研等方式，对于疫情中广为关注的问题进行细致探究，包括疫苗的产能、储运、分发、全球供应链等细节问题。

二、宏观篇

宏观篇中，财新主要关注疫情之下中外的经济政策，对于中国经济，财新引入“赤字货币化”专题的讨论，分析中国在疫情之下是否需要出台较为激进的财政及货币政策。对于国外，财新关注疫情下的全球经济维稳与复苏话题。具体见表8-6。

表8-6 “宏观篇”各子专题的重要报道

子专题	关键节点	报道	主要内容	报道时间
赤字货币化	2020年5月22日政府报告中提出应对疫情的宏观政策措施	《中国可以赤字货币化吗》	面对疫情对中国经济的冲击与挑战，有学者提出可以用央行直接购买国债这一“财政赤字货币化”的方式。文章报道了支持与反对赤字货币化的观点、中国深度交织的财政与货币政策及特别国债的资金投向	2020年5月25日
	2020年5月22日政府报告中提出应对疫情的宏观政策措施	《赤字货币化国际镜鉴》	对不同国家和地区的赤字货币化政策进行报道，主要发达国家均有实质上的赤字货币化实践，包括英国、美国、欧元区等	2020年5月25日
	2020年6月18日银保监会主席强调中国将持续常规状态的货币财政政策	《郭树清：中国不会搞大水漫灌、赤字货币化和负利率》	报道了银保监会主席郭树清的演讲，表明中国珍惜常规状态的货币财政政策，对公众重视的经济金融政策问题进行解答	2020年6月18日